杨荣华自选集

YANGRONGHUA ZIXUANJI

杨荣华◎著

安徽师范大学出版社

责任编辑：孙新文
装帧设计：丁奕奕

图书在版编目（CIP）数据

杨荣华自选集/杨荣华著．—芜湖：安徽师范大学出版社，2013.1
ISBN 978－7－5676－0431－5
Ⅰ.①杨… Ⅱ.①杨… Ⅲ.①中国共产党—党史—文集 ②政治—中国—文集 Ⅳ.①D23－53 ②D6－53

中国版本图书馆CIP数据核字（2013）第026201号

杨荣华自选集
杨荣华 著

出版发行：安徽师范大学出版社
芜湖市九华南路189号安徽师范大学花津校区 邮政编码：241002
网 址：http：//www.ahnupress.com/
发 行 部：0553－3883578 5910327 5910310（传真） E－mail：asdcbsfxb@126.com
经 销：全国新华书店
印 刷：安徽芜湖新华印务有限责任公司
版 次：2013年5月第1版
印 次：2013年5月第1次印刷
规 格：700×1000 1/16
印 张：24.25
字 数：341千
书 号：ISBN 978－7－5676－0431－5
定 价：48.00元

自 述

古人云，六十自述是为真。年过六十岁的人讲话、写文章一般来说都能经得起时间、实践的检验。我已近八旬，老朽矣，但写过的文章，说过的话，自认为已经过了时间和实践的检验而无有半点浮、虚、假之类。现集成的小本子，可当验证。但“大风刮倒梧桐树，自有众人论短长”。敬请同辈、晚辈们指教。

一

我出生于1933年，1957年大学毕业后参加工作，直至1999年退休。从走上工作岗位到退休，在高等学府讲台上耕耘了42年，退休后又担任学校教学督导工作达6年之久，陆续在教学研究、青年教师培养等方面有点作为。我的研究领域始终是中共党史。初始是为提高中共党史教学、丰富党史教学内容，继而深入研究，利用中共党史的丰富内涵、光荣传统、革命精神、英雄人物等启迪当代人，当然也有总结历史经验，服务于治国安邦之意。总之是为巩固党的执政地位、教育后人而研究中共党史。这是我的追求，即科学研究的价值观。

中共党史研究要鉴往知来，从历史进程中吸取营养，从精神传承中获得力量，从经验总结中增添智慧；让党史启迪现实，让党史告诉未来；认清历史发展的趋势、走向，肩负起我们重大的历史责任和崇高使命。所以毛主席说：“读历史是智慧之事”，因而“讲历史才能说服人”，而“马克思主义者是善于学习历史的”。进而又指出，“看历史，就会看到前途”。我们的老前辈，共产主义先驱、党的创始人之一李大钊更告诉我们，“历史中有我们的人生，有我们的世界，有我们的自己”。他向我们提出“向历史中寻找人生、寻找世界、寻找自己的兴趣”。这些至理名言是我们学习中共党史的指导思想，更使我秉承伟人教导，本着“以史鉴今、资政育人”的精神去研究中共党史。

二

中共党史属于历史科学，但它又不是一般意义上的历史科学。党史的最大特点是“党性”，即它的政治性。但政治性与学术性、科学性是一致的、辩证统一的，都是建筑在马克思主义的历史唯物主义基础之上。马克思主义中国化的理论成果——毛泽东思想和邓小平理论、“三个代表”重要思想、科学发展观，即中国特色社会主义理论体系是研究中共党史的理论基础、指导思想。本着这一理论指导和党史的自身特点，总结50多年来研究党史的心得体会，概括为四句话，即求真务实、辩证逻辑思维、服务社会、敢于评论和补正。

所谓求真务实，就是研究中共党史要客观，要以历史的本象为依据，不可左右延长，不可“戏化”、“文学化”、“创造化”，更不可“风化”。在党史研究领域，曾经出现过数次“风化”现象，干扰了党史研究，突出之点就是用“义气”代替历史唯物主义去研究党史。“义气”系属于义愤、情感之类的情绪。这种人类情绪的散发，有维系人群关系的作用。但若把“义气”泛政治化，它将在失去客观准则下失去理智和公平、正义，并可能成为某一特定现象的工具。如大革命失败、国民党白色恐怖、屠杀共产党人和革命群众，加之共产国际和斯大林的错误引导，把一切义愤情绪都加在陈独秀一人身上。陈独秀成为受批判、讨伐的对象，造成了党史研究中半个多世纪的“险学现象”。再如“皖南事变”又把义愤情绪集中在项英身上，对项英一生的功过是非的评价失去了客观准则。“百团大战”以及批判张国焘事件又牵涉到了彭德怀、红四方面军和西路军等。情绪过激而影响党史研究，这是一个教训。只有在重量级的伟人出面，登高一呼，才能扭转不正常的研究局面。如“文化大革命”结束后，党的十一届三中全会启动拨乱反正，不少人对毛泽东及毛泽东思想有些过激情绪，造成了一些思想上的混乱。此时，邓小平也只有邓小平同志敢于出面提出要全面、准确、科学的评价毛泽东和毛泽东思想，从而把党史研究引入到正确的道路。

所谓辩证逻辑思维，就是研究中共党史要运用马克思主义的历史唯物主义思辨逻辑，与时俱进地创新观念和时空观念进行研究。如对历史发展，一定要按照顺时思维方式，从发展的观点看问题，细观历史进程中由小到大、由弱到强的变化，并找出规律性；同时也要运用逆时思维方式、用对比的方法，总结过去、看清当前、测试未来；以及在浩如烟海的历史进程中，要去粗取精，有些又需要“宜粗不宜细”，突出带有全局性、决定性的历史事件和历史人物，而摆脱那些毫无意义的人事关系、细尾末节，避免中共党史研究陷入沉沦。

说到服务社会，即党史研究的宗旨是“资政育人”。党史本身带有很强的现实性，并与现存的人和事密切关联。现实是党史的过去，党史是现实的发展。而它的主导红线是一脉相通，相继承、相发展、相创新。因此，任何研究都离不开社会主义现实。为社会服务，就是为建设中国特色社会主义服务，为宣传、践行社会主义核心价值体系服务。这是中共党史研究应遵循的指导思想。说到底，中共党史研究者，就是中国特色社会主义理论体系、道路和制度的宣传员，是马克思主义中国化、时代化、大众化的宣传员。

最后一点是，中共党史研究要敢于坚持马克思主义的史学立场，即敢于争论、敢于批判谬误、敢于纠正一些不实之失误，而保党史之真谛，使党史取信于民。

上述四个方面，是我几十年党史研究中的最深感悟。从这本小集子中可以看出，我的学业成就小于我的感悟。我自认在中共党史研究领域还是个小学生、是个“半瓶子醋”。但感悟，即社会责任心却是自认不弱的。

三

80年历程，50年教学、研究，积累了一些成果。应众多学子的要求，我初步整理了散落在各刊物上的一些短文，经过挑选，加上几篇手稿集成今天这样的小本子。需补充说明的是，现论文集中的部分注释因版本的变更进行了修订。有道是“成书曰集”。这本集子的出版是在原安徽师范大学副校长、现任皖南医学院党委书记，也是我的诤友王先俊教授、博导支持倡导下，在安徽师范大学出版社社长张传开教授关心下，由我的学生高正礼教授、博导帮助整理和校对下完成的。同时也得到政法学院院长张奇才教授、芜湖市委副秘书长鲍爱国同志，以及远在北京、郑州、合肥的姚植传、汤家玉、张运洪、王狂飙和许成启等弟子的大力支持。在此一并表示感谢。

杨荣华

2011年11月10日

目录

第六编 两岸关系研究

第七编 中日关系研究

第一编

总　论

通向胜利之道路的开辟

——纪念井冈山革命根据地建立80周年

在中国20世纪的历史记录上，最引人关注的是中国共产党在大革命失败后经过22年的艰苦奋斗，把中国引上了独立、民主、富强、统一的发展道路，为中国进一步的实现现代化奠定了基础。因而人们对中国共产党给予高度的重视和歌颂。说共产党像太阳，照到哪里哪里亮，又有人说，没有中国共产党就没有新中国，没有新中国就没有中国的独立、民主、富强，就没有中国的现代化。还有不少人用诗一般美词说党的成立，是黑暗沉沉中的火炬，茫茫海雾中的明灯。有一个电影片名为《开天辟地》。这些都是对中国共产党和共产党领导革命、建设能力及实践成就的伟大歌颂，而在这些歌颂中最能体现其成就的就有中国革命道路的开辟。

在20世纪的历史中，即100年中，前50年是革命阶段，后50年是建设时期。在前50年革命奋斗中有20多年是探索革命道路，在探索中失败、再探索，曲折发展、艰苦奋斗，最后开辟和形成了农村包围城市的光辉大道——即井冈山革命根据地建立。

一、道路的开辟

翻开中国近代的历史，灾难深重的中国人民时时刻刻都在寻找出路，改变自1840年鸦片战争后形成的被各帝国主义列强宰割的半殖民地半封建社会的历史命运。这些志士仁人由于受阶级地位及世界观的局限，找不出好的办法而不断失败。康有为、梁启超失败了，孙中山领导的辛亥革命也失败了。中国共产党成立后，力主联合一切革命阶级党派，并和孙中山领导的国民党建立国共合作共同推进中国反帝反封建的革命斗争。但由于孙中山逝世后，蒋介石走向反动，背叛了革命宗旨，对共产党人大肆屠杀。这次大革命也失败了。总之，在此以前的种种努力，寻找的道路、方式、模式（包括康梁等向西方学习）都失败了。中国仍然是半殖民地半封建社会，人民仍处于水深火热之中。国家自然贫穷落后，任人宰割。

大革命失败后的白色恐怖，共产党人并没有低头，他们擦干自己身上的血迹，掩埋好同伴的尸体，他们又继续战斗了。

如何战斗，如何拯救中国？八一南昌起义、秋收起义、广州起义以及全国各地的其他起义都失败了。方向是什么，道路在哪里？共产党人仍在黑暗中摸索，不断地在血的教训中摸索！

在这些起义失败后，中国共产党人中的摸索进程有两种倾向：一是用教条主义、俄国的经验在城市斗争，通过工人罢工、掀起武装起义、占领城市，实现一省和数省的首先胜利，然后推向全国，这是城市中心论；二是把失败的队伍带向农村，尤其是偏僻的农村，积蓄力量，建立根据地，开展农村包围城市的斗争。前一方式的代表为瞿秋白、李立三、王明即三次左倾路线者，后一方式的代表为毛泽东、朱德等以农村为中心的正确路线者。这两种道路、方式同时在我们党内存在，经过多次的失误教训，近10年的经验积累最后才正式确立了农村包围城市的道路。

1927年10月毛泽东上井冈山开始建立第一块农村革命根据地，次年以后朱德、陈毅、彭德怀等都先后来到农村根据地，这就标志着这条道路的正式开辟。

二、农村包围城市道路理论的形成与确立

什么是农村包围城市？概括起来就是一个中心，三个基本点。一个中心，就是党的工作重心是以农村工作为中心；三个基本点，就是土地革命、武装斗争和根据地建设（包括政权建设在内）。一

个中心与三个基本点是相互依存，互为条件，密不可分地结合在一起。这就叫做“工农武装割据”。打土豪分田地就是从这时开始的。

这里要明确两个概念，一是道路即农村包围城市最后夺取城市，这是一个实践的过程。它分三个阶段：

第一阶段，开创阶段。（1927年10月井冈山根据建立到1928年朱德、陈毅、彭德怀上井冈山及向赣南闽西进军，这是初创时期）

第二阶段，发展时期。（1930年三次反围剿胜利后根据地扩大，后长征经抗日战争建立全国各地的抗日根据地）

第三阶段，胜利完成阶段。（1946年内战开始，经1947年战略转变、战略决战，1949年七届二中全会提出先城市后农村到中华人民共和国成立，最后完成夺取城市，实现中国革命胜利。这一农村包围城市道路才算胜利完成）

二是理论问题，也有三个阶段：

第一，萌芽时期。1928年10月毛泽东发表《红色政权为什么能够存在》、《井冈山的斗争》等，初步提出了工农武装割据思想。

第二，形成时期。1930年毛泽东发表《星星之火，可以燎原》。

第三，确立时期。把农村包围城市理论从一个地区变成全党的指导思想，形成指导全党革命斗争的政治路线是在1937年8月党的洛川会议，会议正式决定党的工作中心在农村，在农村建立根据地，开展游击战争。从此中国共产党在这一正确理论指导下全面的开展了农村包围城市战略形成完整的政治路线，全党上下认识一致，再没有动摇过。

这一理论的形成，是依中国社会实际，在不断克服党内左倾教条主义中逐渐形成的。

党内的左倾教条主义，主要是搬照苏俄的经验，并把这一经验神圣化，中心点是“城市中心论”。最典型的是李立三，后为王明的城市中心论。其理论是共产党的依靠力量是工人阶级，共产党阶级基础也是工人阶级，而工人阶级是在城市而不是在农村，共产党以农村为中心就脱离了工人阶级，其性质就要变化，变成农民党。而俄国革命经验又是城市工人起义成功的。所以他们也要在中心搞城市武装起义，以此夺取政权。他说“无产阶级的伟大斗争是决定胜负的力量。”他批评毛泽东是“保守观念”，“一贯的游击观念”，“完全反映着农民意识，在政治上表现为机会主义的错误”。他的结论是，想以农村来包围城市，“是一种幻想”，是“一种绝对错误的观念”。李立三批评毛泽东时则把“工农武装割据”上升为“农村包围城市”，从反面提出了“农村包围城市”的新观念。1930 年 5 月党的刊物《红旗》发表了署名周子敬的文章，不同意李立三批评的观点，认为“农民运动的发展比城市的工人运动要快得多”，在这一形势下，党应“暂时放弃城市”，而“全副力量去发展乡村”，当“革命势力占据了广大农村之后，即可以联合起来包围城市，封锁城市，用广大的农村革命势力以向城市进攻”，这样最后“必然可以得着胜利”。这又提出了以农村为重心，农村包围城市，最后夺取城市的观点。丰富发展了毛泽东最初提出的“工农武装割据”的思想。1931 年三次反围剿胜利后，以农村为中心思想在全党逐渐得以明确。1938 年毛泽东总结这段历史时说“一九二七年以后的一个长时期中，许多同志把党的中心任务仍旧放在准备城市起义和白区工作方面，一些同志在这个问题上的根本转变，是在一九三一年反对敌人的第三次围剿胜利之后。”

这个转变是一个好的开端。但不久左倾教条主义排斥了毛泽东在红军的领导地位，第五次反围剿失败，红军长征。因而没有能把这一转变变成推进中国革命的动力。

长征到达陕北后，面临抗日救国问题。

1937 年 8 月中央在陕北洛川召开会议。确定党的工作中心在敌后、在农村，在敌后、农村建立根据地，开展独立自主的游击战争，并开展以减租减息为内容的农村工作。1938 年 10 月党召开六届六中全会进一步确定这一思想。1939 年 12 月毛泽东在《中国革命和中国共产党》一文中明确指出“必须把落后的农村造成先进的巩固的根据地”，“借以在长期战斗中逐渐地争取革命的全部胜利”。

从这一理论形成中我们可看出，它是以毛泽东为主要代表的中国共产党人的集体创造，是党的集体智慧的结晶。它反映了大革命失败后中国革命发展的基本规律，指明了中国革命走向胜利的唯一正确的道路。

三、这一理论的巨大意义

一种理论的产生是一个时代的产物，打上了历史的烙印。中国共产党人在失败的形势下为中国革命、为中国的历史命运摸索出的一条通向胜利的道路。它是把马克思主义与中国社会实际紧密结合的最典型的代表，是毛泽东思想的重要组成部分。

第一，是一次大试验，培养了干部，创造了治国安邦的经验。

第二，是毛泽东思想的重要组成部分。

第三，历史经验证明党的工作必须建立在中国社会实际上，实事求是，解放思想，敢于创新，敢于克服一切左倾教条主义束缚，这是成功的前提。

邓小平讲：“一个党，一个国家，一个民族，如果一切从本本出发，思想僵化，迷信盛行，那它就不能前进，它的生机就停止了，就要亡党亡国。”毛泽东是这样，邓小平也是这样，都是在从中国实际出发，实事求是，解放思想，敢于和教条主义的左倾作斗争中创立了理论，开辟正确道路的。毛泽东思想的重要组成部分，中国革命道路是农村包围城市最后夺取城市的。邓小平理论核心是建设有中国特色社会主义的道路。前者是解决中国半殖民地半封建社会问题，把中国引上独立；后者是解决中国社会现代化问题，把中国引向富强。

新中国成立、旧中国灭亡的历史结论[①]

一

历史事件是历史时代转换的枢纽和标志。中华人民共和国的成立，标志着中国民主革命的伟大胜利和国民党政权的灭亡。这是中国历史新纪元的开始。从此中国结束了帝国主义、殖民主义奴役中国各族人民的历史；结束了一百多年来半殖民地半封建社会的旧中国的历史；而成为独立的人民民主的新中国。正如当时《人民日报》发表的《中华人民共和国万岁》社论指出的，“我们这个古老的东方民族揭开了历史的新的巨册”。因此毛泽东庄严宣告：“中国人民从此站立起来了”，“我们的民族将再也不是一个被人侮辱的民族了”，“中国的历史从此开辟了一个新时代”。

国民党旧政权的被推翻，中国共产党领导的新政权的建立，是旧时代的结束和新时代的开始。新旧两个国家政权的更替，是以中华人民共和国的建立为主要标志的。正如国外学者评论的，“1949年10月1日人民共和国正式宣告成立时，摧毁旧制度的战斗已经结束并取得了胜利”。因而得到了世界上至今160多个国家的承认并建立了外交关系。中华人民共和国成为联合国五个常任理事国之一，在国际事务中起着重大的作用。尽管目前台湾当局仍打着已被

---

① 原载于《安徽师大报》2004年9月30日。原稿题为《历史的标记——为庆祝中华人民共和国成立50周年而作》。

推翻的“中华民国”的旗号，并用金钱收买了二十几个小国作为国际活动的舞台，但终究改变不了历史时代更替的基本事实，更扭转不了历史潮流发展的趋势，李登辉、陈水扁分裂祖国的“两国论”、“一边一国论”也只能成为一种孤独的哀唱。

二

中华人民共和国成立的历史和世界的历史进程一样，都显示出中国历史的阶段性与继承性的特征。中华人民共和国的成立，是中国新纪元的开始；“国民党政府”的被推翻，是“中华民国”历史的终结。这是中国近代历史发展中的重大历史阶段。阶段性是历史发展的阶梯，新国家政权的建立，旧国家政权的灭亡，是历史阶段性的标记。“中华民国”作为历史发展的一个阶段已经结束而不复存在。台湾当局虽仍打着“中华民国”的旗号，并以此与大陆相抗衡，这只能被看作是一国之内出现的“特殊的历史现象”。这种现象就是历史进程中的顺向历史与逆向历史反差与交替中出现的暂时现象。如同清朝政权建立后南方一隅出现的“晚明政权”一样。这种暂时现象又是在特定的历史环境中形成的。美国插手台湾问题是这种历史现象存在的主要原因。正如美国学者莫里斯·迈斯纳认为的，“台湾的国民党政权之所以能够存在并在国际会议上以中国政府自居，是因为台湾在事实上是美国军队的保护地”。这个观点是正确的。

历史的继承性是建立在历史的阶段性基础上的。“中华民国政府”被推翻，中华人民共和国中央政府的成立，继承的是“中华民国政府”覆灭前的国家政权职能和主权管理，一切的军事、政治、经济、文化等国家事务，也包括台湾在内，统属于这个新政权管辖范围。只是由于国民党败退台湾，造成了两岸的暂时分离状态，但国家主权、领土是统一的。在国际上代表中国的只能是中华人民共和国。1971 年联合国第 26 届大会通过的 2758 号决议，恢复中华人民共和国在联合国的合法席位，驱逐台湾当局代表，就是这一历史继承性的具体体现。中国历史上的“改朝换代”，就其国家形态讲，表现出的就是它的“继承性”。每一次的“改朝换代”就是一次历史的发展阶段与时代的变更，它又都是在一个统一的中国形态下的历史更替，都是后者继承前者而掌管着国家统治大权的不可动摇的权威管理。不管是秦皇汉武的管理者的更替，还是宋元明清的改制变代，莫不如此。李登辉、陈水扁否认这一历史特征，说什么大陆没有在台湾收一分钱的税，台湾是一个“主权独立的国家”，进而又提出“两国论”、“一边一国论”，这是违背中国历史进程基本法则的。

三

台湾问题是中国内战中遗留的历史问题。新中国成立后，中央政府就发出了一定要解放台湾的战斗号召，并作了积极的准备。但由于朝鲜战争的爆发和美国出兵台湾，使中国战略方针北移，暂时中断了解放台湾的进程。台湾问题一直是中国内战中未解决的问题。这个问题国际上是公认的，“被击败了的国民党政权所占领的台湾问题，因为这个问题不仅使领土统一的任务不能完成，而且还意味着内战”。国民党之所以败退台湾，是因为台湾是中国的一部分，而且国民党早已在台湾建立了省级统治机构。台湾仅是国民党败退的落脚点，而不是一个“独立的国家”，就如同国民党“行政院”在败逃中从南京退到广州，再由广州退到重庆、成都，最后于1949年12月退到台湾一样。所区别是台湾这个“落脚点”时间长了点，至今已达半个多世纪。台湾当局陈水扁把败退中的“落脚点”说成是一个“主权独立的国家”这是极其荒谬的。

台湾当局在蒋氏父子时期始终坚持“一个中国”原则，打出了“反共复国”的旗号，梦想重新返回大陆统治整个中国。在新政权建立后出现的与新政权对峙并立的旧时“政权”，这是一种局部的历史现象，在历史更替过程中是不乏残存的，突出的如清朝初期的“晚明政权”，在中国南部及海岛一带，坚持其“明朝统治”，并打出“反清复明”的旗号。不管是历史上的“反清复明”也好，还是蒋氏父子时期台湾当局的“反共复国”也罢，都是一种历史现象，是国家统一进程中出现的逆向反差，最终是要走向统一的。李登辉、陈水扁抛出的“两国论”、“一边一国论”走得更远，既抛弃了蒋氏父子的“反共复国”，也背弃了台湾当局制定的“国统纲领”。“两国论”、“一边一国论”就是主权分割论，就是“台湾独立论”。不管用什么“特殊”字眼来掩盖，其实质就是如此。

中国共产党提出的“和平统一、一国两制”方针，完全是从台湾的历史与现实考虑的，并没有把台湾地区与历史上的“逆向政权”相提并论，而是承认其现状，主张实行“一国两制”。承认现状，并不等于承认“中华民国在台湾”，而是承认台湾现行的资本主义制度和台湾同胞的生活方式。在一个中国原则下实行“一国两制”，这是国家统一的前提条件和基础，也是台湾同胞希望的维持现状、安定生活、繁荣经济的最佳方针。

总之，新中国的成立，标志着中国新纪元的开始，“中华民国”历史的结束。台湾问题是中国内战中未能解决的遗留问题，它的解决，其方式有二，一是和平的，一是武力的，但我们力主争取通过两岸的政治谈判，和平解决，而一切妄想分裂国土，分割主权的叛异行为和言论，都是不允许的，也是最终要失败的。

关于民族资产阶级认识称谓的历史考察

在民主革命时期，民族资产阶级问题是中国共产党制定战略策略的重要依据。毛泽东在总结中国革命历史经验时指出，“中国革命和中国共产党的发展道路，是在这样同中国资产阶级的复杂关联中走过的。这是一个历史的特点”[①] 考察对民族资产阶级认识称谓过程更能体现出这一特点。

一

在新民主主义革命时期，中国共产党人对中国资产阶级的认识和对资产阶级概念的表述、称谓大致经过了四个发展阶段，即多称谓阶段。开始称资本家、资本家阶级、资本阶级，偶尔也称“中产阶级”或资产阶级。这在五四时期是较为普遍使用的名称。当时对中国资产阶级的认识，基本上还是依据马克思、列宁等对欧洲和俄国资产阶级的一般称谓表述，没能很清醒的结合中国实际作出具体的界定。随着革命运动的发展，马克思主义理论水平的逐渐提高，开始提出了把马克思主义与中国社会实际相结合的历史任务，而对资产阶级的认识、表述也就进入称“中产阶级”阶段。这个概念显然也是从欧洲资产阶级的称谓转述而来的，但它却含有对中国资产阶级的一定程度的区别、分析，不完全是欧洲中产阶级的概念，萌发了中国资产阶级中有大资产阶级、中等资产阶级的思想。中国共

① 《毛泽东选集》第2卷，人民出版社1991年版，第604页。

产党“二大”制定的民主革命纲领就提出了中国资产阶级中有大资产阶级（又称官僚买办资产阶级）、中产阶级、小资产阶级三个不同的阶级结构。1925 年五卅运动，革命运动进入全国性高潮，中国共产党对革命运动、国共合作有了初步的总结，党的第四次全国代表大会上提出了民族资产阶级的概念，并与中产阶级概念、称谓并用。这是对中国资产阶级认识、称谓的第三阶段。1927 年中共“五大”直到“八七会议”才正式地、统一地使用民族资产阶级称谓，民族资产阶级概念完全确定下来。党对中国资产阶级概念的表述、称谓基本上经过了这几个认识界定的过程。

诚然，早期以中国共产党人在使用中产阶级概念时确有不够明确、严谨之处，且缺乏理论上的分析。但是不能认为是完全脱离中国社会实际的毫无具体分析、区别的“泛指”，是“早期的中国共产党人所使用的中产阶级概念，只是对资产阶级的不同译法”①。事实证明，中国共产党在“一大”后就力图研究中国资产阶级的状况，逐渐提高了认识，也逐渐改变了“一大”时的一些不成熟的观点。1922 年 1 月，中国共产党创办了《先驱》半月刊，初步提出了把马克思主义与中国革命实际相结合的历史任务。发刊词明确指出，中国革命必须从中国的实际出发，“我们若不知道中国的客观的实际情形”，而“徒凭个人主观思想想改造社会的人，他们的罪恶在实际上与反动保守派没有什么分别。”因而提出了今后的“第一任务是努力研究中国的客观的实际情形，而求得一最合宜的实际的解决中国问题的方案。”

研究中国实际，解决中国革命实际问题，首先一个重要问题，就是如何分析、认识中国的资产阶级。早在中国共产党成立前夕，一些共产主义者就萌发了对中国资产阶级区分的思想。如李大钊在《我的马克思主义观》一文中就曾指出，“中产阶级”就是“资本家的中级势力”。这一思想超出了过去一般人对欧洲资产阶级一概

① 陈廷湘：《再谈“中产阶级”概念问题》，《党史研究》1986 年第 3 期。

称之为“中产阶级”的认识和表述。1921年春，蔡和森继李大钊之后对中国资产阶级又作了分析，并驳斥了一些人说“中国没有大中产阶级，阶级战争用不着”的观点。同时又提出了“小中产阶级”[①]的概念。蔡文中的“大中产阶级”即指大产阶级，“小中产阶级”主要是指中产阶级。这是针对有些人把欧洲的资产阶级即中产阶级概念原封不动搬到中国来观点的纠正。

中国共产党“二大”、“三大”期间，对中国资产阶级的认识更进了一步。明确指出，“……这种经济的大变动，只有极少数的官僚和极少数的大商人（财阀），趁火打劫得到了便宜，大多数的中产阶级和大多数的劳动平民便一天一天失掉了他们生活的保证。”[②]这里所指出的“大商人（财阀）”和“中产阶级”，标明已初步形成、区别为两个根本不同的阶级概念。而“大多数的中产阶级”与“大多数的劳动平民”，又同受帝国主义和封建势力的压迫和剥削。这就把中产阶级由经济地位到政治地位上从大资产阶级中区别出来，而与劳动平民阶级放在同一个阵线上。这个分析、认识是正确的。由此可知，中国共产党人所说的中产阶级，即后来称之谓的民族资产阶级，而不是什么对一般资产阶级的“泛指”。而是初步形成了对中国资产阶级的区别认识和对两个不同阶级概念的划分。

二

由中产阶级到民族资产阶级的称谓的改变，是由于中国共产党人基于对中国民主、民族革命的认识和对民族资产阶级本质特征的分析基础上逐渐形成的。中共“一大”后，开始运用马克思主义基本原理结合中国实际，解决中国革命的基本问题。认识到了中国革命的性质是资产阶级民主革命，其主要任务是反帝反封建。因此

① 《新青年》9卷4号，1921年8月。

② 《中共中央文件选集》(1)，中共中央党校出版社1982年版，第108页。

"国民革命亦叫民族革命"[①]；非"勾结外资"的"新兴工业"则是"民族的工业"[②]；以孙中山为领导的国民党则为资产阶级"民主派"[③]。在上述认识基础上，1925 年中共"四大"总结了几年来革命斗争的经验，提出了无产阶级领导权，同时也提出了民族资产阶级的概念作为对中产阶级的新表述。指出，中国革命是"中国资产阶级的民族运动"，在这个革命运动中，"大商买办阶级，完全是帝国主义之工具"，是阻碍中国社会发展，"断送中国国民经济命脉"的阶级；而代表"新兴的工业"的则是"民族的工业资产阶级"[④]。这个认识较以前的"中产阶级"概念更符合它的阶级属性和特征。而对这个阶级较完整的认识，其代表人物则是毛泽东。他明确指出，这个阶级在"受到外资打击军阀压迫感觉痛苦时，需要革命，赞成反帝国主义反军阀革命的运动"，故称"民族资产阶级"[⑤]。所以，"中产阶级主要是指民族资产阶级"。[⑥] 这里已经初步说明了改称民族资产阶级的原因和民族资产阶级概念的含义；初步说明了大资产阶级的性质及其与民族资产阶级的原则区别。后来毛泽东则更进一步指出，大资产阶级"他们已撤去了民族的界线"，而民族资产阶级"它们没有地主阶级那样多的封建性，没有买办阶级那样多的买办性"[⑦]。这是一个原则的区别界限。

中国共产党人对民族资产阶级概念的表述、称谓，得到了共产国际和斯大林的赞同。斯大林在 1925 年作的《论国际形势》报告中完全同意这一新概念、新称谓。共产国际对中国革命指示文件中也开始使用民族资产阶级，而不再笼统地沿用殖民地半殖民地资产阶级的提法。

---

① 邓中夏：《劳动运动复兴中的几个重要问题》，《中国工人》1925 年第 5 期。
② 《中共中央文件选集》（1），中共中央党校出版社 1982 年版，第 276 页。
③ 《中共中央文件选集》（1），中共中央党校出版社 1982 年版，第 276 页。
④ 《中共中央文件选集》（1），中共中央党校出版社 1982 年版，第 276 页。
⑤ 毛泽东：《中国社会各阶级的分析》，《革命》1925 年第 4 期。
⑥ 《毛泽东选集》第 1 卷，人民出版社 1991 年版，第 4 页。
⑦ 《毛泽东选集》第 1 卷，人民出版社 1991 年版，第 145 页。

民族资产阶级新概念的提出，对中国共产党人正确认识中国的资产阶级创造了条件。陈独秀、瞿秋白、蔡和森等以这一新概念为武器，有力地批判了戴季陶反对、破坏国共合作，歪曲孙中山的三民主义的谬论，推动了中国民主革命的发展。毛泽东发表的《中国社会各阶级的分析》（首先于1925年12月在《革命》半月刊上发表，1926年2、3月间在作了多处修改后，先后又在《中国农民》、《中国青年》杂志上发表）又把对民族资产阶级的认识提高了一步。1927年，中国共产党在总结了革命经验教训之后，开始统一对资产阶级认识的称谓，从这时起，民族资产阶级的概念就在全党正式形成，并统一了全党对这一阶级的称谓。

党的“八七会议”虽然统一了对民族资产阶级的称谓，但由于时局的危难，阶级关系的变化，对民族资产阶级本质、特征认识上却着重它的动摇性、妥协性，而忽视了它的反帝、反封建的革命性一面。并把动摇性又当作反动性、反革命性一体认识。因此“八七”会议没有作出对民族资产阶级的正确判断，认为“民族资产阶级离开国民革命的战线而走入反革命的营垒”。“中国民族资产阶级……他如今和买办阶级、封建阶级的大地主相像，将成为外国资本对于中国统治之支柱”①。这个认识从党的“八七”会议，到党的“六大”进一步发展，把民族资产阶级排除在统一战线之外，当作革命的对象、最危险的敌人看待。“甚至将第三党这样的坚决反对蒋介石反动统治的民主力量，也作为民族资产阶级改良主义的代表加以反对”②。

对民族资产阶级的认识为什么会有这种反复现象？究其原因，大致是：其一，对大革命失败后阶级关系的变化某些认识的失误，把蒋介石看作是民族资产阶级的代表，蒋介石叛变革命，就认为整个民族资产阶级“变节”③；其二，没有坚定的、完整的对民族资产

---

① 《中共党史教学参考资料》（一），人民出版社1979年版，第89页。
② 李维汉：《回忆与研究》上册，中共党史研究资料出版社1986年版，第318页。
③ 《中共党史教学参考资料》（一），人民出版社1979年版，第89页。

阶级两面性的理论分析，一遇形势变化，就分不清民族资产阶级与大资产阶级的界限与区别；其三，是共产国际、斯大林的错误观点的指导。这可说是有决定的作用。就中国共产党人来说，“这不是某些人的责任，这个观点是共产国际、斯大林的观点”①。这是亲身经历并总结中国革命历史经验之后得出的符合实际的结论。

党对民族资产阶级称谓的统一和对民族资产阶级本质特征认识的变化，表明党尚处于在政治上、理论上的不成熟阶段，不能完全独立自主的把马克思主义与中国社会实际相结合来认识、判断中国的阶级关系和决定中国革命的某些重大战略策略问题。由于这个认识上的偏差，造成了党内不断出现“左”倾错误。直到1935年十二月瓦窑堡会议，才真正解决了对民族资产阶级的正确认识，从而把党对民族资产阶级的方针政策，党的统一战线建立在马克思主义理论基础之上而走上正轨，胜利地推动着中国革命运动的发展。

三

怎样理解中产阶级即民族资产阶级，它的标准是什么？又处于何种阶级关系之中，这是过去党史研究中不够明确的问题。对中产阶级的划分，有人认为应以经济上的大小为依据，或以政治态度为分界。这是不科学的。有两个问题必须明确：一是阶级的划分，一是阶级中不同阶层的区别。大资产阶级与中产阶级是两个不同阶层的同一阶级范畴的资产阶级。在半殖民地半封建社会的中国，由于受帝国主义、封建势力的束缚，资本主义没有得到充分的发展，而它所形成的大资产阶级又带有极大的垄断性、独占性，并且与国家政权、帝国主义、封建势力结合在一起，从而构成中国的官僚资产阶级、买办资产阶级，即大资产阶级。除此以外，统称为中产阶级，即民族资产阶级。由于它们的经济、政治地位不同，又构成两

① 李维汉：《回忆与研究》上册，中共党史研究资料出版社1986年版，第185页。

个相对独立的阶级。这是中国半殖民地半封建社会的特殊历史条件决定的。因此，区别大资产阶级与中产阶级即民族资产阶级，不仅要从经济地位上，而且也要从政治关系上去分析、认识。不可否认，在初期，由于认识的局限性，主要是从经济上考虑的。随着民主革命纲领的提出，中国共产党对中产阶级认识不断提高，明确了中国的大资产阶级就是官僚、买办资产阶级。这个阶级的基本特征，是“依赖外国势力（卖国）及本国贵族军阀政府，利用国家机关（盗国）而存在而发展”①，也就是毛泽东所科学概括的即“和国家政权结合在一起”，“同外国帝国主义、本国地主阶级和旧式富农密切结合着，成为买办的、封建的国家垄断资本主义”。所以“叫做官僚资产阶级，即是中国的大资产阶级”②。由此可知，我们所说的中产阶级即民族资产阶级，主要的是指大地主、大资产阶级与无产阶级之间的资产阶级，并非完全是“相对于中国大资产阶级和小资产阶级而属于中等阶级”③ 的经济概念。所以后来对中产阶级又称“中间势力”。中华人民共和国成立后，毛泽东又指出，“在打倒地主阶级和官僚资产阶级以后，中国内部的主要矛盾即工人阶级与民族资产阶级的矛盾，故不应再称民族资产阶级为中间阶级”④ 就是这个道理。

1923 年，陈独秀在分析中国社会各阶级时把资产阶级划分为两部分，即“工商业资产阶级”和“官僚资产阶级”⑤，由两分法改变了过去的三分法（即“革命的资产阶级”、“反革命的资产阶级”、“非革命的资产阶级”），这个观点较为科学些，因而得到了党内普遍的认可。瞿秋白在《现代中国的国会制与军阀》、蔡和森在《美国资本奴隶中国的新计划》、《商团事件的教训》，周恩来在《最近

---

① 《前锋》1923 年第 2 号。

② 《毛泽东选集》第 4 卷，人民出版社 1991 年版，第 1254 页。

③ 陈廷湘：《再谈“中产阶级”概念问题》，《党史研究》1986 年第 3 期。

④ 《毛泽东选集》第 5 卷，人民出版社 1977 年版，第 65 页。

⑤ 《前锋》1923 年第 2 号。

二月广州政象之概观》，陈潭秋在《国民党分析》，邓中夏在《我们的力量》，以及中国共产党第三、四次全国代表大会宣言、决议等文献中，都把资产阶级分为“商业资本家”、“工商业资产阶级”，他们是“革命的资产阶级”；“官僚资本家”、“买办阶级”、“大商人”、“银行资本（即官僚资本）”，他们“是帝国主义的工具”，“又与军阀有深厚之关系”，因而是“中国资产阶级之反革命派”①，这是中国共产党人继“二大”之后对资产阶级认识的重要发展（这是就民族资产阶级的性质而论，非力量而作，因共产国际、陈独秀当时都认为资产阶级力量比无产阶级雄厚）。自此以后，全党就把资产阶级分为“中产阶级”即民族资产阶级和官僚、买办资产阶级即大资产阶级两部分了。所以说，中产阶级是指大地主、大资产阶级与无产阶级之间的中产阶级，而不完全是指大资产阶级与小资产阶级之间的中产阶级。中产阶级具有二重含义，既是经济的概念，又是政治概念。这个认识是符合中国社会实际的。中国共产党正是在这一认识基础上制定了正确地对待资产阶级的策略方针。

民族资产阶级的特点是具有革命与动摇、妥协的两面性，即“对于中国革命具有矛盾的态度”。而其动摇性之表现在于动摇于什么阶级之间。是动摇于大资产阶级与小资产阶级之间，还是动摇于大资产阶级与无产阶级之间，这是判断民族资产阶级性质的另一重要依据。如果认为它是“大资产阶级与小资产阶级之间的中等阶级”，那么它必然是动摇于大资产阶级阶级与小资产阶级之间。考察中国民主革命的整过程，小资产阶级无论从经济地位或政治力量都是软弱的、动摇的，它怎么可能吸引民族资产阶级呢？中产阶级动摇的范围、方向，取决于它处于什么阶级关系和政治局势之中。中国民主革命时期存在着两大对抗阶级，即大地主、大资产阶级与无产阶级。而处于这两大对抗阶级之间的是民族资产阶级。故毛泽东又称它为“中间阶级”，或“中间势力”。

① 《中共中央文件选集》（1），中共中央党校出版社 1982 年版，第 292－293 页。

中产阶级即民族资产阶级的革命性和动摇、妥协性，即两面性，是这个阶级的本质属性的一种表现。但从整个革命过程考察，它的革命性随时局的变化而变化，且革命性大于动摇性，即革命性是主要的、动摇性是次要的。但是在大革命时期，以及后来的第二次国内革命战争时期，对这个问题尚没有完全的认识。主要是认为“中产阶级是介于革命与反革命之间动摇不定”[①] 的阶级。它的动摇，既不是永远“不定”，也不是“长久”倾向反动。因此毛泽东认为，“右翼邻于反革命。左翼有时可参加革命，但与敌人妥协”[②]。但动摇的结果，“必然赶快的分化，或者向左跑入革命派，或者向右跑入反革命派，没有他们‘独立’的余地”[③]。对民族资产阶级的完整的正确认识，是在1935年党的瓦窑堡会议及其以后才确立。毛泽东说：“民族资产阶级是一个在政治上非常软弱的动摇的阶级”。在抗日战争时期，它是“动摇于国民党和共产党之间的抗日参加者”。在解放战争时期，它的“左翼分子依附于共产党，右翼分子则依附于国民党，其中间派则在国共两党之间采取犹豫和观望的态度”[④]。所以民族资产阶级动摇史，就是动摇于国共两党之间，在大资产阶级与无产阶级之间，而其主要倾向则是革命，靠拢共产党。正如此，中国共产党才能制定出对民族资产阶级的团结、争取的马克思主义统一战线政策，并在实践中取得巨大的成功。

不难看出，使用民族资产阶级科学概念，标志着中国共产党人对中国资产阶级认识的深化与发展，更能从经济上、政治上体现出民族资产阶级的性质和特征，更能有助于中国共产党制定团结、争取的方针。同时对民族资产阶级的阶级属性及其特征的认识，反映了中国共产党在把马克思主义与中国革命实际相结合过程中的探索与曲折，看出毛泽东及其全党所作的巨大努力以及对此所形成的关

① 毛泽东：《中国社会各阶级的分析》，《革命》1925年第4期。

② 《政治周报》1926年第4期。

③ 毛泽东：《中国社会各阶级的分析》，《革命》1925年第4期。

④ 《毛泽东选集》第4卷，人民出版社1991年版，第1289页。

于民族资产阶级的理论，构成了毛泽东思想的重要组成部分。对民族资产阶级认识的过程，在某种程度上反映了党领导的统一战线发展过程。

《共产党宣言》在中国出版六十周年[①]

《共产党宣言》（以下简称《宣言》）这一伟大的科学共产主义纲领性文献，是全世界无产阶级和革命人民进行战斗的强大思想武器。中国无产阶级的革命斗争就是在《宣言》的思想指导下进行的。

自一九二〇年《宣言》在中国出版以来，已经六十周年了。六十年来，《宣言》的出版史从一个重要的侧面，记录了中国人民从新民主主义革命到社会主义革命和社会主义建设伟大胜利的历史进程。

《宣言》在中国的最早出现

中国人民最早知道马克思主义，确切地说是从《宣言》在中国的传播开始的。这个传播可以追溯到旧民主主义革命时期。一九〇六年资产阶级革命家朱执信在《民报》第二、三号上曾经对《宣言》作过简要的介绍。他以蛰伸为笔名，题为《德意志社会革命家列传》（第三号改为《小传》），用文言体介绍了马克思、恩格斯和拉萨尔的生平，及《宣言》的基本要点和第二章的十条纲领，并对《宣言》作了初步的评价。朱执信说，自《宣言》产生后，给世界带来很大影响，特别是在欧洲“家户诵之”，对于欧洲无产阶级革

① 原载于《安徽师范大学学报》1980 年第 2 期，后收入《共产党宣言在中国》，陕西人民出版社 1991 年版。

命影响极大，“所惠于法国者尤深”，“既而德意志之劳动者亦感于马尔克（即马克思—引注）之说，趋而与富豪抗”。

另一批同盟会会员刘师培、张继等留日青年于一九〇七年在日本东京组织无政府主义团体，创办《天义报》，一九〇八年第十六至十九号上以民鸣为笔名，译载了恩格斯为《宣言》写的《1888年英文版序言》。

《民报》和《天义报》对《宣言》的简要介绍，是十月革命前中国人传播马克思著作的最早开端。

这两个刊物登载的《宣言》的译文，据目前初步查考，均译自日本早期工人运动的领袖幸德秋水（又叫幸德传次郎）等二人合译的于一九〇四年十一月十三日发表在《平民新闻》周刊上的日译本。它是日本最早出版的《宣言》，也就成了中国最早传播马克思主义的桥梁。

二十世纪初叶，《宣言》在中国的传播是一项重大的政治突破，但当时它对中国人民的思想影响极小，未能引起广泛的注意。主要原因有以下几点：一是介绍《宣言》的人本身并不是马克思主义者，相反的却以资产阶级的偏见对《宣言》的基本思想作了不少曲解；二是当时马克思主义并没有在欧洲资本主义国家取得胜利，那时的先进中国人寻找救国救民的真理是向往着资产阶级的一套旧方案的，认为它是振兴中国、富国强兵的良药；三是历史条件的限制，当时中国工人阶级不仅数量少，而且较幼稚，还是一个自在阶级；加之这些介绍《宣言》的刊物都在海外出版，秘密运送回国，数量有限，国内读者很少。所以毛泽东同志说，“在十月革命以前，中国人不但不知道列宁、斯大林，也不知道马克思、恩格斯。”① 这是就绝大多数人的情况来讲的；假若从以孙中山为首的资产阶级民主革命派来说，他们在十月革命以前已经或多或少地知道马克思、恩格斯及其思想了。

---

① 《毛泽东选集》第4卷，人民出版社1991年版，第1470－1471页。

由于中国半殖民地半封建社会的特定的历史条件，以孙中山为首的资产阶级民主革命派，在一定程度上能够接受马克思主义的影响，同共产主义结为好朋友。正如列宁所指出："中国民粹主义者的这种战斗的民主主义思想体系，首先是同社会主义空想、同使中国避免走资本主义道路、即防止资本主义的愿望结合在一起的"，因此，"必然产生中国民主派对社会主义的同情，产生他们的主观社会主义"①。

五四运动期间《宣言》的部分传播

列宁领导的十月革命的胜利，开辟了人类历史的新纪元。同时也开始了马克思主义在中国传播的新纪元。正如毛泽东同志所说："十月革命一声炮响，给我们送来了马克思列宁主义。"②

《宣言》在中国的正式传播，是由初步具有共产主义思想的知识分子翻译、介绍开始的。五四运动爆发前夕，李大钊、陈独秀主编的《每周评论》于一九一九年四月六日出版的第十六号上节译了《宣言》的一部分，并写了序言，说"这个宣言是马克思、恩格斯最先最重大的意见"，"其要旨在主张阶级战争，要求各地劳工的联合"，因此它"是表示新时代的文书"。同时又着重介绍了《宣言》的第二章"无产者与共产党人"的基本内容。其主要点是："劳工革命的第一步，我们所最希望的就是把无产阶级高举起来，放他们在统治的地位，以图 Democracy 的战争的胜利。这些无产阶级的平民，将行使他们政治上的特权，打破一切的阶级，没收中产阶级的资本，把一切的生产关系，都收归政府掌管，由这些人去组织一个统治的机关。并且要增加生产力的能力，愈速愈妙"。另外又把《宣言》中的第二章十条政纲介绍出来。这十条政纲是：

---

① 《列宁选集》第 2 卷，人民出版社 1972 年版，第 425－426 页。

② 《毛泽东选集》第 4 卷，人民出版社 1991 年版，第 1471 页。

（1）废除土地私有制度，所有地租概归公有。

（2）第一条若不能积极进行，则或由国家递增岁入的租税。

（3）遗产归公。

（4）迁居国外及叛党之财产，一律充公。

（5）用国家资本，组织一国家银行，有垄断一切营业的权。

（6）实行中央集权。交通机关和转运事业概归国有。

（7）大制造厂及各种生产关系概归国有。垦辟荒地。改良种植，须用同一的计划。

（8）一切人民有担负同样工作的义务。并须招集若干军队，以保护农事。

（9）农工互助联合，渐废城与乡的区别。

（10）采用自由教育制度。设立公共学校，俾一切儿童入校就学，当就学时代，不得入工厂工作。教育方针须与各种工艺相结合。（这十条纲领和朱执信译的十条纲领在译文上有不完全一致的地方，后者有较大的改进）

这是当时介绍《宣言》比较详细的节译稿。它突出了马克思主义的阶级斗争和无产阶级专政的基本思想。指出了无产阶级掌握政权之后的基本任务。译文虽有许多缺点，但它对中国人民的思想解放、对中国革命运动的发展却起了重大的指导作用。

一九一九年五月，即五四运动的高潮之中，李大钊主持的北京《晨报》副刊和陈独秀主编的《新青年》开辟了“马克思研究”专栏。《晨报》副刊连续刊登了署名毅的题为《新共产党宣言》的部分内容（第一章）；在《新青年》上又以渊泉的笔名和《马克思的唯物史观》为题予以转载并作了说明。

李大钊同志在《新青年》六卷五、六号的“马克思研究”号上发表了《我的马克思主义观》，第一次比较系统地阐述了马克思主义的基本原理，表明了他的无产阶级世界观和政治态度。值得注意的是文章的第五、六两部分介绍了马克思、恩格斯的《宣言》。他指出，“凡以前存在的社会的历史都是阶级竞争的历史。希腊的自由民与奴隶，罗马的贵族与平民，中世纪的领主与农奴，同业组合的主人与职工，简单地说，就是压制者与被压制者，自古以来，常相反目，而续行或隐然，或公然，不断的争斗总是以全社会革命的变革，或以相争两阶级的共倒结局的一切争斗。”一九一九年七月，李大钊同志又在《阶级竞争与互助》一文（载《每周评论》二十九号）指出，“这个阶级竞争说，是马克思倡的，和他那经济的历史观很有关系。他说人类的生产方法随着生产力的发展而变化，人类的社会关系又随着人类生产方法的变化而变化，人类的精神的文化更随着人类的社会关系的变化而变化。”这是用通俗的语言解释了马克思主义的经济基础与上层建筑的关系、阶级斗争与生产发展的关系。李大钊同志还指出，正因为这样，“他（指马克思——引者）在‘共产党宣言’里说过：‘所有从来的历史，都是阶级竞争的历史’，又说：‘从来社会的历史都是在阶级对立中进行’”。因此，“所谓阶级，就是指经济上利害相反的阶级”。这就把阶级产生、发展的经济基础和它所包含的本质揭露出来了。

李大钊同志根据《宣言》的基本观点，又深刻地分析了近代资本主义社会的阶级关系，说历史的发展，“到了我们的时代，就是有产者本位的时代，却把阶级的对立简单了。全社会越来越分裂为互相敌视的二大阵营，为相逼对峙的二大阶级：就是有产者与无产者”。李大钊同志还向人们指出两点：其一，“有产阶级不但锻炼致自己于死的武器，并且产出去挥使那些武器的人——现代的劳动阶级、无产者就是”。这就是说，无产阶级是资本主义的掘墓人。其二，“然自马氏与昂格斯合布‘共产者宣言’，大声疾呼、檄告举世的劳工阶级，促他们联合起来，推倒资本主义，大家才知道社会主义的实现，离开人民本身，是万万作不到的，这是马克思主义一个绝大的功绩”。这就明确地指出，要实现无产者的历史使命，完成“掘墓人”的任务，必须联合一切劳动阶级，结成巩固的联盟，用革命的手段推翻资本主义的反动统治。

一九一九年十一月，《国民杂志》第二期刊登了北京大学学生李泽彰译的《宣言》的前半部（第一章），题为《马克思和恩格斯共产党宣言》。据许德珩同志回忆，全书已译完，因限于篇幅，打算分期发表。前半部发表后，胡适特地把李泽彰找去谈话，说“你快毕业了，毕业后你还做不做事？你要做事就不要再登下去；如要出风头那你就登下去”。由于胡适的威胁与拉拢，李泽彰也就不敢再登了。此人后来成为胡适、王云五的亲信。

以上是五四运动爆发前后《共产党宣言》在中国的部分传播。它与一九〇六年、一九〇八年的简要介绍相比有很大不同，不仅译文有了改进，而且影响也大大超过了前者，成为五四运动期间马克思主义传播的重要内容，在中国共产主义思想史上占有极为重要的地位。

《宣言》中译本的正式出版

随着革命形势的发展，特别是中国工人阶级第一次登上政治历史舞台，马克思主义著作的翻译、出版更显得特别重要和迫切。一九二〇年初，李大钊同志领导的北京马克思主义研究会主动承担了这任务。据罗章龙同志回忆，研究会发起后即开始秘密的、积极的活动，其重要的一项是翻译马克思的著作。他们组织了一个有罗章龙、王有德、宋天放等七八个人参加的小组，直接从德文本翻译《宣言》，于是就产生了一个油印的《宣言》中译本（也可能不是全译本）。这个油印的译本的部分译文曾被《京汉工人流血记》一书引用过。

一九二〇年五月，上海社会主义研究社第一次公开出版了陈望道同志从日译本转译的《宣言》中文全译本。全书共五十六页，封面印有马克思像，像的上端注明社会主义研究社小丛书第一辑，马格斯、安格尔斯著，陈望道译。同年9月又重版一次。这是《宣言》第一次在中国正式出版，具有极为重要的意义。这个中文全译本尽管在译文上还有不少缺点，但它毕竟使我国人民第一次看到了这个科学共产主义伟大的历史文献的全貌。它的正式出版宣告着中国革命已进入一个新的、伟大的历史阶段。正如鲁迅指出的，“这个工作做得很好”，“现在大家都在议论什么‘过激主义’来了，但就没有人切切实实地把这个‘主义’真正介绍到国内来，其实这倒是当前最要紧的工作”。并指出，“把这本书翻译出来，对中国做了一件好事”①。

陈望道同志在五四时期是一位有名望的、进步的青年教师。当时浙江第一师范学校的“新派”人物有所谓“四大金刚”（即陈望道、夏丏尊、刘大白、李次九）之称。他们的教育方针是“与时俱进”。主张革新反对守旧，主张白话文反对文言文，并积极组织进步的师生，创办宣传新思潮的进步刊物。反动统治阶级视陈望道等人为眼中钉，千方百计地进行打击迫害。一九二〇年四月中旬，陈望道同志被迫离校。据陈望道同志回忆，浙江一师学潮后，斗争也使我们更加认识所谓除旧布新并不是不推自倒、不招自来的轻而易举的事情。我也就在这次事件的锻炼和启发之下，在事件结束之后回到我的故乡浙江省义乌县分水塘村去，自行进修，试译“共产党宣言”。陈望道同志不久后即去上海协助陈独秀进行有组织、有计划地翻译、介绍、宣传马克思主义的工作。

《宣言》中文全译本在中国的出版，这是马克思主义发展史上非常重大的事件。在当时，我国仅次于日本而成为亚洲第二个全文翻译出版《宣言》的国家。

《宣言》有组织有计划地出版

中国共产党成立后，对马克思主义的宣传、出版工作极为重视，并把它放到了党的工作日程上。一九二一年八月，中国共产党在上海成立人民出版社（为保密起见，社址写为广州昌兴马路），

① 《鲁迅年谱》，安徽人民出版社1979年版，第170页。

由李达同志负责。人民出版社成立后第一件大事就是出版马克思的著作，因此《宣言》又再版一次，封面略有改动，译者陈望道改为陈佛突（笔名）。一九二一年九月一日《新青年》九卷五号上用大字刊登了人民出版社通告，说："近年来新主义新学说盛行，研究的人渐多了，本社同人为供给此项要求起见，特刊各种重要书籍，以资同志诸君之研究"。在马克思全书的书目中突出的是《共产党宣言》，注名陈佛突译，已出版。

一九二四年中国共产党通过自己的另一出版机构——广州平民书社重印《宣言》，书名改为《马格斯、恩格斯宣言》。一九三三年，上海春江书店又一次重印，书名改为《宣言》，译者改为仁子。这是我们党在极端困难的情况下根据陈望道同志的中译本有计划、有组织出版《宣言》的大略情况。

抗日战争开始后，国内形势有了很大的变化，出版条件也比内战时期有了较大的改善。因此《宣言》的出版发行也进入了一个新阶段。

一九三八年中国共产党在上海新文化书房重新印了陈望道同志的中译本。这是最后一次再版。这个版本自一九二〇年到一九三八年前后十八年六次再版，五易出版机构，三改书名和译者姓名，由此可见在旧中国出版、传播革命文化的艰难和曲折，同时它也反映了中国人民学习《宣言》，寻找救国救民真理的渴望心情。

为了更好地、准确地掌握《宣言》的基本原理，帮助广大干部、群众学习马列主义，以适应抗日战争新形势的需要，在党中央、毛泽东同志的关怀、支持下，成仿吾、徐冰二同志根据德文版重新翻译了《宣言》。这个新译本在译文方面有了很大的改进，较符合原著的思想（据成仿吾同志回忆，出版时其他同志曾根据俄文本作了校订），由延安解放社出版，发行到整个抗日根据地和大后方以至敌占区。一九三八年九月十八日《解放》杂志52期登了出版《宣言》的新书通告，柯柏年同志还写了对《宣言》的详细介绍。一九四三博古同志根据俄文版《宣言》又重新作了校正，由延安新华书店出版发行。这个译本曾被毛泽东指定为干部必读的书籍，在解放区发行甚广。

一九四九年全国解放后，北京解放社根据莫斯科外文出版局译文本，再次出版《宣言》，在全国发行。目前流行的《宣言》系人民出版社出版的《马克思恩格斯全集》的译文本，由中共中央马克思、恩格斯、列宁、斯大林著作编译局校译。近年来，成仿吾同志根据1848年德文版本又作了一次翻译校正工作。

《宣言》对中国共产主义运动的巨大影响

《宣言》是传入中国最早的马克思主义著作，它像光芒四射的灯塔一样照亮着中国革命的历史进程，为世界革命、也为中国革命“创造了一个时代”①。它对中国人民的最大启示是：“用无产阶级的宇宙观作为观察国家命运的工具，重新考虑自己的问题。走俄国人的路——这就是结论。”② 中国的先进分子就是在《宣言》的思想指导下走上马克思主义的革命道路。毛泽东同志说：“有三本书特别深地铭刻在我的心中，建立起我对马克思主义的信仰。我一旦接受了马克思主义是对历史的正确解释以后，我对马克思主义的信仰就没有动摇过。这三本书是：《共产党宣言》，陈望道译，这是用中文出版的第一本马克思主义的书；《阶级斗争》，考茨基著；《社会主义史》，柯卡普著。”③

《宣言》的思想又指导了中国共产党的成立。我们党的名称所以叫中国共产党而没有叫社会民主党，或其他什么名称，主要就是根据《共产党宣言》而命名的。我们党的第一个纲领，其基本思想也是按照《宣言》的精神制定的。从此以后，《宣言》和中国共产党的纲领就成为中国共产党人和一切革命群众终身奋斗的指导方

① 《斯大林全集》第1卷，人民出版社1953年版，第322页。
② 《毛泽东选集》第4卷，人民出版社1991年版，第1471页。
③ 埃德加·斯诺：《西行漫记》，生活·读书·新知三联书店1979年版，第131页。

针，它激励着成千上万的革命者前仆后继、英勇牺牲，在中国的大地上谱写了光辉夺目的共产主义篇章。

半个多世纪以来，无论是在革命的高潮或低潮时期，无论是我们党处在极端秘密状态或公开活动阶段，无论是在革命根据地或国民党统治区，《宣言》始终是鼓舞革命人民前进的巨大力量；如今在以华国锋同志为首的党中央的正确领导下，它仍是指导人们为实现社会主义四个现代化而努力奋斗的锐利武器。

我们今天回顾《宣言》中译本的出版历史，倍感亲切。要坚持“四项基本原则”，离不开《宣言》的理论指导；要坚持实现四个现代化，更离不开《宣言》的理论指导。恩格斯曾经反复强调指出：“《宣言》中始终贯彻的基本思想，即：每一历史时代的经济生产以及必然由此产生的社会结构，是该时代政治的精神的历史的基础”[①]。我们必须认真学习《宣言》的这一基本思想，面对当前我国社会生产力发展水平还很低的基本事实，为“尽可能快地增加生产力的总量”，不要怕“曲折”，不要怕“倒退”，不要怕“冒尖”，不要怕“少数人先富起来”。要坚定方向，解放思想，阔步前进。

六十年过去了，新的时期将是“在本世纪内实现四个现代化”。让我们在《宣言》的思想指导下，在党中央的正确领导下，同心同德，努力奋斗，迎接这一天的来临！

① 《马克思恩格斯选集》第1卷，人民出版社1972年版，第232页。

中译本《共产党宣言》、《社会主义史》、《阶级斗争》初版时间订补①

中译本《共产党宣言》、《社会主义史》、《阶级斗争》三本书，是有较大政治影响的、中国最早出版的马克思主义书籍，它对中国共产党的理论思想建设有着巨大的作用，是毛泽东等同志较早获得共产主义思想的启蒙教科书，在毛泽东思想转变过程中产生过深刻的影响。但是对于这三本书的最初出版时间长期存在着一种偏见，近来不少党史研究工作者提出疑问，并进行了初步研究。这是必须重视的。

陈望道译的《共产党宣言》，初版时间的传统说法为1920年4月。但是有的同志则否定了“四月说”，力主“八月说”②。而其他同志都仍坚持“四月说”，同时则又提出了毛泽东同志第二次在北京期间不可能读到陈望道译本《共产党宣言》，而“在上海期间他倒是有可能读到陈译本《共产党宣言》的”③ 说法。

不管是“四月说”或“八月说”，均有一些问题需要进一步研究、商讨和补充。而且对于另外两本书，即《阶级斗争》、《社会主义史》的初版时间，也众说不一，《近代史研究》（1980年第4期）就是一例。因此也需要明确。为此，谈一点看法。

---

① 原载于《史学月刊》1983年第4期。

② 伍仕豪：《陈望道翻译的〈共产党宣言〉初版时间略考》，《党史资料丛刊》1981年第1辑。

③ 杨纪元：《毛泽东不可能在北京看到陈译本〈共产党宣言〉》，《党史研究资料》1981年第2期。

一

有同志提出毛泽东同志在北京期间不可能看到陈译本《共产党宣言》，这是正确的。但是说《共产党宣言》于1920年4月出版[①]是值得商讨的。而其他同志提出的“八月说”否定了“四月说”，我认为基本上是可信的。但是在论证“八月说”的一些历史事实上却是不够准确的。

如说“毛泽东第二次到北京期间是1920年1月至1920年5月”[②]，这是不对的。而主张“毛泽东在北京的时间是1919年12月18日至1920年4月11日”[③] 是正确的。

众所周知，毛泽东为开展驱逐军阀张敬尧出湖南的斗争，第二次来到北京。1919年12月18日在北京湖南会馆开驱张大会；1920年1月18日又和邓中夏等同志聚会于陶然亭并在慈悲庵门口大槐树下合影留念。毛泽东同志在北京活动将近四个月，方于1920年4月11日离开北京，途经曲阜、泰山、南京等地，5月初到达上海，继续从事驱张的革命活动。

陈望道什么时候离开浙江第一师范学校，又什么时候开始翻译《共产党宣言》，有同志则认为是“1919年底”说浙江一师学潮结束后，“该校校长经亨颐离职，陈望道为了表示跟经校长同进退，也自动离职，于1919年底回到故乡浙江义乌分水塘村去”，“着手翻译”《共产党宣言》[④]。或说“经过这次斗争的锻炼和启发，他在

---

① 杨纪元：《毛泽东不可能在北京看到陈译本〈共产党宣言〉》，《党史研究资料》1981年第2期。

② 伍仕豪：《陈望道翻译的〈共产党宣言〉初版时间略考》，《党史资料丛刊》1981年第1辑。

③ 杨纪元：《毛泽东不可能在北京看到陈译本〈共产党宣言〉》，《党史研究资料》1981年第2期。

④ 伍仕豪：《陈望道翻译的〈共产党宣言〉初版时间略考》，《党史资料丛刊》1981年第1辑。

1919年底回到故乡义乌分水塘村专心学习马克思主义著作，完成了《共产党宣言》的翻译工作”[①]。而《共产党宣言》译稿的完成则是“在1920年3、4月间”[②]，这些显然都是与历史事实有出入，或是不够确切的。

既然认为陈望道是在浙江一师学潮结束之后回家乡分水塘村译《共产党宣言》的，那就不可能是在“1919年底”。

浙江一师学潮发生在1920年2月，结束于4月。学潮起因是由于施存统在《浙江新潮》杂志第二期（1920年2月）上发表了《非孝》一文。因此，1919年底学潮尚未发生，陈望道仍在一师任教，与夏丏尊、刘大白、李次九等三人合称为一师“四大金刚”，共同宣传新思想，并与经亨颐校长互相团结，配合得很好。因而不可能有什么“自动离职”说，更不可能有“回故乡译《共产党宣言》”之事。这是铁一般的事实。

浙江一师学潮于1920年2月发生后，中经多次激烈斗争。反动政府于“三月二十九日清晨派出500多名警察把一师团团围住，并强行把学生拉出校门”[③]，妄图把学潮镇压下去。因而引起全国各界人士的反抗和声援。浙江反动当局被迫与“一师”师生谈判。经北京大学校长蒋梦麟出面调停，推荐愿意维持“一师”改革精神、巩固新文化基础的姜琦出任校长，而收回了原委任的顽固校长金布来的成命。学潮于4月11日结束。就这件事，蒋梦麟于4月12日给胡适信中作了说明，称：“现在我调停，派姜琦做校长……我明日回沪，须留五六天，才能返京，因杭州恐另有变化。”[④]

所以陈望道返回家乡是在“一师”学潮结束之后，非结束之前。1920年4月13日他毅然决然地离开浙江一师，回到分水塘村，

---

① 《陈望道文集》第1卷，上海人民出版社1979年版，第12页。

② 伍仕豪：《陈望道翻译的〈共产党宣言〉初版时间略考》，《党史资料丛刊》1981年第1辑。

③ 沈雨梧：《五四时间浙江的新文化运动》，《杭州师范学院学报》1979年第1期。

④ 《胡适来往书信选》（上），中华书局1979年版，第88页。

并开始翻译《共产党宣言》。正如他自己所说："这次查办斗争也使我们更加认识所谓除旧布新并不是不推自倒，不招自来的轻而易举的事情。我也就在这次事件的锻炼和启发之下，在事件结束之后回到我的故乡浙江省义乌县分水塘村去，自行进修，试译《共产党宣言》"[①]。

由此可见，陈译《共产党宣言》并非在1919年底，而是在1920年春，译成亦非在"三、四月"，而大概是"四、五月"间。因为从陈望道4月13日回乡到月底，仅仅只有半个月的时间，何况他又是"费了平常译书的五倍工夫，把彼全译了出来"[②]呢？退一步说，就是能在4月中译完，也并非能在4月中出版，即使能出版，也绝不可能在4月中与读者见面。就当时的印刷技术、发行条件，绝不会能达到如此高效、惊人的程度。就是在今天也是有一定困难的。所以"四月说"可能性不大。而"八月说"较为可靠。因为从目前看到的最初版本的出版时间为1920年8月。当《共产党宣言》出版后，1920年9月上海《民国日报》立即作了报道说："望道先生费了平常译书的五倍工夫，把彼全译了出来。经陈独秀、李汉俊两先生校对"。这是可靠的。

二

《社会主义史》是英人柯普卡著，最早出版于1892年。后英人辟司于1913年在该书第五次再版时作了增订。其目的是"对于社会主义运动作一种概括的批评和解释"[③]。

这部书"记载世界重要各国社会主义运动的源流和派别，既很详细，又很扼要。但是这部书从出版到现在差不多有三十年了，故近来各国社会主义运动的事实，都付阙如。一千九百十三年英国著

① 《文艺月报》1959年第6期。

② 《民国日报》副刊《觉悟》，1920年9月30日。

③ 《社会主义史·辟司序》，新青年社1920年版，第17页。

名的社会主义家辟司应发行人的请求，将克氏原本中关于解释社会主义的节段，删去许多；又将近来各国社会主义运动的事实，撮要编入至一千九百十三年为止。较原书约增加八分之一。此书既出于两个名人之手，遂成为一部极完全和极有价值的书”①。

该书之所以有价值，是因为“社会主义是社会发展的一种学说”，“是将来一种代替资本主义的东西，这就和以前资本主义代替封建制度，封建制度代替奴隶制度是一样的”②，所以毛泽东同志一接触到这种学说，就得到极大的鼓舞，深受其影响。

但是，《社会主义史》一书亦非出版于1920年4月。这是有事实根据的。

李季译的《社会主义史》，书中有三个序言，其一是英人辟司序（1913年10月）；其二是李季序（1920年7月1日）；其三是蔡元培序（1920年8月23日）。而李、蔡二序均于该书出版前先后发表于《新青年》杂志上。蔡序是1920年9月1日发表的。序中说：“我友李君懋猷取英国辟司所增订的克卡朴社会主义史用白话译出，可以算是最适用的书了。”并指出，“我读了这部译稿，发生许多感想，特将重要一点的写出来，表示我介绍此书的诚意”③。读了译稿而写序，非读了书而作。古人说，“冠首曰序，附后为跋”。蔡序作于8月，发表于9月，因而在9月以前是不可能有《社会主义史》一书出版的。

最近查阅了一下该书第一次出版的情况，现将其有关部分抄录如下：

封面：社会主义史《新青年丛书》第一种　英国克卡朴原著　英国辟司增订　李季翻译　蔡元培序。

末页：1920年10月出版　定价大洋壹元。

《社会主义史》是《新青年丛书》，《新青年》杂志第一次介

---

① 《社会主义史·李季序》，新青年社1920年版，第24页。

② 《社会主义史》，新青年社1920年版，第15页。

③ 《新青年》8卷1号，1920年9月。

绍、预告该书出版消息是1920年10月1日。由此可以断定，《社会主义史》一书的初版时间是1920年10月。此时正是毛泽东同志由上海返回湖南长沙（1920年7月）后的三个月。

三

恽代英翻译考茨基的《阶级斗争》（原题为《阶级争斗》）是否也是1920年4月，或早一点——1919年出版的呢？这也是长期没有解决的问题。

对于这个问题，除《西行漫记》的影响外，较早提出这个问题的并被学术界引为依据的是张静庐同志在1954年编注的《中国现代出版史资料》。张注说："本书是一九二〇年恽代英译，原为尚志学会丛书之一，得稿酬四百元，充作他在武昌所手创的利群书报社和利群织布厂的基金"。《恽代英著译系年要录》中也说，"《阶级斗争》（柯祖基著）恽译单行本"在新青年社出版之前"有尚志学会版"①。

是否真有"尚志学会版"？笔者各方寻找终未发现。就连张静庐同志也可能未曾见到过。为什么呢？请看他编辑出版的《出版史资料》中的书影，用的是新青年社版本就可想而知。为了说明这一问题，现从几方面略加分析、考订。

尚志学会出版的丛本和其类书，一般都在各主要报刊上首先发布消息，特别是对介绍新思潮、马克思主义的书尤为如此。但是，我们查了从1919年至1920年间的一些有较大影响的报刊，均未发现有此书出版的新闻。如北京《晨报》1920年6月12日刊登的尚志学会和共学会出版的丛书消息，有马克思主义研究丛书彭一湖译的《马克思派的社会主义》、《空想的与科学的社会主义》等书目，而未有恽译的《阶级斗争》一书。在此以前和以后也均未发现。

毛泽东同志于1920年手创的文化书社是积极发行、出售马克思

---

① 张注洪：《恽代英著译系年要录》，《近代史研究》1980年第4期。

主义和新思潮书报杂志的进步组织。同时毛泽东与恽代英又有较深的友谊关系。据文化书社第一次营业报告，陈独秀、李大钊、恽代英又都是文化书社的“信用介绍人”①。但是当时文化书社出售的书报杂志都没有《阶级斗争》一书。由此可见，《阶级斗争》于1920年10月以前曾出版过“尚志学会版”是不大可能的。

至于说恽代英从尚志学会得稿酬四百元充作利群书社基金一事，也是与事实不相符合的。最早提出这个问题的是恽代英的好友、利群书社成员之一的廖焕星。他于1953年在一篇回忆中说：“代英同志于百忙中，替尚志学会译了一本考茨基著的《阶级斗争》，所得稿费四百元作了书社、工厂的资金。利群书社就这样在武昌横街头创立起来了”②。利群书社开办时确实极为困难，特别是资金不足，为此恽代英同志曾多方设法筹集，并决定“由发起人分任捐筹”③。而恽代英自己首先带头“把下月薪金六十串文，全数捐作此用。”同时又动员他的伯父捐出二十元④。因此，开办利群书社恽代英捐助的是“薪金”，并非“稿酬”，是“六十串文”，亦非“四百元”。它与《阶级斗争》一书毫无经济关系，这是有史可查的。

恽代英从什么时候开始翻译《阶级斗争》的呢？有人说是1919年底，那时毛泽东第二次从长沙去北京路经武昌时曾住文化书社，并和恽代英畅谈，看到恽译的《阶级斗争》。这也是不足为信的。

据查，恽代英于1920年1月辞去中华大学职务准备去北京，不久便负责《少年中国学会丛书》的编译计划工作。为此他于1920年4月提出了26项编译科目，如“马克思及其学说”等。也就在这时他自己便决定开始翻译考茨基的《阶级斗争》一书。1920年10月《互助》第一期在《我们的消息》一文中特别提到了此事。

① 《五四时期的社团》（一），生活·读书·新知三联书店1979年版，第53页。

② 《五四时期的社团》（一），生活·读书·新知三联书店1979年版，第204页。

③ 《中共党史考参考资料》第12册，中国人民解放军政治学院1985年编，第163页。

④ 《中共党史考参考资料》第12册，中国人民解放军政治学院1985年编，第163页。

文中写到："代英近来规定每日读书或作文七小时。……他所译《阶级斗争》一书，预备半月内译完"[①]。而且还指出恽代英译书态度十分认真、一丝不苟，"他最近决定为译书的进行，预备宁牺牲金钱；不因此受人羁绊致损人格"[②]。

从这段文字，可以看出，到1920年10月《阶级斗争》尚未译出。据此可以确定，10月以前不可能有什么尚志学会版的恽译《阶级斗争》一书。

另查上海图书馆编印的《中国近代现代丛书目录》一书，在《尚志学会丛书》部栏中收录了从1919年至1933年间出版的丛书（包括译文）计44种，也没有《阶级斗争》一书。相反的却在《新青年丛书》部栏中收有恽译《阶级斗争》书目，并注明1921年1月初版。现录其版本的封面是：阶级斗争　新青年丛书第八种　德国柯祖基著　恽代英译　版本最末页是：中华民国十年一月初版　出版者新青年社（上海、北京图书馆均收藏有此书——笔者）。

从以上粗略的分析、考证，可以断定中译本《共产党宣言》初版于1920年8月；《社会主义史》初版于1920年10月；《阶级斗争》初版于1921年1月。

《西行漫记》一书中的"有些人名、时间、地名不准确。毛泽东同志当时在没有使用任何参考资料的情况下进行口述，又经过斯诺用外文记述，发生某些差错是难免的"[③]。同时它又是新闻采访体裁，不能算作什么文件。斯诺在出版这本书时就声明过，"这本书绝对不能算作正式的或正统的文献"[④]。因此，建议以后再版《西行漫记》时，对于毛泽东同志第二次去北京期间读到了《共产党宣言》、《社会主义史》和《阶级斗争》三本书的说法予以加注说明。

---

① 《五四时期的社团》（一），生活·读书·新知三联书店1979年版，第200页。

② 《五四时期的社团》（一），生活·读书·新知三联书店1979年版，第200页。

③ 吴黎平：《毛泽东一九三六年同斯诺的谈话》，人民出版社1979年版，第8页。

④ 埃德加·斯诺：《西行漫记》，生活·读书·新知三联书店1979年版，1938年译本序言。

共产主义在中国实践中的若干特点[①]

中国共产党人的特殊任务

一八八三年三月十四日，最伟大的无产阶级革命家、创立共产主义理论的科学巨匠马克思，在他工作的安乐椅上永远地安睡了。马克思把他毕生的精力都献给了全世界无产阶级、所有被压迫被剥削劳动人民的解放事业。他的学说，今天已经传播到全世界各个角落。在这个学说的指引下所兴起的国际共产主义运动，已成为当今世界上最强大的、有亿万群众参加的革命运动。不少国家已经把社会主义理论变成了现实；而更多的国家正在探索各自民族走向社会主义的具体道路。在人类历史上，恐怕再也找不到像马克思、恩格斯这样的思想家，给予人类历史的发展以如此巨大的影响。

马克思最大的贡献是什么？在这位伟人逝世后的第三天，恩格斯在马克思墓前演说中作出了精辟的概括：他发现了人类历史的发展规律，创立了历史唯物主义理论；发现资本主义社会发展的规律，创立了剩余价值理论。一句话，他把社会主义学说从空想变成了科学。按照科学社会主义理论，经过无产阶级革命斗争的胜利，资产阶级专政必然为无产阶级专政所代替，资本主义社会必然被改造为生产资料公有、消灭剥削、各尽所能、按劳分配的社会主义社会；社会主义社会经过生产力的巨大发展和思想、政治、文化的巨

---

① 原载于《安徽师范大学学报》（哲学社会科学版）1983 年第 1 期。

大进步，最后必然发展为各尽所能、按需分配的共产主义社会。马克思逝世后一百年世界历史的进程，特别是俄国十月社会主义革命的胜利和中国等一些国家社会主义制度的建立和发展，充分显示了马克思主义的正确性和强大的生命力。

马克思的社会主义学说，在二十世纪初，首先经过资产阶级改良派和革命派之手，从日本传入中国。马克思主义在中国的正式传播，那是在十月革命之后。十月革命一声炮响，给中国人民送来了马克思列宁主义。经过“五四”运动，更促使了马克思主义同中国工人运动、群众运动的初步结合。一大批初步具有共产主义思想的知识分子，在传播马克思主义、批判反马克思主义思潮的斗争中，起了很大的作用。他们在十月革命的直接影响下，纷纷创办刊物，创立宣传马克思主义的学术和政治团体，积极在中国传播马克思主义，从而形成了我国“五四”运动前后第一次探索社会主义的高潮。这个高潮的深入发展，又推动了最早的具有初步共产主义思想的知识分子深入工人群众，促使马克思主义同中国工人运动相结合，终于导致中国共产党的建立。从此，中国的革命运动，就在党的领导下，成为国际共产主义运动的不可分割的组成部分。

二十世纪二十年代初，当中国共产主义运动兴起的时候，中国的基本国情依旧是：一方面，中国近百年来饱受帝国主义的侵略和掠夺，丧失了民族独立性。帝国主义同封建统治阶级结成了联盟，成了中国社会的统治者，中国早已沦为半殖民地半封建的国家，人民大众同帝国主义、封建主义的矛盾成为社会的主要矛盾。另一方面，旧中国所以成为半殖民地半封建国家，这是国际帝国主义殖民政策的产物。从总体上说，中国被强制纳入了世界资本主义的体系之中。其结果是中国的民族资本主义也有一定的发展，不仅产生了中国民族资产阶级，同时也形成了人数虽少、但高度集中、富有彻底革命精神的工业无产阶级。这个新兴的阶级，在“五四”运动中，已经作为一支独立的政治力量登上了政治舞台。以上两方面的情况表明，中国这种特殊的社会性质，既不同于西方资本主义国家，也不同于古代的封建社会，它是中国历史发展中的一个特殊阶段。就它属于世界资本主义体系、中国民族资本也有一定的发展、工业无产阶级业已形成这种状况来说，为马克思的共产主义理论在中国的传播和中国共产主义运动的迅速发展，提供了社会的、阶级的基础；就它远比西方资本主义国家落后的生产力和由于半殖民地半封建的社会所造成的错综复杂的社会阶级关系和阶级斗争状况来说，产生于西方资本主义国家的马克思主义，必须经历一个同中国特殊的历史条件相结合的进程。使马克思主义中国化、民族化，才能直接指导中国革命，而不可能指望马克思主义经典著作给我们提供现成的结论。可见，把马克思主义的普遍真理同一个半殖民地半封建的东方大国的革命实际恰当地结合起来，这是马克思主义发展史上前所未有的创造性的特殊任务。

早在一九一九年，列宁就向东方共产主义者指出："你们面临着一个全世界共产主义者所没有遇到过的任务，就是你们必须以一般共产主义的理论和实践为依据，适应欧洲各国所没有的特殊条件，善于把这种理论和实践运用于主要群众是农民、需要解决的斗争任务不是反对资本而是反对中世纪残余这样的条件。"① 以毛泽东为领袖的中国共产党，出色地完成了这个特殊任务。

毛泽东同志从中国的历史状况和社会状况出发，深刻研究中国革命的特点和中国革命的规律，创立了无产阶级领导的，工农联盟为基础的，人民大众的，反对帝国主义、封建主义和官僚资本主义的新民主主义革命理论，以及由新民主主义革命转变为社会主义革命的理论。毛泽东同志写道："完成中国资产阶级民主主义的革命（新民主主义的革命），并准备在一切必要条件具备的时候把它转变到社会主义革命的阶段上去，这就是中国共产党光荣的伟大的全部革命任务。"② 毛泽东同志以及我们党的老一辈无产阶级革命家，在

① 《列宁选集》第4卷，人民出版社1972年版，第104页。

② 《毛泽东选集》第2卷，人民出版社1991年版，第651页。

长期的革命实践中，把中国一系列独创性经验作了理论概括，形成了毛泽东思想。正是在毛泽东思想的指引下，我们党不仅取得了民主革命的彻底胜利，而且胜利地实现了向社会主义社会的过渡。这是马克思的共产主义理论在当代中国的伟大胜利。

在坚持两条战线斗争的同时着重批判“左”倾教条主义

要使马克思主义普遍真理同中国的具体实际真正科学地结合起来，必须在指导思想上坚持从中国的国情出发；必须排除来自“左”右两方面的干扰，正确开展两条战线的思想斗争，这是我们党的一条基本经验。但是，开展两条战线上的思想斗争，并不意味着任何时候，在任何问题上都要左右开弓，平均使用力量；更不是不要着重抓住一个时期、一个方面的主要倾向。从中国共产主义运动的历史事实看，对中国革命和社会主义建设事业危害最大的，是一再出现的“左”倾错误和思想上的教条主义。什么时候我们党纠正了“左”倾错误，在思想上冲破教条主义的束缚，我们党的马克思列宁主义水平就会有很大提高，就能够把马克思主义普遍真理同中国的实际结合起来，革命事业就得到大发展、大胜利；反之，就会遭受严重挫折甚至失败。这是中国共产主义运动的一个鲜明的特点。

从国际共产主义运动的历史看，马克思主义诞生后，曾经同各种冒牌社会主义学说进行过斗争。到十九世纪九十年代以后，特别是第二国际后期，随着各国工人运动内部议会主义、改良主义的泛滥，在国际共产主义运动中，不得不把批判的锋芒集中指向第二国际的右倾机会主义。列宁在领导俄国革命中，把这种批判推向了高潮，恢复和发展了被第二国际机会主义者所埋没、所歪曲的马克思主义的革命面目。自此以后，在欧美等国的共产主义运动中，曾经在相当长的历史时期内，把批判的锋芒着重指向各种机会主义、修正主义思潮和派别，而只把“左”倾教条主义、学理主义，当作一种策略上的幼稚病。造成这种情况是有其深刻的社会历史原因的。帝国主义时代大量工人贵族的形成，几百年来资产阶级民主、自由、博爱思想的根深蒂固的影响。资产阶级议会民主政治制度的发展，统治阶级策略上的变化，大量非无产阶级分子涌入工人运动内部，等等，使得右倾机会主义易于在共产主义运动内部泛滥成灾。

但是，当中国共产主义运动兴起的时候，我们面临着与欧美等国的不同情况：第一，中国共产党是马克思列宁主义与中国工人运动相结合的产物。我国的工人阶级人数虽少，但处于半殖民地半封建条件下，受压迫最深，革命性很强，没有欧美工人运动中那种改良主义、议会斗争的传统，缺少社会民主党所赖以存在和活动的社会基础。我们党不是在议会活动中成长的，而是在同武装到牙齿的帝国主义、封建主义和官僚资本主义的浴血战斗中发展壮大起来的。第二，中国毕竟是一个农民占人口绝对多数的半殖民地半封建国家。农民和其他小资产阶级群众大量涌入革命队伍和党的队伍，固然壮大了革命力量，推动中国革命迅猛发展，但同时也带进来了多种非无产阶级思想，尤其是小资产阶级革命性易于滋长，容易犯脱离中国实际的“左”倾教条主义错误。我们党十分注意用无产阶级先锋队的思想，用无产阶级的革命性、坚定性和组织性，不断提高广大农民的觉悟，这是我们党思想建设上的一个重要特点。第三，我们党是经过十月革命，经过学习列宁主义而学到马克思主义的，并且接受共产国际的帮助和领导。在二十世纪二十年代后期和三十年代前期，在国际共产主义运动中严重存在的把马克思主义教条化、把共产国际决议和苏联经验神圣化的错误倾向，也在我们党内盛行起来，曾使中国革命几乎陷入绝境。以上情况说明，从中国的实际出发，只有把重点放在批判“左”倾错误，克服教条主义，才能使马克思主义同中国的具体实际恰当地结合起来。适合中国情况的科学指导思想——毛泽东思想，正是在同上述错误倾向作斗争并深刻总结这方面的历史经验过程中逐渐形成和发展起来的。

在民主革命时期，几次“左”倾错误，特别是王明的“左”倾教条主义，给中国革命造成巨大危害。一九二七年下半年的“左”倾错误，一九二九年下半年至一九三〇年上半年的“左”倾错误，表现为不顾大革命失败后敌我力量悬殊的条件，仍然照抄照搬苏联城市起义经验，犯了盲动主义错误，不愿意把党的工作中心转向农村。至于一九三一年到一九三四年的王明“左”倾冒险主义，更是以教条主义为特征。他们打着“坚决执行国际路线”的金字招牌，以“城市中心论”以及过“左”的经济政策、过“左”的文化政策和知识分子政策、过“左”的统一战线政策、轻视游击战运动战的所谓“正规战”的军事政策等，来否定和反对毛泽东提出的开辟农村根据地，以农村包围城市，最后夺取全国政权的正确道路和其他一系列正确的方针、政策，结果导致第五次反围剿的失败，使革命根据地和白区的革命力量都受到极大的损失：红军从三十万人减到三万人，共产党员从三十万人减到四万人。这是多么惨痛的教训啊！

应当指出，导致大革命失败的问题，尽管在政治上是右倾错误，但从一定意义上说，也带有教条主义的特点。一九二六年，当以蒋介石为代表的国民党右派，勾结帝国主义和国内反动势力，加紧篡夺革命领导权，日益暴露其反革命面目的时候，共产国际在有关中国革命的决议和指示中，仍然把希望寄托在国民党身上，甚至提出共产党的任务“应当促使国民党发展成为真正的人民政党”[①]；而当蒋介石发动“四·一二”反革命政变以后，共产国际在一九二七年五月作出的决议中，尽管指示中国共产党要加强武装工农、开展土地革命、警惕国民党高级将领的背叛等，但仍然强调把汪精卫控制的武汉国民政府作为革命的中心，仍然说“国民党是中国无产阶级直接同小资产阶级和农民合作的特殊组织形式”。如果中国共产党离开了国民党，“不在国民党内部争取这种领导作用，无产阶

① 《共产国际有关中国革命的文献资料》第 1 辑，中国社会科学出版社 1981 年版，第 283 页。

级就不能取得在全国的领导作用”。决议还说：共产党如果“在政策上对国民党这个革命运动的特殊组织形式估计不足，实际上就是让右派夺去国民党的旗帜。”[①] 应当说，这些决议的教条主义是有决定性的。抗日战争时期王明所犯的右倾投降错误，同样也属于这种情况。

新中国建立以后，由于我们党把马克思主义关于社会主义革命的理论和中国的实际更紧密地结合起来，终于在一九五六年完成了由新民主主义向社会主义的转变。这是马克思主义在中国取得的又一次历史性胜利。但是，从一九五七年以后，由于我们党对于社会主义建设的经验不足，对于社会主义社会发展的规律和中国经济情况认识不足，更由于不少领导同志在胜利面前滋长了骄傲自满情绪，急于求成，夸大了主观意志和主观努力的作用，使经济建设的指导思想上的“左”倾错误又严重地泛滥开来；而对党内斗争和社会阶级斗争形势的错误估计所造成的阶级斗争扩大化的错误，破坏了党和国家的正常的民主生活，助长了个人崇拜。这种政治上的“左”的错误，使党更难以纠正经济建设上的“左”的错误，以致最后导致了“文化大革命”的十年内乱这一全局性的、长时间的“左”倾错误。粉碎“四人帮”以后的两年，当时党中央主要负责同志提出“两个凡是”，使“左”倾错误和教条主义并没有得到根本纠正，甚至在一些方面还有新的发展。直到党的十一届三中全会，才真正开始实现我党历史上又一次重大转变。正如胡耀邦同志在向党的十二大报告中所指出的：“十一届三中全会的伟大历史功绩，就在于从根本上冲破了长期‘左’倾错误的严重束缚，端正了党的指导思想，确立了马克思主义的思想路线、政治路线和组织路线。”他还强调说：“我们在思想上坚决冲破长期存在的教条主义和个人崇拜的严重束缚，重新确立马克思主义的实事求是的思想路

---

① 《共产国际有关中国革命的文献资料》第 1 辑，中国社会科学出版社 1981 年版，第 327 页。

线，使各个工作领域获得了生气勃勃的创造力量。”这就保证了我们今天能够开创社会主义现代化建设的前所未有的新局面。

我们说着重批判“左”倾错误，批判教条主义，是中国共产主义运动一个显著的特点，这当然不是说我们党没有注意反对和批判右倾错误。相反，我们党尽力按马克思主义的科学性和全面性的要求办事，防止在注意克服一种错误倾向时忽视另一种错误倾向，在原则上始终坚持开展两条战线的思想斗争。党的十二大报告还明确指出：为了坚持十一届三中全会以来的正确路线，“既要反对那种企图回到‘文化大革命’和它以前的错误理论、错误政策上去的‘左’的倾向，又要反对那种怀疑和否定四项基本原则的资产阶级自由化的右的倾向。”我们在认识中国共产主义运动中的上述特点时，切不可忘记了这个总的精神。

农民在中国共产主义运动中的地位和作用

中国共产主义运动另一个突出的特点，在于把人数众多的广大农民组织到共产主义运动中来，并且以世界历史上罕见的新型农民战争来推动共产主义运动的迅速发展。中国没有经历一个完整的资本主义阶段，近代工业无产阶级人数很少，而且集中在几个大城市。尽管中国工业无产阶级有其突出的优点，能够充当革命的领导阶级；但是没有广大农民的参加，既不可能夺取民主革命的胜利，也不可能顺利地过渡到社会主义。特别是由于中国没有资产阶级民主，反动统治阶级凭借武装力量对人民实行恐怖统治，革命只能以长期的武装斗争为主要形式。中国的武装斗争，就是共产党领导的、以完成反帝反封建的民主革命并进而在中国实现社会主义为目标的、以农民为主体的农民革命战争。这在国际共产主义运动史上是无先例可循的创造，也是中国共产党把马克思主义同中国的具体实际相结合的一个最典型的表现。

过去，在理论界曾经有一个说法：马克思恩格斯仅仅设想社会主义只能在西方工业发达国家首先胜利，而没有涉及经济落后国家甚或前资本主义国家实现社会主义的问题。其实，这个观点是不全面的。的确，马克思曾经反复说过，共产主义运动的兴起、发展，社会主义的实现，是以高度发达的资本主义经济为前提的。直到恩格斯的晚年，仍然坚持这个观点。但是，马克思恩格斯在论证这个观点时，也并不排除资本主义不发达国家进行革命并走上社会主义道路的可能性。正是在论证这种可能性时，他们提出了一个非常重要的思想：在资本主义不发达国家，例如德国和法国，只要把居民的多数农民发动起来，使广大农民接受无产阶级的领导，建立巩固的工农联盟，那么这些国家也有可能夺取社会主义革命的胜利。早在一八五〇年，马克思总结法国一八四八年革命经验时曾指出："在革命进程把站在无产阶级与资产阶级之间的国民大众即农民和小资产者发动起来反对资产阶级制度，反对资本统治以前，在革命进程迫使他们承认无产阶级是自己的先锋队而靠拢它以前，法国的工人们是不能前进一步，不能丝毫触动资产阶级制度的。"① 如果把农民争取到无产阶级一边，"无产阶级革命就会得到一种合唱，若没有这种合唱，它在一切农民国度中的独唱是不免要变成孤鸿哀鸣的。"② 一八五六年，马克思在给恩格斯的一封信中更明确地指出："德国的全部问题将取决于是否有可能由某种再版的农民战争来支持无产阶级革命，如果那样就太好了……"③ 在恩格斯生前最后一部重要著作《法德农民问题》中，他还写道："被我们挽救而没有真正转变为无产者，还在农民地位时就被我们吸收到自己方面来的农民人数愈多，社会变革的实现也就会愈迅速和愈容易"④。对于前资本主义国家，马克思恩格斯也曾提出过一个设想：借助先进资本主义国家无产阶级胜利的经验和帮助，可以大大缩短这些国家向社

---

① 《马克思恩格斯选集》第1卷，人民出版社1972年版，第403页。

② 《马克思恩格斯选集》第1卷，人民出版社1972年版，第699页。

③ 《马克思恩格斯选集》第4卷，人民出版社1972年版，第334页。

④ 《马克思恩格斯选集》第4卷，人民出版社1972年版，第312页。

会主义发展的进程。[1] 前资本主义国家实现社会主义的条件问题的具体论述，是由列宁作出的。一九二〇年列宁写道："在一切殖民地和落后国家，我们不仅应该组织能够独立进行斗争的基干队伍，即党的组织，不仅应该立即宣传组织农民苏维埃，设法使这种苏维埃适应资本主义前的条件，而且共产国际还应该指出……在先进国家无产阶级的帮助下，落后国家可以不经过资本主义发展阶段而过渡到苏维埃制度，然后经过一定的发展阶段过渡到共产主义。"[2]

我们党继承和发展了马克思和列宁的思想，创造性地运用于中国这样一个农民占绝大多数的半殖民地半封建的国家。在第一次国内革命战争失败以前，毛泽东同志就已经明确指出无产阶级领导农民斗争的极端重要性。革命失败后，他是成功地把党的工作重点由城市转入农村，在农村保存、恢复和发展革命力量的主要代表。我们是在长时期内以广大农村为推进共产主义运动发展的基地，不断用无产阶级先锋队的先进思想、组织性和纪律性来提高农民群众的觉悟水平，成功地领导了新型的以农民为主体的革命战争，夺取了全国政权，创立了社会主义的新中国。同样，我们党在夺取政权以后，仍然依靠广大农民群众中蕴藏的极大的社会主义的积极性，在新的基础上巩固了工农联盟，实现了农业的社会主义改造，终于把农民引上了社会主义的康庄大道，并且促进了对整个社会实行社会主义改造的进程。我们党同广大农民保持如此密切的联系，这已经成为中国人民政治生活、经济生活、文化生活以及各种社会生活中带有根本意义的特点。

消灭资产阶级的独特方式

解决无产阶级同资产阶级的矛盾，最终消灭资产阶级和资本主

① 《马克思恩格斯全集》第22卷，人民出版社1972年版，第502页。

② 《列宁选集》第4卷，人民出版社1972年版，第336页。

义剥削制度，这是共产主义运动必须解决的中心问题。中国共产主义运动以独特的方式解决了这个中心问题，并获得了伟大的成功。在民主革命时期，我们党和毛泽东同志，从中国所处特殊历史条件出发，把资产阶级分为两大部分，一部分是依附于帝国主义的大资产阶级（即买办资产阶级、官僚资产阶级），另一部分是既有革命要求又有动摇性的民族资产阶级。无产阶级领导的统一战线要争取民族资产阶级参加，并且在特殊条件下把一部分大资产阶级包括在内，以求最大限度地孤立最主要的敌人。在同资产阶级结成统一战线时，要保持无产阶级的独立性，实行又团结又斗争、以斗争求团结的政策；在被迫同资产阶级主要是同大资产阶级分裂时，要敢于并善于同大资产阶级进行坚决的武装斗争，继续争取民族资产阶级，由于我们党采取了这样的独创性的政策，在同国民党的两次合作和两次分裂的尖锐复杂的斗争中，正确地处理了无产阶级同资产阶级的矛盾，使民族资产阶级成为新民主主义革命时期的一个革命阶级，参加了反帝、反封建以及后来反对官僚资产阶级的斗争，这在国际共产主义运动史上也是史无前例的。

中华人民共和国的成立，标志着从新民主主义向社会主义转变的开始。在新的历史条件下，无产阶级同资产阶级的矛盾，社会主义道路与资本主义道路的矛盾，已经成为国内的主要矛盾。党的历史任务就是要寻找一条适合中国情况的社会主义改造的道路，以便消灭资产阶级和资本主义剥削制度，完成社会主义革命的主要任务。民族资产阶级同中国工人阶级在民主革命时期存在着政治联盟的关系，到了社会主义革命时期，民族资产阶级仍然是一个具有两面性的阶级，即既有拥护共产党的领导、表示愿意接受社会主义改造的一面，又有害怕国有化、最终丧失生产资料私有制的一面。即使从经济上看，建国初期民族资本也具有两面性，即既有有利于国计民生的作用，又有不利于国计民生的消极作用。总的看，占全国工业总产值五分之三以上的民族工业，仍然是国民经济不可忽视的力量。我们党分析了所有这些特点，经过充分的调查研究，在国民经济恢复后的一九五三年，提出了对民族工商业的利用、限制、改造的一整套方针和政策，探索到了一条适合中国特点的社会主义改造的道路。这条道路的基本点是：第一，对民族工商业的私有财产实行赎买，通过和平改造消灭资本主义私有制；第二，创造了委托加工、计划订货、统购包销、委托经销代销、公私合营、全行业公私合营等一系列从低级到高级的国家资本主义的过渡形式，来达到对资产阶级的和平赎买；第三，在和平改造中保持同民族资产阶级的政治联盟，不剥夺资产阶级的选举权，把工人阶级同资产阶级的矛盾当作人民内部矛盾来处理；第四，对工商企业的改造同对资产者本人的思想改造结合进行，在政治上对他们实行团结、教育、改造的政策，把剥削者改造成为自食其力的劳动者；第五，把对资产阶级和平改造当作一种特殊形式的阶级斗争，对一切不法资本家的破坏行为进行坚决的斗争。由于执行了这一系列正确政策，我国在短短的三年多的时间内，就基本完成了消灭资本主义私有制和资产阶级的历史任务。

在国际共产主义运动史上，马克思、恩格斯和列宁，都曾设想过用赎买的办法来消灭资本主义私有制，并认为这对无产阶级更为有利。早在马克思主义初创时期，恩格斯在一八四七年就写道：无产阶级除了用暴力剥夺剥夺者外，并不排除“直接用纸币赎买的办法，逐步剥夺土地私有者，厂主以及铁路和海船所有者的财产”[①]。到十九世纪七十年代，马克思不仅设想过以和平方式在英国等国过渡到社会主义的问题，而且还明确说过：“如果环境会迫使资本家和平屈服，并在赎买的条件下文明地、有组织地转到社会主义，那就要给资本家付出较高的价钱，向他们赎买，这种思想是完全可以容许的。”[②] 恩格斯在《法德农民问题》一书中更具体地指出：当无产阶级夺取政权后，究竟采用暴力剥夺还是和平赎买，将取决于无

① 《马克思恩格斯选集》第1卷，人民出版社1972年版，第220页。

② 列宁转述马克思的话见《列宁全集》第27卷，人民出版社1963年版，第319页。

产阶级取得政权时的情况和有产者反抗的激烈程度。他写道：“我们决不认为，赎买在任何情况下都是不允许的；马克思曾向我讲过（并且讲过好多次！）他的意见：假如我们能用赎买摆脱这整个匪帮，那对于我们是最便宜不过的事情了。”① 但是究竟通过什么形式实行赎买，马克思和恩格斯都没有论述过，因为这在当时还不是现实的任务。通过国家资本主义的多种形式逐步把私人资本主义改造过来，则是由列宁在一九一八年首次提出来的。由于历史条件的限制，马克思、恩格斯和列宁的设想都没有实现；十月革命后的俄国资产阶级激烈反抗苏维埃政权，列宁的和平赎买方针也只是一厢情愿。只有我们党成功地实现了对资产阶级的和平赎买，并且对这个独创性的经验进行了理论总结，成为毛泽东思想的重要组成部分。

我们完全可以这样说：我们党在民主革命时期，独创性地开辟了以农村包围城市、最后夺取全国政权的崭新道路；同样，在社会主义革命时期，也独创性地开辟了一条适合中国特点的社会主义改造的道路，胜利地解决了社会主义革命的主要任务，写下了国际共产主义运动史上极其光辉的一页。

建设有中国特色的社会主义

中国共产主义运动已经进入了作为共产主义社会初级阶段的社会主义社会的新的历史时期。如何把马克思主义关于科学社会主义的理论，同中国的社会主义现代化建设恰当地结合起来，探索中国建设社会主义的新道路，又鲜明地摆在了中国共产党人和全国人民的面前。

列宁曾经预言，在一个以小农为主的经济落后国家，夺取政权比较容易，但要建设社会主义则困难得多；而且在这个领域，也许共产党人犯的错误最多。列宁指出：我们夺取了俄国以后，“最重

① 《马克思恩格斯选集》第4卷，人民出版社1972年版，第314－315页。

要最困难和我们根本还没有完成的事业，就是经济建设……在这一最重要最困难的事业中，我们遭受的失败最多，犯的错误也最多。”但是错误和失败教育了共产党人，在列宁的领导下，他们总结了战时共产主义政策的教训，提出了向新经济政策的过渡。列宁说：“我们现在正用‘新经济政策’来改正我们的许多错误，我们正在学习怎样在一个小农国家里进一步建设社会主义”[①]。但是，列宁逝世过早，他探索具有本国特色的社会主义道路的事业生前未能完成。

在中国这样一个较之俄国更为落后的东方大国，探索一条适合中国国情的社会主义建设道路，同样是一个历史性的新课题。毛泽东同志对解决这一问题的艰巨性也作了充分估计。他说：“在社会主义建设上，我们还有很大的盲目性。社会主义经济，对于我们来说，还有许多未被认识的必然王国”。又说：“要准备着由于盲目性而遭受到许多的失败和挫折，从而取得经验，取得最后的胜利。”[②]事实正是这样。我们党探索一条适合中国情况的社会主义建设道路，历经艰难曲折，付出了很高的代价。

我们党在二十世纪五十年代中期就进行了这条道路的探索，取得十分可喜的收获。一九五六年党的八大把这个探索的成果记载了下来。它的基本点在毛泽东同志的《论十大关系》、《关于正确处理人民内部矛盾的问题》中得到了很多的阐明。我国的社会主义建设，从此开始了从模仿苏联一国模式到根据本国实际独立自主地探索适合中国国情的新道路的历史进程。但是，由于当时党对于全面建设社会主义的思想准备不足，八大的正确路线和毛泽东同志在上述著作中许多正确的意见，没有能够在实践中坚持下来；相反，“左”的指导思想开始冒头，最后发展为“大跃进”和人民公社化运动。政治上反右派斗争严重扩大化和错误地在全党开展反右倾机

① 《列宁选集》第4卷，人民出版社1972年版，第571页。

② 《在扩大的中央工作会议上的讲话（一九六二年一月）》，人民出版社1962年版，第21－22页。

会主义的斗争，又破坏了党和国家正常的民主生活，个人崇拜日益盛行起来，从而使二十世纪五十年代中期以来的富有成果的探索中断了。二十世纪六十年代初，党和毛泽东同志及时发现并开始纠正这些错误，并在总结前一阶段经验的基础上，又开始了新的探索，强调要按经济规律办事，国民经济又迅速复苏和发展起来。但是，从一九六二年八届十中全会以后，由于对阶级斗争形势作了错误估计，政治运动连绵不断，“左”的错误、教条主义以及个人崇拜愈来愈严重，最后导致了十年内乱，使我们党在更长的时间内中断和背离了八大路线，社会主义建设遭受到更严重的挫折。粉碎“四人帮”以后，特别是从十一届三中全会到党的十二大召开，我们党总结了社会主义的历史经验，在新的一轮探索中，终于找到了在中国建设社会主义的道路。正如邓小平同志在党的十二大开幕词中所总结的：“我们的现代化建设，必须从中国的实际出发。”“把马克思主义的普遍真理同我国的具体实际结合起来，走自己的道路，建设有中国特色的社会主义，这就是我们总结长期历史经验得出的基本结论。”

我们党探索到的这条新道路，当然没有穷尽对社会主义社会发展规律的认识，还需要在实践中不断充实和发展。但是，它的基本点已经确定，并写进了《关于建国以来党的若干历史问题的决议》之中。我们认为，下面三个方面，是建设有中国特色的社会主义的鲜明标志。

第一，全面建设社会主义。社会主义社会究竟有哪些基本特征，人们并不是一下子就认识得很清楚，只有在共产主义运动和社会主义实践中，才能逐渐把握社会主义社会在经济、政治和思想文化方面的特征。胡耀邦同志在党的十二大报告中，根据科学社会主义原理和国内外社会主义实践经验，全面概括了社会主义社会的特征。他指出：“过去在讲到社会主义特征的时候，人们往往强调剥削制度的消灭和生产资料的公有，按劳分配，国民经济有计划按比例的发展，以及工人阶级和劳动人民的政权。人们还强调，高度发达的生产力和比资本主义更高的劳动生产率，作为社会主义发展的必然要求和最终结果，也是它的特征。这些无疑都是正确的，但是还不足以完全包括社会主义的特征。社会主义还必须有一个特征，就是以共产主义思想为核心的社会主义精神文明。没有这种精神文明，就不可能建设社会主义。”这段精辟的概括，反映了我们党对社会主义社会认识上的一个飞跃，形成了我们党全面概括社会主义特征的学说，并在这一学说的指导下，制订了全面建设社会主义的纲领：团结全国各族人民，自力更生，艰苦奋斗，逐步实现工业、农业、国防和科学技术现代化，把我国建设成为高度文明、高度民主的社会主义国家。

第二，坚持国营经济占主导地位的前提下，发展多种经济形式。从社会主义的历史经验看，社会主义生产关系的发展并不存在一套固定的模式。在我国建设社会主义，就要根据我国生产力发展的要求，在每一个阶段上创造出与之相适应和便于继续前进的生产关系的具体形式。当前阶段，我国生产力发展水平总的来说还比较低，又很不平衡，并且存在着多层次的状况。因此，在所有制方面，我国应当适应生产力的状况采取多种经济形式并存，即国营经济、劳动群众集体所有制经济、合作经济、个体经济以及吸收外资合办企业等多种经济形式并存，并保证国营经济和劳动群众集体所有制经济占主导地位。与此相适应，还应当分别采取适合于各种经济形式的具体管理制度和分配制度，在农村，坚持发展和逐步完善联产承包责任制，对国营工商业也要实行各种经济责任制。随着我国经济体制改革的逐步开展，我们一定能够创造出以计划经济为主、市场调节为辅，既统一集中又运行灵活，能够充分调动中央、地方、部门、企业和劳动者的积极性的，更富有效率的中国社会主义经济体制。

第三，坚持自力更生为主，同时实行对外开放。独立自主，自力更生是我们建设社会主义的立足点，在坚持这个战略方针的前提下，我们应当按照平等互利的原则扩大对外经济技术交流，大力扩展对外贸易，并且要利用各种方式尽可能多地利用可以利用的外国资金和积极引进适合我国情况的先进技术来促进社会主义现代化建设。对我国来说，经济文化还不发达，是发展中的社会主义国家，更要注意吸收和借鉴外国先进的、对我有用的科学技术和科学的管理社会化大生产的经验。毛泽东同志早在一九五六年就明确说过："外国资产阶级的一切腐败制度和思想作风，我们要坚决抵制和批判。但是，这并不妨碍我们去学习资本主义国家的先进的科学技术和企业管理方法中合乎科学的方面。工业发达国家的企业，用人少，效率高，会做生意，这些都应当有原则地好好学过来，以利于改进我们的工作。"①

建设有中国特色的社会主义，当然包括许多丰富的内容，我们的社会主义现代化建设的实践还在继续补充新的内容。但是，我们认为上述三个方面，是我国建设社会主义道路的基本特点。只要我们坚定不移地沿着这条道路走下去，我国社会主义制度的优越性必将越来越充分地显示出来；当前资本主义世界经济的萧条和我国经济发展的欣欣向荣，就是一个鲜明对照。我们党历经艰难曲折终于探索到的中国建设社会主义的道路和它已经取得的巨大成果，是我们中国共产党人今天用以纪念马克思逝世一百周年，而向这位国际无产阶级革命导师奉献的最好礼物。

---

① 《毛泽东选集》第5卷，人民出版社1977年版，第287页。

小康社会是一个新的里程碑[①]

江泽民同志在党的十六大报告中振奋人心地提出了全面建设小康社会的奋斗目标，并从理论上阐明了小康社会的科学含义，具有划时代的理论意义和实践意义。

梦想的实现

中国人对什么是民贫国弱有更多的品味，尤其是近代。由于贫穷，国家被西方列强任意凌辱、瓜分，人民被任意奴役，还被戴上“东亚病夫”的耻辱帽子。孙中山为摘掉这顶帽子而奋斗了几十年也未如愿，并在高喊“继续努力”中去世。中国共产党自成立那天起就以“消除内乱、打倒军阀、建设国内和平”、振兴中华为己任，流血牺牲，勇猛奋斗。新中国的成立，中国人民从此站了起来，为结束“一穷二白”奠定了基础。嗣后的岁月，特别是改革开放以来，中国共产党制定了发展经济、现代化建设“三步走”战略，胜利完成了第一步、第二步战略目标，即结束了“贫困”、“温饱”型阶段，走上了较为富裕的“小康”型发展道路。全国人民正在党的十六大精神鼓舞下开始全面建设小康社会的新征途。

中国进入小康社会，实现了几千年来中国人民的梦想。这是一个伟大的历史转变。“小康”是中国人早已向往而且没有实现的“薄有资财，可以安然度日”的“小康之家”。今天才真正过上了

---

① 原载于《安徽师大报》2002年12月31日。

“安然度日”的小康生活了。梦想和现实的统一，今天在中国共产党领导下实现了。

社会生活变迁的记录

人类社会发展最突出的亮点莫过于人民群众的衣食住行四性。而贫困、温饱、小康、富裕四型又是上述四性变化的重要标志。当今的小康虽还是总体的、不平衡、低水平、不全面的，人们的生活还基本上偏重于物质消费，但其内含变化却是很大的。据统计，我国城镇居民消费结构的恩格尔系数由 1997 年的 46.4% 下降到 2001 年的 37.9%；农村由 55.1% 下降到 47.7%。两个数字的下降变化，说明了我国城乡居民消费结构的大变革，基本上结束了为养家糊口而劳碌的时代。也就是说，人民群众的消费重点，由“吃”让位给了“衣住行”，就是“吃”也注入了“文化品位”。衣食住行、文化教育娱乐等社会消费结构的变化，是小康社会的忠实记录。这是一个历史性的界碑。

社会发展阶段的标志

我国改革开放，现代化建设发展迅速，世界瞩目，但我国现代化建设进入到哪个阶段，达到什么程度，有什么特点，今后将怎样快速发展，党的十六大报告第一次科学明确地概括出了“小康社会”的新概念、新标准。“小康社会”就是当今我国所处的现代化建设发展的阶段，这是一个科学的历史定位。从 2000 年我国进入总体小康社会，到 2020 年全面小康社会，这 20 年间就是“小康社会”发展阶段。党的任务就是要领导全国人民集中力量、抓住机遇、与时俱进、开拓进取，“全面建设小康社会”。今天我们正由“总体小康”向“全面小康”转变的关键时期。

“小康社会”是建设中国特色社会主义必经的重要时期，其特点，一是实现现代化建设第三步战略目标必经的承上启下的发展阶段；二是完善社会主义市场经济体制和扩大对外开放的关键阶段。“小康社会”发展阶段的结束，就标志着中国工业化的完成，中国开始进入更加发展的、最终完成现代化的历史时期。

把“小康社会”定位为中国特色社会主义社会发展的一个重要阶段，并制定了这一社会阶段的建设任务，这是对中国特色社会主义理论的丰富和发展，具有重大的理论意义和实践意义。

新理论新发展

“小康”一词古已有之，但那是梦想之词，就连最早提出“小康”的孔夫子所说的“小康”也只是指“三皇五帝”远古时代“大同”，而不能与今天同日而语。在当今提出“小康”概念的是邓小平于1979年12月会见日本前首相大平正芳谈到中国现代化时提出的“经济指标”、“经济概念”。后写入国家“八五计划”，成为我们党在现代化建设中的一个战略目标，“小康”概念遂成为全党共识。由“经济概念”、“战略目标”到“小康社会”——“总体小康”到“全面小康”，是一个理念的发展，是新理论、新概念形成的标志。它是“三个代表”重要思想的组成部分，是邓小平理论的新发展。

“小康社会”概念是一个全新的、科学的理论，是建设中国特色社会主义经济、政治、文化等全面发展的战略目标的新概括、新理念，并形成一个特定的历史发展阶段。“小康社会”的主要点是：经济更加发展，民主更加健全，科教更加进步，文化更加繁荣，社会更加和谐，人民生活更加殷实。这“六个更加”完整地体现了“小康社会”的基本内涵，它是一个科学的、完整的、系统的“小康社会”的理论框架。

“小康社会”理论是指导我国21世纪发展的新理论，是“三个代表”重要思想组成部分；“小康社会”是建设中国特色社会主义发展的重要阶段，是中国在世界民族之林中的新形象。因此，江泽民明确指出，它是“中国社会主义制度的伟大胜利，是中华民族发展史上一个新的里程碑。”中国人民正在党中央领导下，以“三个代表”重要思想为指导，抓紧新世纪头20年这一重要战略机遇期，集中力量，全面建设小康社会，加快推进社会主义现代化，共同创造我们幸福生活和美好未来。

“中产阶级”概念是谁提出来的

《党史研究》一九八四年第五期发表了陈廷湘同志的《论大革命时期毛泽东杰出的政治思想》一文。该文从阶级分析的高度较全面地论述了毛泽东同志在大革命时期的政治思想，阐述了新民主主义革命基本思想产生的阶级基础。读后颇受教益。但是文章在谈到中产阶级及小资产阶级时，则认为这一概念是毛泽东“独特地提出的”。对于这一观点，我觉得尚有进一步考证的必要。

一九一九年二月，李大钊在《新青年》第六卷二号上发表了《战后之妇女问题》，较深刻地分析了妇女运动。他认为妇女解放运动不是一般的男女平等问题。“仍是带着阶级的性质”。它应分为“中产阶级的”，和“劳动阶级的”两种不同性质的妇女解放运动。而“中产阶级的妇人”运动与劳动阶级的妇人“全不相干”。因此，“中产阶级妇人的利害，不能说是妇人全体的利害，中产阶级妇人的权力申张，不能说是妇人全体的解放”①。

一九一九年四月，《每周评论》第十六期刊登了舍（即成舍我）摘译的《共产党宣言》第二章的一部分，也把资产阶级称谓为中产阶级。译文指出，“这些无产阶级的平民，将行使他们政治上的特权，打破一切的阶级，没收中产阶级的资本，把一切的生产关系，都收归政府掌管。”随着革命形势的发展，李大钊对中产阶级的论述也进了一步。他由一般的提出，进而把中产阶级称为“自由的中产阶级”，以示区别于中国的大资产阶级。同时又把第二国际社会

---

① 《李大钊选集》，人民出版社1959年版，第144－145页。

党人的运动称为“中产阶级的运动”，把共产党人的运动称为“劳工阶级的运动”[①]。在论述社会主义革命时指出，“在社会主义制度下，实行社会主义的精神，使之普及于一般，直到中产阶级的平民政治的特色私有制完全废止”[②]，“以劳工阶级的统治，替代中产阶级的少数政治”[③]。

蔡和森在与毛泽东等通信中也曾多次使用中产阶级这一概念。他指出，“中产阶级的德谟克拉西……”、“中产阶级现成的职业机关”、“中产阶级文化运动”等。[④] 蔡和森还指出：“现今全世界只有两个敌对的阶级存在，就是中产阶级与无产阶级”，而这两个阶级建立的不同政权，即“无产阶级专政与中产阶级专政”[⑤]。

从上述事实中可以看出，中产阶级的概念，在一九一九年五四运动前后，已经由李大钊等同志提出并使用了。

另外，陈廷湘同志在文章中还提到小资产阶级问题，说到“党的二大尚未使用‘小资产阶级’这个概念”。这也与事实不相符合。

一九二一年初蔡和森同志与陈独秀通信中曾提到“小中产阶级”，把小资产阶级与中产阶级并提，而且把小资产阶级视为无产阶级的“候补者”[⑥]。一九二二年五月，中国社会主义青年团在其制定的纲领中，对小资产阶级作了初步论述，指出它是“中国社会的最多数最重要的分子”。因为，一方面它包括“农人、小商人和小工厂主或工厂主以及知识者等小资产阶级”，另一方面，“这种小资产阶级，受了国际资本和国内武人两重压迫……”[⑦]

一九二二年六月，中国共产党发表了第一次对于时局的主张，

① 《李大钊选集》，人民出版社 1959 年版，第 39 页。
② 《李大钊选集》，人民出版社 1959 年版，第 398 页。
③ 《李大钊选集》，人民出版社 1959 年版，第 425 页。
④ 《新民学会通信集》第 3 集，油印本，出版时间不详。
⑤ 《新青年》9 卷 4 号，1921 年 8 月。
⑥ 《新民学会通信集》第 3 集，油印本，出版时间不详。
⑦ 《先驱》1922 年第 8、9 号。

文中两次提到了小资产阶级，并且还批评了小资产阶级的“妥协性”[①] 这些都在党的二大召开之前。因此，不能说，直到党的二大召开，“尚未使用小资产阶级这个概念”。

① 《先驱》1922年第8、9号。

批判资产阶级右翼在解放战争时期的和平妥协思想[①]

第三次国内革命战争时期，是中国两种命运、两个前途的大决战时期，是中国民主革命由局部胜利走向全国胜利的大转变时期，是中国人民为了缔造永久的和平、幸福而高举革命的旗帜，消灭蒋家王朝，创立人民的新中国的伟大时期。总之，这个时期是中国人民在中国共产党领导下的反帝反封建的人民大革命的新高潮时期。

这个时期，考验着一切阶级、阶层、团体、党派和个人：是支持广大人民的革命战争，还是反对革命人民的正义战争；是揭露敌人，还是美化敌人；是拥护革命，走革命的道路，还是骑墙、居间，走什么“第三条道路”。总之，看他们是调和、妥协，主张改良，还是斗争，革命，靠拢无产阶级和人民大众。这是一切阶级、党派和个人都必须作出明确回答的大是大非的问题，绝不许含糊不清，折中调和。

可是在这个黑白分明的革命关头，中国的资产阶级和平主义者（即资产阶级右翼）硬要扮演这样可耻的角色：他们打着维护“和平”、反对战争的幌子，对国民党反动派所发动的罪恶滔天的内战，小骂大帮忙，对中国共产党领导的人民自卫战争则极尽污蔑诽谤之能事，并在国民党反动派最后崩溃的时刻，达到了一个空前未有的高潮。这种险恶用心是昭然若揭的。

国民党反动派的内战政策是他们的既定方针，毛主席早在抗日

---

① 原载于《合肥师范学院学报》1964 年第 1 期。

战争胜利前夕就曾多次明确指出这一点。抗战胜利以后，中国人民的政治觉悟空前提高。一股要民主、反独裁，要和平、反内战的洪流在全国激荡着。为了满足全国人民的迫切要求，实现他们的理想愿望，中国共产党曾作了极大的努力。一九四五年八月十六日中国共产党向国民党提出了关于制止内战的六项要求，八月二十五日又发表了《对目前时局的宣言》，进一步表明了中国共产党对和平民主的真诚愿望，提出了“巩固国内团结，保证国内和平，实现民主，改善民主”的口号。同时毛主席还不畏艰险亲赴重庆与国民党举行谈判，并在一九四六年的政治协商会议中，中国共产党联合了其它民主党派同国民党达成了一项和平建国的协议。中国共产党又派遣了以周恩来同志为首的中国共产党代表团常驻重庆、南京等地与国民党谈判达一年零七个月之久。所有这些，目的就是为了少流些血，少打些仗，以便于人民休养生息和实现社会的改革。但是，国民党则存心不良。他们反革命的阶级本性，决定了他们不会给人民任何民主和平，恰恰相反，他们利用谈判作为布置内战的大好时机。这样在美帝国主义的精心策划与大力支持和援助下，国民党反动派便决然不顾中国共产党和全国人民的反对，首先破坏停战协定，继而撕毁政协决议，在全国范围内发动了空前未有的反革命战争。

在国民党反动派发动了全国内战之后，中国共产党应采取什么态度呢？是等着被消灭，等着整个中国被国民党反动派拖进以美帝国主义为主子的殖民地？还是领导全国人民起而反抗，这是一个非常重要的关键问题。中国共产党代表了全国人民的意志和要求，采取了坚决自卫反击的立场。这是完全正当和无可非议的。在国民党反动派发动了全面内战，关闭了和谈大门以后，争取和平的唯一方式就是革命的自卫战争。毛主席当时向全党指出，谈是为了争取和平，“打是为了争取和平。不给敢于进攻解放区的反动派很大的打击，和平是不会来的。”[①] 中国共产党是中国人民利益的保卫者，

① 《毛泽东选集》第4卷，人民出版社1991年版，第1159页。

“人民得到的权利，绝不允许轻易丧失，必须用战斗来保卫。我们是不要内战的。如果蒋介石一定要强迫中国人民接受内战，为了自卫，为了保卫解放区人民的生命、财产、权利和幸福，我们就只好拿起武器和他作战。这个内战是他强迫我们打的。”①

中国的内战是这样，世界上任何国家的内战也是这样。“各反动阶级通常都是自己首先使用暴力，发动内战，‘把刺刀提到议事日程上来’，”② 强迫革命者不得不起而自卫。所以，一切战争的根源，总是来源于反动的统治阶级。剥削制度是战争的根源，统治阶级是首先挑起战争的罪魁祸首。列宁说得好：“战争无论何时何地总是由剥削者、统治者和压迫者阶级挑起的。”③ 蒋介石的大地主大资产阶级的剥削制度就是中国内战的根源岂不是清清楚楚吗？

但是，对于这样明摆着的铁的事实，中国资产阶级右翼却极力加以掩盖。在他们看来，官家可以放火，百姓不能点灯；蒋介石可以左手拿着刀，右手也拿着刀，杀进解放区，中国共产党却不能领导解放区人民也拿起刀来，反击这个独夫民贼。如果要反击，那就是“争权夺利”，“争地盘”，就要负起内战的一半责任。这里，他们表面上还不敢把内战的责任全部推到中国共产党身上，而装扮出“极端公正”的样子，但实际上却抹杀了一个最基本的前提，即内战是怎样引起的，是什么阶级发动的，目的是为了什么。不仅如此，他们还把中国共产党与国民党反动派关于革命与反革命的争论和斗争说成是“公说公有理，婆说婆有理，而受灾难的是童养媳——中国的广大人民”④。他们制造这样的奇谈怪论，目的是想从根本上抹杀共产党与国民党的区别，抹杀马克思列宁主义关于战争产生于剥削阶级的基本原理。他们丑化、辱骂革命者，说他们“争地盘”，“好战”，难道不正是为了大大地帮助国民党反动派，为国

① 《毛泽东选集》第4卷，人民出版社1991年版，第1127－1128页。

② 《列宁全集》第9卷，人民出版社1963年版，第117页。

③ 《列宁全集》第8卷，人民出版社1963年版，第531页。

④ 《时代批评》第4卷，第85期，1947年。

民党蒋介石发动内战制造借口、开脱罪责吗?

在人类历史上，自从阶级社会出现以后，战争就成为社会生活中复杂而矛盾的现象之一，它“是一种五花八门、形形色色、错综复杂的东西。”[①] 但是归根到底，正如列宁所说：“战争是政策的另一种手段的继续。”[②] 反动统治阶级在其统治广大人民的过程中使用了各种各样的手段，如政治的、经济的、思想的、外交的等。如果这些手段还不足以达到既定的目的时，统治阶级就不顾一切的诉诸公开的、暴力的、武装的手段——即战争。历史上一切的反动统治阶级从来就是以武力为后盾，以战争为主要手段来维护自己的。国民党反动派也正是这样。他们的阶级目的是在抗日战争胜利后首先抢夺人民的胜利果实，继而消灭中国共产党及其领导的人民军队和解放区，以便重新在全国范围内建立起大地主大资产阶级的独裁统治。至于如何达到这个反革命的目的，国民党蒋介石在美帝国主义的帮助下使用了反革命的两面手法，先以“和谈”引诱、欺骗，继之则发动大规模的内战。所以毛主席说，蒋介石发动反革命战争是“美国出钱出枪，蒋介石出人，替美国打仗杀中国人，‘毁灭中国共产党’变中国为美国殖民地……”[③] 这就是蒋介石发动内战的真正起因，真正目的。

战争是社会现象，是你死我活的阶级斗争的最高表现。自从阶级社会出现以后，战争从来就是分为正义的与非正义的两大类。因此社会上的每一个集团、党派和个人，都必须对这两类不同性质的战争表示自己的态度，或者支持正义的革命战争，或者支持反革命的非正义战争，二者必居其一，没有任何中间道路可走。

中国的资产阶级和平主义者，他们根本不从客观实际出发去研究当时中国社会的政治形势，不去分析研究中国内战的根源，不去分析研究国民党政权的阶级本质，不去分析研究中国共产党领导全

① 《列宁全集》第35卷，人民出版社1965年版，第262页。
② 《列宁全集》第24卷，人民出版社1963年版，第369页。
③ 《毛泽东选集》第4卷，人民出版社1991年版，第1494页。

国人民自卫反击的阶级内容。总之，在他们的心目中，中国人民与帝国主义、封建势力、官僚资本主义的矛盾，是不存在的，存在的只有一种矛盾——即战争与和平的矛盾，或武力与理性的矛盾。他们常以“人类理性”作为政治标准来反对革命战争，说什么“与武力相对的是理性”。这种“理性”便是当今世界的“政治基础。”[①] 因此他们的结论是：“反理性的行为之表现于国内政治者是叛乱或革命。”[②] 所以他们迷恋于维护“和平”，维护“理性”，反对一切战争，企图以“和平”和“理性”来掩盖阶级矛盾，取消革命。所以他们总是以“传教士”的面目出现，“关心”中国人民的所谓“幸福”，“安乐”，说什么“内战把中国打穷了”，“内战把人民杀光了”[③]，“人民无居可安，无业可乐”[④] 等。他们根本不懂得什么是革命，什么是革命斗争。他们把正义的革命战争与非正义的反革命战争相提并论，认为有幸福、安乐就不能有革命战争，有革命战争就不会有人类的安乐和幸福，因此，革命战争就是人类的大灾大难。他们说，革命战争不仅“可以拖垮国民党，同时也可以灾难来结集更大的革命群众。”[⑤] 这不符合“革命的目的”，说“革命的目的在解除人民的痛苦，内战却给这一代人带来不可忍受的灾难。”[⑥] 因此他们公开的辱骂革命，说“为着下一代的福利而牺牲这一代的福利，则丧失了革命的意义。”[⑦] 原来“醉翁之意不在酒”，他们反对一切战争，是为了反对革命战争；他们所关心的“安乐”、“幸福”是那些发动战争的统治阶级和他们自己。资产阶级和平主义者，在对待战争的问题上，完全是从他们的阶级的利益出发的。一方面他们明里暗里支持反革命战争去消灭革命的人民，另一方面则

① 《新路周刊》第1卷，第6期，1948年。
② 《新路周刊》第1卷，第6期，1948年。
③ 《时代批评》第4卷，第85期，1947年。
④ 《时代批评》第4卷，第85期，1947年。
⑤ 《观察》第4卷，第4期，1948年。
⑥ 《观察》第4卷，第4期，1948年。
⑦ 《观察》第4卷，第4期，1948年。

又明目张胆的反对、诬蔑、谩骂革命战争。这就是他们的实用主义。所以，当一九四八年中国人民革命战争猛烈向前发展，国民党已处于最后崩溃的时候，他们反对中国人民的革命战争就更为激烈。他们主张中国共产党不要再向国民党进攻，双方妥协，企图要国民党在喘息之后卷土重来，而使中国共产党静坐待毙。当时他们说："国民党'戡乱'共产党'革命'，但最后结果还得走上自由平等这条大路，那么何以大家不能恢复理性而和衷共济呢？难到必须互相残杀到只剩最后一个人，才能安静地坐下来说：'我呀，我最后已替中国获得永久的和平与民主了'吗?"[①]。这完全是混淆是非，美化敌人，麻痹人民，企图使革命人民在与敌人"和衷共济"的情况下使革命走上绝路——或者使革命被敌人吃掉、消灭，或者被敌人溶化、变质而达到"和平演变"。

由此可见，凡是违背马克思列宁主义，表面上反对一切战争的，实际上他们必然是首先反对革命战争，凡是反对革命战争的，他们必定首先欺骗、诬蔑、谩骂革命的人民而主张和反动派妥协投降，牺牲广大人民的革命利益而反对革命。

资产阶级和平主义者，为了达到他们反对革命的正义战争，麻痹和压服革命的人民的目的，制造了种种谬论。他们一方面要中国共产党与国民党"和衷共济"，"相信"国民党，并指责中国共产党神经"失常"，"总是疑心人家（指国民党——笔者注）要来谋我，对任何人很难办到完全相信到底"[②]；另一方面，他们认为革命战争的结果必将是全中国人民的毁灭。如他们在评论解放战争时说："延安军力少于国民党政府，这是确的。但延安善能利用其所谓游击战术。游击战术就是长期战破坏战。要打垮延安，必须以游击战对游击战。不采游击战便打不垮延安；采游击战则你游击我也游击，全民游击，亦即全民牺牲"，"全国糜烂"[③]或说成"逼成玉石

① 《现实文摘》第1卷，第12期，1948年。
② 《时与文》第1卷，第3期，1947年。
③ 《观察》第2卷，第4期，1947年。

俱焚的流血　革命以自陷于复亡”① 这完全是一种对伟大的中国革命事业的诬蔑，是反对中国革命的奇谈怪论，是在战争面前吓破了胆的投降主义。中国的历史恰恰证明了，由于中国革命战争的结果，旧制度被推翻了，国民党王朝覆灭了，而人民民主的政权，社会主义的国家诞生了。

中国共产党人对待战争的态度一贯是明确而坚定的。毛主席早在《论持久战》一书中就曾指出：“历史上的战争分为两类，一类是正义的，一类是非正义的。一切进步的战争都是正义的，一切阻碍进步的战争都是非正义的。我们共产党人反对一切阻碍进步的非正义的战争，但是不反对进步的正义的战争。对于后一类战争，我们共产党人不但不反对，而且积极地参加。”② 中国共产党正是遵循着毛主席的教导对待战争的。

中国共产党人认为，只有正义的战争才能避免残酷的遭遇而给人类带来幸福，给社会带来革新的推动作用。毛主席指出：“革命战争是一种抗毒素，它不但将排除敌人的毒焰，也将清洗自己的污浊。凡属正义的革命的战争，其力量是很大的，它能改造很多事物，或为改造事物开辟道路。”③ 所以，那种认为只要战争一爆发人类世界就要被毁灭的说法，是十分荒谬和极端反动的。

同时，中国共产党人又认为，战争只是社会历史的产物，它将随着阶级社会的消灭而消灭。毛主席指出：“我们是战争消灭论者，我们是不要战争的；但是只能经过战争去消灭战争，不要枪杆子必须拿起枪杆子。”④ 这是马克思列宁主义的辩证法，资产阶级和平主义者根本不懂得这一点。

为了反对中国人民的革命战争，资产阶级和平主义者还借口当前的时代，科学技术的发展，新式武器的出现，认为可以改变马克

---

① 《文萃》第 13 期，1946 年。

② 《毛泽东选集》第 2 卷，人民出版社 1991 年版，第 475 – 476 页。

③ 《毛泽东选集》第 2 卷，人民出版社 1991 年版，第 457 页。

④ 《毛泽东选集》第 2 卷，人民出版社 1991 年版，第 547 页。

思列宁所规定的无产阶级用暴力夺取国家政权的形式和途径。他们说："科学上原子能的发现，应该还可以帮助人类恢复了灵性，走上合理的大道。"[①] 这种"灵性"是什么呢？大概就是"理性"吧！所以他们又说，由于原子能的出现，从今以后的世界，便进入"平民世纪"，"和平世纪"了。[②] 这就是说，由于原子能这种新式的科学技术，新式武器的出现，就改变了整个世界的面貌，从此以后，世界上再也没有压迫阶级、帝国主义了，全世界被压迫民族和被压迫人民再也不需要进行反对帝国主义的民族解放运动和反对资产阶级的无产阶级革命斗争了，就可以平安无事的进入"平民世纪"、"和平世纪"了。因此他们得出结论说，中国共产党可以用"不诉诸武力的革命照样能实现社会主义。"[③] 那么怎样运用这种"和平"的方法达到"实现社会主义"呢？他们主张：

第一，中国共产党可以在国民党的法西斯独裁的"民主"基础上参加国民党的"选举"，逐渐地渗透到国家政权直到掌握政权，不必要从事发动群众的武装斗争。当时《观察》周刊就刊登了这么一篇文章，说假如中国共产党能通过国民党的"民主"，"在大选中可能获得的选票和议席，为数恐不在少。共产党掌握政权之迟或早，是和以后中国的执政党的政绩如何互为因果的。"[④] 时过一年之后，此人又说："实行社会主义不一定要走莫斯科的路线。……假如共产党能在政治生活方面，修正其政策，放宽其尺度，则将更能增加他们获得成功的希望。"[⑤] 说的很明确，这是要中国共产党不要打碎国民党反动派的国家机器，在大地主大资产阶级一党专政的基础上"修改政策"，"放宽尺度"，以便靠着国民党的"政绩"逐渐的"渗透"到政权中去，以实现"和平革命"的目的。看来，无产

① 《文萃》第13期，1946年。
② 《文萃》第13期，1946年。
③ 《新路周刊》第1卷，第6期，1948年。
④ 《客观》第4期，1945年。
⑤ 《观察》第2卷，第2期，1947年。

阶级政党由一个马克思列宁主义者变为修正主义者，以“放宽尺度”，“修改政策”作为交换条件而参加大资产阶级的议会，他们是多么的热情欢迎、关切和希望呀；其实这完全是一种蓄意欺骗。在武装到牙齿的国民党反动派的统治下，没有比这种主张更荒谬、更反动的了。

中国共产党从来就主张利用一切可以利用的合法斗争。但它只能是无产阶级革命总策略的一部分，是一种斗争的辅助形式而不是唯一的和主要的形式。这种形式只能是为了利用它来揭露敌人，教育和组织人民群众，而不是夺取政权摧毁旧的国家机器的一种斗争手段。主张中国共产党在半殖民地半封建社会里的国民党政权下参加大地主大资产阶级的“选举”，只能起到麻痹、迷惑革命人民，为国民党反动政权延长统治并使其合法化，从而把革命引入歧途，最后葬送革命。

第二，他们主张中国共产党可以在国民党统治的“民主”下实行“两党”、“两区”的和平的“经济竞赛”，以此“竞赛”“获得人心”。他们说，“国共两方可以各在其范围内……有竞赛的可能，竞赛愈烈，则愈能得民心的作风也愈必盛行。”① 这种说教，是要人们相信国民党反动派在这种和平的“经济竞赛中”会被挤掉，甘拜下风，自然而然地灭亡，退出历史舞台；革命的人民可以在“安乐”的生活中静待这一天的到来。这种主张，实际上就是要中国人民在全副武装的敌人面前自动地解除武装，放下武器，让国民党四大家族剥削、统治而不要反抗，以达到麻痹人民意志，使政治革命、阶级斗争转化为“和衷共济”，“经济竞赛”。

第三，他们更是积极的主张“裁军”。他们认为中国所以混乱，所以有战争，就是因为国共两党都掌握着兵权、有军队。他们诬蔑中国共产党为“穷兵黩武”，“是一种不仁也必不智的冒险。”② 认为

① 《观察》第2卷，第4期，1947年。

② 《观察》第5卷，第9期，1948年。

中国只要没有军队就不会有战争，军队是一种不仁不义的混乱象征。他们说“兵犹火也”、“佳兵不祥。”① 因此他们主张国共两党都要“裁军”，把“裁军”作为消除战争取得和平的主要手段。如他们说，现在的时代是“不是世界和平就是毁灭”的时代。这就是说只有裁军才能避免革命，才能达到“世界和平，”“避免世界的毁灭”。他们把革命看成比洪水猛兽还要凶恶千百倍。这种打着“裁军”、“和平”的旗号，实际上是在反动派面前吓破了胆，自己不敢革命也不许人家革命的资产阶级右翼的反动思想。人家起来革命，他就以“维护世界和平”为口实，说人家要“毁灭世界”，牺牲亿万人民。这是迎合国民党、反动派为国民党反动派效劳的最无耻的伎俩。

中国革命的人民很希望没有军队，没有战争。但是在目前条件下事实上办不到，这方面中国共产党有丰富的经验以至血的教训。在一九四五年的“重庆谈判”和一九四六年的“政协会议”上，中国共产党对军队问题一连提出三个提案均被国民党反动派所拒绝。由此可见，反动统治阶级是不会放弃武装的。即使暂时的、有条件的、在某种程度上和某些方面达成协议，但是，一方面它不能消除战争，消除引起战争的根源，另一方面，这种协议“还只是纸上的东西。纸上的东西并不等于现实的东西。”② 国民党反动派可以暗地破坏，在时机成熟时还可以随时公开的撕毁。人民所得到的不是和平，不是协议中的“保证”、“诺言”，而是一个大大的阴谋、骗局。所以毛主席很形象的指出：“大观园里贾宝玉的命根是系在颈上的一块石头，国民党的命根是它的军队，”③ 事实正是这样。

总之，资产阶级的和平主义者给中国人民设计了一套和平实现“社会主义”的方案。其目的在什么地方呢？不用五刑六具他们自己便招供了。他们说，只要中国共产党能实现他们的“和平方案”，国民党“只要给中共以切实的保证，民国十六年的事变（指一九二

---

① 《观察》第5卷，第9期，1948年。

② 《毛泽东选集》第4卷，人民出版社1991年版，第1156页。

③ 《毛泽东选集》第4卷，人民出版社1991年版，第1382－1383页。

七年四一二大屠杀——笔者注）以至类似最近屠杀昆明学生的事情决不会重演，一切政党并且可以平等自由公开活动”。这样他们的目的便达到了，他们说，“中共自然更没有理由再拥兵自卫了。”① 既然不能自卫，也就是等着被消灭。所以他们说：“我们爱戴他（指蒋介石——笔者注）更甚于他们的党徒。”② 这是资产阶级和平主义者的一个大暴露。所以当中国革命发展到一九四九年初，国民党反革命的主力部队已被消灭，残余势力只龟缩到江南一叶，中国共产党发出了将革命进行到底的号召，资产阶级和平主义者便出来阻止革命的深入发展，公开的维护国民党反动派。他们不仅反对惩办战犯，并且还为国民党出谋献策，主张蒋介石下野“闭门思过”以代替惩办战犯，而中国共产党也得为内战“同深歉疚”，不再进行革命战争。目的是什么？有一个人当时说不是为了别的，而是“不应该让国民党完全垮台，相反地，应该盼望它再兴。”③ 这就是资产阶级和平主义者反对任何战争的真实目的。反对任何战争，说穿了就是反对革命战争，支持反革命战争，做反动派的朋友。毛主席说得好，他们反对战争的目的是企图“把帝国主义、封建主义和官僚资本主义的残余当作神物供养起来，以免这几种宝贝在世界上绝了种。”④ 这种人实在是最危险的人。毛主席当时提醒全国人民注意：“处在革命高潮中的中国人民除了记住自己的朋友以外，还应当牢牢地记住自己的敌人和敌人的朋友。”⑤ 这里所说的“敌人的朋友”就是资产阶级右翼，即和平主义者。

在第三次国内革命战争时期，无产阶级采取什么样的斗争形式，通过什么样的途径取得真正的永久的国内和平，这是马克思主义与反马克思主义，革命与不革命的重要标志，是半途而废，取消

① 《民主》第14期，1946年。

② 《周报》第10期，1945年。

③ 《大公报》，重庆版，1949年9月17日。

④ 《毛泽东选集》第4卷，人民出版社1991年版，第1378页。

⑤ 《毛泽东选集》第4卷，人民出版社1991年版，第1378页。

革命，还是将革命进行到底，这是关系到中国六亿人民的命运问题，正如刘少奇同志后来在党的第八次全国代表大会上总结党的经验时指出的："在这里，究竟采取革命的路线，还是采取机会主义的路线，这是关系到六亿人民在时机成熟的时候是否应当取得政权的大问题。我们党采取了革命的路线，因而有了今天的中华人民共和国。"[①]

中国的以及世界的历史证明，革命采取什么形式，它不取决于被压迫人民和被压迫民族，而主要是取决于对压迫民族和压迫阶级反抗的程度。反动的统治阶级总是首先发动最残酷的反革命战争来镇压革命人民的；中国的以及世界的历史一再证明，真正的和平不是革命人民在统治阶级面前乞求、让步和妥协的产物，而是革命人民在共产党的领导下通过武装斗争，用枪杆子把统治阶级打倒并建立人民自己的政权之后的产物。毛主席早在一九三六年时就曾指出："人类的战争生活时代将要由我们之手而结束，我们所进行的战争，毫无疑义地是属于最后战争的一部分。但是我们所面临的战争，毫无疑义又是最大的和最残酷的战争的一部分。最大的和最残酷的非正义的反革命的战争，迫临在我们的头上，我们如果不打起正义战争的旗帜，人类的大多数就要遭受摧残。人类正义战争的旗帜是拯救人类的旗帜，中国正义战争的旗帜是拯救中国的旗帜。人类的大多数和中国人的大多数所举行的战争，毫无疑义地是正义的战争，是拯救人类拯救中国的至高无上的荣誉的事业，是把全世界历史转到新时代的桥梁。"[②] 所以说，要取得真正的和平，只有革命，把战争根源消灭。要想革命，就不能反对革命的正义战争而必须通过革命战争推翻反动阶级，建立无产阶级专政的政权。因此，列宁的伟大结论是：革命战争，"它是历史上所有一切战争中唯一合理的，正当的，正义的，真正伟大的战争"[③]。

---

① 刘少奇：《中国共产党中央委员会向第八次全国代表大会的政治报告》，人民出版社 1956 年版，第 6 页。

② 《毛泽东选集》第 1 卷，人民出版社 1991 年版，第 174 页。

③ 《列宁全集》第 8 卷，人民出版社 1963 年版，第 85 页。

“和平民主新阶段”是完全正确的革命策略方针

1967年4月中央军委扩大会议上，林彪集团和“四人帮”及康生等大打出手，以极其卑劣的手法歪曲历史，攻击“和平民主新阶段”，给它扣上了种种大帽子，说什么是“幻想和平”、“投降主义路线”、“宣扬议会道路”、“取消武装斗争”、“取消党的领导”等。从而掀起了大批“新阶段”的恶风。“文化大革命”结束后，尤其是党的十一届三中全会后开始了拨乱反正，党史研究也进入了春天。恢复党史的真面已成为党史研究的重要任务。对“和平民主新阶段”的重新认识就是其中之一。

一、“和平民主新阶段”的指导思想

无产阶级制定自己的斗争策略，不是凭借主观臆想，而是根据客观实际的需要，它是建筑在“客观、准确”，“唯一稳定”的“事实基础上”的①。不能认为抗日战争胜利后国民党很可能要发动内战，争取和平民主只是一种“幻想”；也不能肯定战争很可能打不起来，联合政府一定要实现。作完全肯定或完全否定都是不正确的。正如列宁所指出的：“马克思主义者在分析时局时，不应当从可能出发，而应当从现实出发。”② 抗日战争胜利后时局的一个突出表现是国内出现了一个“过渡阶段”③。它向什么方向过渡？一是走

① 《列宁选集》第3卷，人民出版社1972年版，第8-9页。

② 《列宁选集》第3卷，人民出版社1972年版，第27页。

③ 《毛泽东选集》第4卷，人民出版社1991年版，第1134页。

向和平，一是走向战争。从当时各种因素分析，两种可能性都存在，但是广大人民群众的和平要求，国际舆论的影响，这种人心所向，反映了历史发展的趋势。1945 年 8 月 28 日《解放日报》发表了社论——“新时期的路标”，论述了这一“过渡”，指出“目前我们正处在从战争到和平的过渡时期中”，“中国反动派的内战阴谋，可能被挫折下去。”[①] 任何事物发展在一定阶段总有一个主要倾向，起着支配的作用。抗战胜利后的一段形势，主要的倾向是“和平”，这是我们党制定策略的主要依据。毛泽东同志指出，“从整个形势看，抗日战争的阶段过去了，新的情况和任务是国内斗争。蒋介石说要‘建国’，今后就是建什么国的斗争。”[②] 所以争取实现“和平民主新阶段”是我们党在新的历史时期策略方针的必然结果。

“新阶段”的基本思想早在党的第七次代表大会上就已经形成，毛泽东同志的《论联合政府》作了阐述，指出在打败日本侵略者之后，“中国急需要把各党各派和无党无派的代表人物团结在一起，成立民主的临时的联合政府，以便实行民主的改革”，“然后，需要在广泛的民主基础上，召开国民代表大会，成立包括更广大范围的各党各派和无党无派代表人物在内的同样是联合性质的民主的正式的政府，领导解放后的全国人民，将中国建设成为一个独立、自由、民主、统一和富强的新国家。”[③] 它首先是和平，避免内战，其次是民主，各党派合法平等，人民群众参与国政。和平是民主的前提，民主是和平的保障，互为条件，互相促进，目的是建立一个独立、富强的新中国。这就是“新阶段”的主要内容和基本思想。

党的七大路线、方针，指明了抗战胜利后的斗争方向和所采取的策略。毛泽东同志指出，“确立内部和平状态，‘成立临时政府，使民众中一切民主分子的代表广泛参加，并确保尽可能从速经由自由选举以建立对于人民意志负责的政府’……中国共产党正是坚持

① 《毛泽东选集》第 4 卷，人民出版社 1991 年版，第 1153 页。
② 《毛泽东选集》第 4 卷，人民出版社 1991 年版，第 1130 页。
③ 《毛泽东选集》第 3 卷，人民出版社 1991 年版，第 1029 – 1030 页。

这个主张，这就是‘联合政府’的主张。”[①]

基于以上估计和思想，1945 年 8 月 25 日党中央发布了《对目前时局的宣言》，提出了“巩固国内团结，保证国内和平，实现民主，改善民生，以便在和平民主团结的基础上，实现全国的统一，建设独立自由与富强的新中国”[②] 的方针。因此和平、民主、团结就成为我们党团结人民向国民党作斗争的行动口号。根据当时的估计，在国际国内大势所趋、人心所向的情况，经过我们党的奋斗，“可能在谈判后，有条件地承认我党地位，我党亦有条件地承认国民党的地位，造成两党合作（加上民主同盟等）、和平发展的新阶段”[③]。为了实现这一局面，1945 年 8 月 28 日毛泽东同志与周恩来、王若飞等同志亲赴重庆和国民党蒋介石和平谈判，签订了《双十会谈纪要》，规定了避免内战，实现和平民主的基本方针，提出了“中国抗日战争，业已结束，和平建国的新阶段，即将开始。”[④] 这是“和平民主新阶段”的最初提法。

根据“双十协定”的基本精神，我党代表团在周恩来同志的直接领导下，按照党中央和毛泽东同志的指示：“成立了‘双十协定’以后，我们的任务就是坚持这个协定，要国民党兑现，继续争取和平。”[⑤] 因而我们党采取了针锋相对的斗争，坚持在召开政协会议的同时，必须坚决无条件的停止内战。于是达成了“停战协定”。我党认为，这是关系到全国革命形势发展的重大问题，同时也是表明我党对待和平诚意的重大步骤，因此毛泽东同志亲自签署并以党中央主席的名义发布了停战命令。在停战命令中，第一次完整的、准确的提出了“和平民主新阶段”。指出：“全中国人民在战胜日本侵略者之后，为建立国内和平局面所作之努力，今已获得重要之结

① 《毛泽东选集》第 4 卷，人民出版社 1991 年版，第 1151 页。

② 《解放日报》1945 年 8 月 27 日。

③ 《毛泽东选集》第 4 卷，人民出版社 1991 年版，第 1153 页。

④ 《解放日报》1945 年 10 月 12 日。

⑤ 《毛泽东选集》第 4 卷，人民出版社 1991 年版，第 1159 页。

果。中国和平民主新阶段，即将从此开始。”[①] 不难看出，“新阶段”到来的标志之一是“停战协定”的公布，国内和平局面的开始出现。但它另一方面是毛泽东同志在停战命令中指出的，“望我全党同志与全国人民密切合作，继续努力，为巩固国内和平，实现民主改革、建立独立、自由和富强的新中国而奋斗。”政协会议通过的结束国民党一党专政，实现民主联合政府等五项协议，则是这“新阶段”的又一标志。因此朱德同志指出：“从此已走上和平民主与建设的新阶段”。[②] 所以“新阶段”只有一个而没有两个，不存在所谓“毛泽东的新阶段”和“刘少奇的新阶段”，姚旭等同志的意见是值得商榷的。

二、“和平民主新阶段”是马列主义、毛泽东思想的正确口号

争取和平民主的主要目的是希望在抗战后不打仗、或少打仗，以便团结更多的人建设新的中国。中国共产党早在 1937 年就提出了这一方针，“不流血的转变是我们所希望的，我们应该力争这一着，结果将看群众的力量如何而定。”[③] 这是完全符合马克思列宁主义的。俄国二月革命后，根据当时的形势，列宁提出了用和平转变的方式实现革命的胜利，指出“我们的任务是尽一切可能保证不放过革命和平发展的‘最后’一个机会”[④]。为什么呢？因为它对人民来说，是“最合乎愿望的”[⑤]，是“最容易、最有利的事情”，“是一条最无痛苦的道路”[⑥]，是无产阶级和广大人民群众在茫茫的历史长河的奋斗中“千载难逢的机会”[⑦]。因此，无产阶级“应当以最大的

① 《解放日报》1946 年 1 月 11 日。
② 《解放日报》1946 年 2 月 4 日。
③ 《毛泽东选集》第 1 卷，人民出版社 1991 年版，第 276 页。
④ 《列宁选集》第 3 卷，人民出版社 1972 年版，第 285 页。
⑤ 《列宁选集》第 3 卷，人民出版社 1972 年版，第 108 页。
⑥ 《列宁选集》第 3 卷，人民出版社 1972 年版，第 108 页。
⑦ 《列宁选集》第 3 卷，人民出版社 1972 年版，第 292 页。

努力来争取这条道路”[①]。

但是，和平的转变毕竟只是愿望，只是一个大胆的尝试。事物的发展存在着两方面的可能性，即和平的与战争的可能性。可能性并不等于现实性，但可能性是建筑在客观基础上的，而不是人的主观臆想决定的，也不是在任何情况下都会出现的，它是特定历史条件下的产物。它取哪种形式，一方面是取决于人民力量和人民觉悟。毛泽东同志指出：“公开的全面的内战会不会爆发？这决定于国内的因素和国际的因素。国内的因素主要是我们的力量和觉悟程度”[②]。而觉悟，则主要是指人民群众的觉悟。“除了我们的觉悟，无产阶级先锋队的觉悟问题以外，还有一个人民群众的觉悟问题，当着人民还不觉悟的时候，把革命果实送给人家是完全可能的。”[③]抗战胜利后，人民的力量和觉悟程度怎么样呢？毛泽东同志指出：“第一，解放区有一万万人民、一百万军队、二百多万民兵。第二，国民党统治地区的觉悟的人民是反对内战的，这对蒋介石是一种牵制。第三，国民党内部也有一部分人不赞成内战。”[④] 因此，“国民党内部矛盾甚多，困难甚大，在内外压力下”，可能实现“和平发展的新阶段”[⑤]。另一方面，也是重要的方面，取决于敌人。国民党蒋介石的内战政策是既定方针，这是他的反动阶级本性决定的。但是，历史的发展并不取决于个人的爱好和主观愿望。因为“世界上的事情是复杂的，是由各方面的因素决定的，看问题要从各方面去看，不能只从单方面看。”[⑥] 因此，我们党的策略方针是以革命的两手对付国民党的反动两手。毛泽东同志在《一九四六年解放区工作的方针》的党内批示十条中明确指出，要作坏的打算，争取好的前途。“我党代表团即将出席各党派和无党派人物的政治协商会议，

① 《列宁选集》第3卷，人民出版社1972年版，第108页。

② 《毛泽东选集》第4卷，人民出版社1991年版，第1130页。

③ 《毛泽东选集》第4卷，人民出版社1991年版，第1131页。

④ 《毛泽东选集》第4卷，人民出版社1991年版，第1130－1131页。

⑤ 《毛泽东选集》第4卷，人民出版社1991年版，第1153页。

⑥ 《毛泽东选集》第4卷，人民出版社1991年版，第1157页。

并和国民党重新谈判，为全国的和平民主而奋斗”[①]。如果国民党愿意和平，在承认人民权力和地位的基础上，建立联合政府，实行社会政治改革，结束大地主大资产阶级的法西斯独裁统治，这是有利于人民的事业发展的，是我们所力争的；反之，如果国民党蒋介石敢于冒险、一意孤行，坚持其反动统治立场，把战争强加在人民头上，那么我们就毅然决然地领导全国人民，坚决地、不失时机地打败他，使战争的发动者自食其果。

从抗战胜利到内战全面爆发，这是一个“过渡阶段”。在这个阶段中，我们党和国民党的矛盾性质，仍是抗日民族统一战线内部矛盾的继续和延长。我们的方针仍是以斗争求团结。其目的，过去是为了抗日，当时则是为了“和平建国”。但是，由于抗日民族统一战线亦不复存在，需要寻求新的团结形式，于是出现了重庆谈判、政协会议。所以“新阶段”又是建筑在国共两党“统一战线”内部矛盾性质基础上的。因而解决这一矛盾的形式则采取了“和平转变”的办法。

不难看出，“和平民主新阶段”并不是姚旭等同志说的是一个简单的“词”，或几个字组成的“句子”，更不是什么“投降路线”，而是一个带有战略性质的行动口号。其目的是通过它来建立联合政府，否定国民党大地主大资产阶级的反动统治。因此，它既不是为了迁就人民群众的“和平愿望”的资产阶级的“和平主义”，也不是为了单纯应付国民党而采取的临时手段。它是建筑在有出现“和平建国”的可能性上面的。英国女作家韩素音在《早晨的洪流——毛泽东和中国革命》（二）中分析了这一段历史，说当时“有过一个短暂的时候，联合政府看起来似乎可能成立”[②]。因此说，采取实现“新阶段”则是我们党在“过渡阶段”的将近一年的时间内主要斗争方针。在这段时间内粉碎国民党对解放区的大小进攻，

① 《毛泽东选集》第4卷，人民出版社1991年版，第1177页。

② 韩素音：《早晨的洪流——毛泽东和中国革命》（二），香港南粤出版社1974年版，第104页。

是为实现这一方针服务的。谈判不是单纯地为了配合打，相反，打则是为了配合谈，为谈判开辟道路、扫清障碍。只是到了后期，国民党完全撕毁了一切协定，发动全面内战，我们党才把武装夺取政权作为斗争的主要方针、主要形式。而此后的断断续续的谈判则成为次要的、辅助的形式。这是历史的本来面目。不能因后来的变化而否定以往的历史。党的路线、方针、政策都是一定历史条件下的产物。无数的历史事实告诉我们，事物的发展和人们对事物的认识都有一个过程，都有一个时代的局限性，如果离开当时的具体历史条件，把过去的东西一概加以否定，那并不是马克思主义者应取的态度。

中国共产党第八次全国代表大会总结了这一阶段的历史，肯定了这一方针的完全正确。指出“我们党的第七次代表大会的方针是要求国民党同全国民主力量成立联合政府。还在抗日战争初期，我们党就曾经同国民党成立联合抗日的协议。在以后，特别是在抗日战争结束以后，我们党又曾多次同国民党进行和平谈判，以图避免内战，并试图经过和平的道路实现中国的社会政治改革。在 1946 年，我们和几个民主党派曾经同国民党达成了一个和平建国的协议。但是接着国民党反动派却在美帝国主义的支持下发动了全国的大内战，企图消灭代表中国人民的力量——中国共产党和其他一切进步民主力量。他们想错了。我们党在争取和平改革的时候并没有放弃警惕，没有放弃人民的武装。”[①] 反动派的灭亡道路常常是自己选择的，要想消灭人民力量的自己却被人民力量所消灭。

林彪、“四人帮”却完全不顾这一历史事实，不顾党的第七次、第八次代表大会的决定，篡改党的历史，恶毒攻击党的方针路线，把矛头对着毛泽东同志、周恩来同志、朱德同志、叶剑英同志等，妄图打倒党的一大批领袖，实现其反革命夺权，险恶用心，昭然若揭。

---

① 《中国共产党第八次全国代表大会文献》，人民出版社 1956 年版，第 13 页。

无产阶级政党如何领导人民进行革命斗争，中国的历史和国际共产主义运动的历史证明，要在复杂的情况和条件允许的情况下采取多种形式的斗争，而不能束缚自己的手脚，用单一的形式。毛泽东同志指出："无论哪个国家的无产阶级政党，要有两条：第一条，和平；第二条，战争。第一条，共产党向统治阶级要求和平转变……第二条，你要打，你打了第一枪，我只好打。武装夺取政权"[①]。就是"君子动口不动手，第一条；第二条，小人要动手，老子也动手"[②]。这就是我们的正确策略。

三、党对"和平民主新阶段"的正确态度

通过重庆谈判，签定了"双十协定"，规定了"坚决避免内战"，"以和平民主团结为基础"，"建设独立自由和富强的新中国"的方针；通过谈判，达成了"停战协定"，规定了"停止国内各地一切军事冲突"；通过谈判，政协会议议决了结束国民党一党专政，建立民主联合政府，实现国家民主化和军队民主化，全国军队实行整编，建立在民主联合政府领导下的全国统一的军队，实现"和平建国"等五项协议。这些协议的基本点是：在"和平建国"纲领中规定，全国实行"政治民主化"与"军队国家化"，及"党派平等合法"。军队国家化的前提是政治民主化，即必须实行民主联合政府，而不是"你交出军队，我给你民主"的蒋介石的反革命策略。其核心是否定国民党大地主大资产阶级的一党专政。如因此而说参加了联合政府就是走上了"议会道路"，那是对党的长期的、一贯的路线的否定；在军事纲领中规定，"军队属于国家"，实行"军党分立"，"以政治军"的原则。"任何党派及个人不得利用军队为政争之工具"，"禁止一切党派在军队内"活动。其核心是否定国民党利用军队为支持进行反革命内战和反动统治的可能性。如因此说全

① 《毛泽东选集》第5卷，人民出版社1977年版，第477－478页。
② 《毛泽东选集》第5卷，人民出版社1977年版，第477－478页。

国整编为统一的“国军”，取消了党派在军队中的活动，就是“取消党对军队的领导”，“就是把军队交给蒋介石的投降主义”，这是一种错误的理解。至于说在联合政府下建立统一军队后如何坚持我们党的领导权，采取什么形式，那是党中央要慎重研究的问题。不仅军队问题，包括政权等许多问题。

政协通过的这些协议虽说和我们党的最低纲领尚有差距，但是它有利于人民革命事业而不利于国民党反动派。这是我们党长期浴血奋战所要实现而尚未实现的。

政协协议的通过，标志着“新阶段”的开始。这是从抗战胜利后我党提出和平、民主、团结之大口号发展的新阶段，是由停止内战的协定到否定国民党大地主大资产阶级法西斯统治的决议通过的新阶段，是党中央、毛泽东同志所希望的“造成两党合作（加上民主同盟）、和平发展的新阶段”的开始，是朝着中国独立富强前进的一个重大步骤。因此，1946 年 2 月 3 日延安召开了有两万余人参加的庆祝大会，庆祝政协会议的闭幕，庆祝“和平民主新阶段”的到来①。朱德同志在会上作了重要讲话。

新阶段的出现，党中央作了重要、周密部署，“我们党应当努力学会合法斗争的一切方法，加紧国民党区域城市、农村、军队三大工作（均是我之弱点）。”② 同时表示，“中国有一个新民主主义的联合政府出现了，中国解放区的军队将立即交给它。但是一切国民党的军队也必须同时交给它。”③ 以建立统一的国家军队。刘少奇在政协会议后的讲话也是在这个思想指导下作的，其内容基本上是正确的。它是符合政协决议的原则的。只是他对形势的发展前途乐观了一点，讲了一些过头话。然而对党的路线并没有发生什么不好的影响，而他本人也是执行党中央的一切决定的。如若真的实现了联合政府，召开了国民代表大会，当然要“选票进城”，而不能“枪

① 《解放日报》1946 年 2 月 4 日。

② 《毛泽东选集》第 4 卷，人民出版社 1991 年版，第 1153 页。

③ 《毛泽东选集》第 4 卷，人民出版社 1991 年版，第 1073 页。

杆子逞能”。这是党的斗争策略的需要。其实，没有了国民党的独裁统治，联合政府将是逐渐转向以中国共产党为中心，并团结各民主力量的新民主主义政权组织。稍有一点头脑的人都是清楚的。蒋介石所以要拼命破坏、反对也主要是这个原因。所以，“新阶段”的出现，是党的斗争策略的重大胜利。艾格尼丝、史沫特莱在评价这一段历史时引用了朱德同志的话说，“延安举行的庆祝国共合作的重庆会谈结束的大会上，朱德将军表示了这一信念：中国如果能够保持三十年和平，就可以成为一个现代国家，和世界上任何一国相匹敌。”[①] 但可惜的是这个极好机会却被国民党蒋介石的误国政策和反革命内战政策破坏了。

“和平民主新阶段”的出现，是毛泽东、周恩来、刘少奇、董必武、叶剑英、王若飞等同志和全党、全国各民主力量团结一致共同奋斗的结果。1945 年 8 月 28 日毛泽东同志飞抵重庆，在机场发表了书面谈话，表明了我们党的立场和政策，说“本人此次来渝，系……商讨团结建国大计。现在抗日战争已经胜利结束，中国即将进入和平建设时期，当前时机极为重要。”[②] 这实质上是对当时时局发表的一篇政策性声明。9 月 27 日毛泽东同志在重庆接见了路透社记者，并发表了十二项谈话，再一次的重申了我党的立场和对和平谈判的决心与诚意。当政协决议通过后，周恩来同志在重庆举行了记者招待会，向全国人民再一次的说明我党对各项协议的态度和实施的打算。他指出，“现在已经进入和平时期，我们愿与国民党及其他党派长期合作，从事和平建国工作。”表示“已规定数项办法，我方保证负责实施”。同时提出了实施决议的三个步骤。[③] 中国共产党对待各种协定的态度与诚意，博得了全国人民的赞赏与拥护。因而我们党在政治上取得了各阶层爱国民主人士的信任而处于有利的、主动的地位。相反的却孤立了国民党反动派，暴露了蒋介石的

① 《伟大的道路》，生活·读书·新知三联书店 1979 年版，第 501 页。
② 《解放日报》1945 年 8 月 30 日。
③ 《解放日报》1946 年 2 月 5 日。

反动面目。

四、“和平民主新阶段”夭折的历史责任

“新阶段”的出现，既不是中国共产党人的“幻想和平”的标志，也不是“以权术对权术”取胜的结果。而是我党的和平民主团结方针的胜利，它是完全符合全国人民的愿望的。因此，周恩来同志在重庆宣布，中国共产党准备在2月底或3月初召开七届二中全会，讨论和研究实施政协决议。相反的国民党蒋介石集团却不断的对它进行破坏、撕毁。而蒋介石的所作、所为则直接的反映了美帝国主义的对华政策。

抗战后，按照美国当时的对华政策，是要在蒋介石的统治下，在取消中国共产党领导的军队和解放区人民政权的条件下参加国民党的政府，以建立战后“统一和民主的中国”。美国之所以希望中国在战后国共两党继续“合作”、“和平建国”，主要是根源于两个原因。一是想扶植蒋介石集团以代替日本统治中国，二是企图排除苏联卷入中国内战，以避免苏联支持中国共产党打败蒋介石。所以它就打起了“不干涉中国内政”，中国要走向“和平民主与统一”的旗号。它的“不干涉内政”实质是要苏联不支持中国共产党。美国、蒋介石最担心的是一旦内战爆发，在中国东北的百万苏联红军站在中国共产党一边。美国要达到这个目的，正如英国人所分析的，“有赖于三个条件——蒋介石和国民党中占统治地位的一些集团必须放弃以武力击溃中共的企图；中共必须愿意充当一个立宪政党的角色，而不是一个旨在强行推翻现政权的武装集团的角色；苏联必须严格履行其反复申明的决不浑水摸鱼的诺言。”[①] 所以当时美国极力主张国共两党和平谈判，为此调走了亲蒋反共的赫尔利，派了马歇尔来华充当“调停人”。这个问题艾奇逊后来在回忆录中说

① F. C. 琼斯，休·博顿，B. R. 皮尔恩：《1942—1946年的远东》，上海译文出版社1979年版，第299－300页。

出了他们的目的,"用武力支持蒋介石反对共产党,同时又倡议试图在他们之间设计出一项政治协议,这种政策本身明显地存在着两重性。"[①] 也就是他们的"双重目标"。而这个目标"是互相排斥、无法逐个完成的"[②]。有人一针见血的揭穿了它的本质,"美国人一心指望,共产党人……上当受骗",因此说是一个"红色阴谋"[③]。

历史自有它本身的规律,它并不是由"阴谋"写成的。"阴谋"毕竟是历史长河中的一个小小水泡罢了。君不见,从抗日战争到解放战争,国民党蒋介石的阴谋何其多,但是"共产党现在已经不是小孩子了,他们能够善处自己,又能够善处同盟者"[④]。对于蒋介石的内战政策,自始至终"都处于有准备的状态中"[⑤];对于人民得到的权利"抢去或者骗去,那是办不到的"[⑥]。所以,中国革命在某种程度上说,就是处在蒋介石、帝国主义的各种阴谋活动中发展壮大以至取胜的。

"阴谋"是一切反动腐朽阶级自我取胜的主观愿望,又是自我嘲弄的失败记录。不管是赫尔利去,马歇尔来,而在马歇尔之后,登场的则又是司徒雷登,他们在中国和蒋介石一起玩弄阴谋,但历史并不按照他们的阴谋发展。政协决议并不是他们原来所设想的使中国共产党"投降屈服"[⑦],相反的使他们发现"共产党的人望是如此高,因之举行自由选举已经成为一种危险",对共产党人来说,"成立联合政府的政治上的有利性,甚至可能抵消军事上自我节减的不利性"。因此"它不会并且不可能容许将会产生一个共产党政

---

① 艾奇逊:《艾奇逊回忆录》上册,上海译文出版社 1978 年版,第 17 页。

② 艾奇逊:《艾奇逊回忆录》上册,上海译文出版社 1978 年版,第 14 页。

③ 韩素音:《早晨的洪流——毛泽东和中国革命》(二),香港南粤出版社 1974 年版,第 104、102 页。

④ 《毛泽东选集》第 4 卷,人民出版社 1991 年版,第 157 页。

⑤ 《毛泽东选集》第 4 卷,人民出版社 1991 年版,第 1126 页。

⑥ 《毛泽东选集》第 4 卷,人民出版社 1991 年版,第 1128 页。

⑦ 韩素音:《早晨的洪流——毛泽东和中国革命》(二),香港南粤出版社 1974 年版,第 103 页。

府的自由选举”[①]。这个分析是有根据的。马歇尔自己借蒋介石的话承认了这一点，说“政协各项原则除了反映共产党人的观点外，也反映了中国民主人士的观点，这些原则过于民主化了，并为共产党夺取政权开辟了道路”[②]。于是马歇尔便宣告“调停失败”，溜之大吉了。

对于马歇尔的“调停”目的，我们党是清楚的。正如周恩来同志指出的，“美蒋合作以破坏停战协定与政协路线”[③]。可是苏联历史学界却别有用心的捏造、渲染什么毛泽东同志与马歇尔“个人关系很好”，周恩来同志与马歇尔“会见六百多次”[④]。这是恶意的攻击。他们自己忘记了在抗战后期就一再向美国表示“不支持中国共产党”[⑤]，相反的却表示支持“在蒋介石的领导下统一”[⑥]。并污蔑我们党“力图把苏联拖进国共斗争的旋涡，像蒋介石一样地希望由此引起苏美冲突，以便‘坐山观虎斗’”[⑦]。我们一向是坚持独立自主，并不乞求什么援助，实际上也没有得到任何援助，这种恶毒攻击是徒劳的。

国民党反动派出于大地主大资产阶级的阶级利益和国外帝国主义的利益，不顾全国人民的反对，一意孤行，把中国共产党的和平诚意看成是“软弱可欺”，把人民的和平愿望当作可以利用的部署内战的“有利时机”；不珍惜国共两次合作的历史，不接受国民党历史上多次违背人民意志而遭受到的打击与失败，看不清历史潮流，置孙中山三大政策于不顾，在苏联红军于1946年3月开始从东

---

① 韩素音：《早晨的洪流——毛泽东和中国革命》（二），香港南粤出版社1974年版，第105页。

② 艾奇逊：《艾奇逊回忆录》上册，上海译文出版社1978年版，第23页。

③ 《解放日报》1946年12月28日。

④ 《远东问题》1978年第4期。

⑤ 《中美关系资料汇编》第一辑，世界知识出版社1957年版，第141页。

⑥ F. C. 琼斯，休·博顿，B. R. 皮尔恩：《1942—1946年的远东》，上海译文出版社1979年版，第269页。

⑦ 《远东问题》1978年第4期。

北撤退的时候，召开了国民党六届二中全会，蒋介石叫嚣要“就其荦荦大端，妥筹补救”，公开地撕毁了政协决议和停战协定，不断向营口、本溪、四平街进犯，在东北发动大规模地进攻。美帝国主义此时也派出了庞大的军事顾问团进驻国民党政府。于是中国共产党不得不再次推迟召开七届二中全会（原订于3月31日召开）通过政协决议。同年4月，毛泽东同志为党内起草了《关于目前国际形势的几点估计》，根据国际、国内形势发展变化，提出了在国内不与“妥协”的主张。（这个文件后来在1948年12月党的会议上得到了承认）这是完全及时的、正确的。这是我们党在新形势下不得不采取的政策性转变。1946年5月苏联红军从东北全部撤退完毕，蒋介石大打内战的后顾之忧完全解除，于6、7月间便发动了全国范围内的反革命内战，彻底地撕毁了一切协议。但是，蒋介石在短短的三年中，却结束了自己的反动统治而成为历史的罪人。这完全是国民党反动政策导致的结果。

中国共产党即使在国民党发动全国内战之后，仍不放弃一切机会与国民党进行谈判；在不能和国民党当局和平谈判的情况下，也不放弃和国民党集团中的某些部分、某些人士的和平谈判。于是出现了北平的和平解放，以及长沙、新疆、绥远、昆明、西藏等地区的和平解放。凡参加和平解放的原国民党各级将领都受到党和人民的爱护与重用，在民主革命时期和社会主义革命和社会主义建设时期，都不同程度的作出了贡献。

总之，历史证明党的这一方针、路线是十分正确的。作为历史，它已经过去几十年了，但是历史的经验都值得我们总结，从中吸取有益的教训。

中国共产党对实现无产阶级领导和由民主革命向社会主义革命转变的最初探索

中国共产党成立后即刻投入了领导中国大革命运动的洪流中，并迅速地联合了以孙中山为领导的资产阶级民主派，建立了国共合作，推进了中国革命运动的发展，这是中国共产党在国际共产主义运动中的一大特点。这一特点反映了中国共产党是中国革命运动的唯一领导者。此时虽尚处幼年，但对中国革命有三点共识是决定性的，即中国不存在法国革命即一般资产阶级革命，也就是旧民主主义革命再次出现的可能性；因此，革命是新式的，其领导权是属于无产阶级的；无产阶级领导的民主革命发展方向是社会主义。这三点共识是中国共产党始终坚持的最高原则。但如何实现无产阶级领导权，又如何从民主革命转变为社会主义革命，中国共产党人却经历一个探索的过程，其中成功与失误并存，呈现出中国共产党领导中国革命的艰辛历程。

一

国共合作后中国走什么道路，是实现党领导的反帝反封建的新民主主义革命，还是走旧民主主义道路，这是不能回避的问题。中国共产党领导人指出，关于中国革命，“有两种理论与政策：一是无产阶级的理论与政策，一是资产阶级的理论与政策”。无产阶级的理论、政策是：“无产阶级与农民、小资产阶级结合起来，对外推翻帝国主义的统治，对内推翻封建势力、军阀、地主、土豪劣绅等的统治，建立革命的民主独裁制，行向社会主义的建设，以达全民族政治的经济的完全解放"；资产阶级的理论、政策是："资产阶级与买办、官僚、地主豪绅，甚至一部分反动军阀结合起来，建立保护资产阶级及地主的军事独裁制，以压迫工农运动及反共反俄，求帝国主义的谅解及些小让步，以发展并稳固帝国主义在中国的统治权"①。基本上认识了中国资产阶级的软弱性，既不可能单独完成民主革命的任务，也不可能建立独立的资本主义社会。从1922年至1923年，陈独秀、蔡和森、瞿秋白、毛泽东等都多次论述这一问题。指出中国"决不会有欧洲式的资产阶级革命实现出来"②，"决没有欧洲十八世纪资产阶级的革命之可能"③。如果有，那便是"由资产阶级之手联络一切反动势力，在国民革命的假招牌之下，恢复到帝国主义的统治。美国式日本式的第三条路，可惜李鸿章没有走，这时代已经过去了"④。

中国虽不可能出现欧洲式的资产阶级革命，即资产阶级领导的、旨在建立独立的资本主义社会，但是"有落后的欧洲资产阶级意识者，一方面惧怕工农阶级及其政党的势力渐渐增长，一方面为帝国主义和国内黑暗势力投机分子和平空气所诱惑"，和无产阶级争夺领导权，与反动势力"联合起来，向前进的工农群众进攻"⑤。这是可能的，是共产党人要警惕的。

既然中国在辛亥革命失败后再不可能出现欧洲式的资产阶级革命即旧民主主义革命，其革命的领导权当然就不属于资产阶级而属于无产阶级；既然在中国革命过程中可能产生类似欧洲资产阶级的落后意识，就必然产生资产阶级惧怕工农及共产党势力发展并与之

---

① 《陈独秀文章选编》（下），生活·读书·新知三联书店1984年版，第420页。
② 《给戴季陶一封信》，《向导》1925年第129期。
③ 《本报三年来革命政策之概观》，《向导》1925年第128期。
④ 《国民革命之归宿》，《向导》1927年第193期。
⑤ 《列宁逝世三周年纪念中之中国革命运动》，《向导》1927年第184期。

争夺领导权，以适应资产阶级私利的需要。因此在统一战线中坚持无产阶级独立自主成为十分重要的方针。

在统一战线中坚持独立自主原则，就是坚持无产阶级领导权。在初期，共产国际一方面出于策略上的考虑，一方面过低估计了中国工人阶级及其政党中国共产党的力量和领导能力，有意回避无产阶级领导。1923 年 1 月《共产国际关于国共合作的决议》中只提“中国共产党在民族革命战线上一切运动中帮助国民党”①，而不提领导权。不仅如此，共产国际代表甚至说“现在是共产党应为国民党当苦力的时代”②。所以蔡和森很有情绪的说，“以季诺维也夫及其在中国的代表只教我们帮助中国资产阶级，武装中国资产阶级，未教我们武装工农”③。共产国际给中国共产党指示仅强调二点：一“不应与国民党合并”；二不应“隐藏自己特殊的旗帜”④。所谓“特殊旗帜”，是指“工农利益”、“阶级斗争”、“社会主义方向”等。但它与领导权还不是一个概念。所以在初期关于领导权问题并不十分明确，“不仅当时中共弄不清、即共产国际也没有确切的指示”⑤。在党的“四大”以前虽未明确提出无产阶级领导权，但中国共产党都逐渐认识了这一问题，并在实际斗争中实现了领导权。

其一，初步从理论上明确了无产阶级与资产阶级、共产党与国民党合作的基本概念。陈独秀认为，“（一）是各阶级合作，不是各阶级合并，因为阶级是不可能合并的；（二）是国民革命之政治合作，不是劳资妥协之经济的合作，因为劳资两阶级在经济上没有能够合作之共同点”。在国共合作中“若不将这两个合作之意义解释清楚，在实际工作上必发生无穷的纠纷与困难”⑥。这是坚持独立自主、保持无产阶级领导权的重要思想基础。

---

① 《中共党史教学参考资料》（三），人民出版社 1979 年版，第 185 页。

② 《中共党史参考资料》第 5 册，中国人民解放军政治学院 1979 年编，第 395 页。

③ 《中共党史参考资料》第 4 册，中国人民解放军政治学院 1979 年编，第 503 页。

④ 《中共党史教学参考资料》（三），人民出版社 1979 年版，第 185 页。

⑤ 濮清泉：《我所知道的陈独秀》，《文史资料选辑》1980 年第 71 辑。

⑥ 《国民党与劳动运动》，《向导》1924 年第 71 期。

其二，初步认识了工人阶级的历史作用。在初期，陈独秀、李大钊、毛泽东、蔡和森、邓中夏、瞿秋白等对中国工人阶级认识是逐渐提高的。1922 年 6 月中共中央发表第一次对时局的宣言。提出了打倒帝国主义、封建军阀、联合资产阶级民主派的政治主张。这是自党的“一大”后新的战略方针的转变，从无产阶级革命转变为资产阶级民主革命。从不与资产阶级政党联系到联合国民党，这是中国共产党具有重大意义的战略方针。由于处于幼年期，对一些认识还不够深刻，蔡和森指出，“文件并未将中国无产阶级和其先锋队的中共的作用完全表明出来”。党中央陈独秀对此十分重视，“他表示从国外归来的同志能增加中共的新血液，又可纠正国内同志那种受环境影响的散漫心理。他同意由第二次代表大会草拟另一个宣言来补充前一个文件的不足”①。由陈独秀起草的“二大”宣言和其他文章认为，中国工人阶级是“伟大势力”，是“革命领袖军”，是“最勇敢急进的先锋”②。因此在革命行程中，“除了中国共产党以外没有一个党派不徘徊于军阀政治与民主政治之间”。为此他批评一些错误观点，指出“我们应该即刻抛弃工人不干涉政治的谬论，大家站起来做打倒军阀官僚改良政治的急先锋”③。这是在 1923 年 1、2 月间比较明确的第一次提出共产党“急先锋”、“领袖军”作用问题。同年 5 月共产国际给中共“三大”指示中才较明确提出“毫无疑问，领导权应当归于工人阶级的政党”④ 的思想。6 月瞿秋白在他主持复刊的《新青年》（季刊）上发表了《新青年之新宣言》，指出“中国的真革命乃独有劳动阶级方能担负此等伟大使命。中国社会中近年来已有无数事实，足以证明此种现象——即资产阶级的革命亦非无产阶级之指导，不能成就；何况资产阶级其势必半途而辍

---

① 张国焘:《我的回忆》第 1 册，现代史料编刊社 1989 年版，第 235 页。

②《中共党史教学参考资料》（一），人民出版社 1979 年版，第 14 页；《怎样打倒军阀》，《向导》1923 年 21 期。

③《反动政局与各党派》，《向导》1923 年 16 期。

④《中共中央文件选集》（1），中共中央党校出版社 1982 年版，第 105 页。

失节自卖”。因此“无产阶级在社会关系中，自然处于革命领袖的地位”。同年12月他又发表了《自民主主义至社会主义》，进一步阐述了无产阶级做“革命运动的领袖”的问题，指出，“无产阶级应当引导最大多数的农民小商行民主革命到底，而以严厉手段镇服君主派或军阀的反动。并且预防资产阶级的畏怯。无产阶级应引导大多数的半无产阶级分子，成就社会主义的革命事业，而以严厉的手段镇服资产阶级的反动，并预防农民及小资产阶级的畏怯不前”。这是在1923年中国共产党人对无产阶级领导权思想之最初认识。

早期对无产阶级认识也有不足的方面，特别是陈独秀。认为“工人阶级幼稚”，“不是独立的革命势力”。太看重了工人的数量和杂染的落后伦理观念。甚至连瞿秋白也认为工人阶级“大半不脱宗法社会思想的遗毒”[①]。但也有正确的认识，如邓中夏，他“说无产阶级在质量上很幼稚。其理由是说，中国的无产阶级的心理大多数还沉睡在宗法社会里，还未与家族、亲属、帝王神权等旧观念绝缘”。这是错误的。“马克思主义反对以心理来解释社会现象”[②]。彭述之也不同意陈独秀的观点，说无产阶级一旦“到了物质的冲突时，与帝国主义和封建军阀真正冲突时，那些平时的什么宗法社会思想和宗法社会习惯，都失了作用，工人依旧是最勇猛的敢死军”[③]。

京汉铁路工人罢工检阅了中国工人阶级的伟大力量和不妥协的彻底革命精神，加之党内的批评，陈独秀对中国工人阶级认识向前发展了一步，使中国共产党人的认识趋于统一。他很有感慨地说，“二十余年来国民运动给我们的总教训是：社会各阶级中，只有人类最后一个阶级——无产阶级，是最不妥协的革命阶级，而且是国际资本帝国主义之天然对敌者”。因此，工人阶级“不但在资本主义国家的社会革命他是主力军，即在被资本帝国主义压迫的国家之

① 《中国之资产阶级的发展》，《前锋》1923年1月创刊号。

② 《我们的力量》，《中国工人》1924年第2期。

③ 《谁是中国革命之领导者》，《新青年》（季刊）1924年第4期。

国民革命也须做一个督战者”。督战谁呢？他指出，“督促一切带有妥协性的友军——农民、手工业者、革命的知识阶级、游民无产者（兵与会匪）及小商人”。督战的目的是“不妥协的向外国帝国主义者及其走狗——国内的军阀官僚富商劣绅大地主反革命的知识阶级进攻”，以“达到国民革命之真正目的——民族解放”①。“督战”，即领导权思想的一种表述。不久在党的“四大”上，把“督战”改为领导，明确规定“中国的民族革命运动，必须最革命的无产阶级有力的参加，并且取得领导的地位，才能够得到胜利”②。从而完成了党对无产阶级领导权认识的全过程，并在实践中努力实现无产阶级对革命运动的领导。

在明确了无产阶级领导权后，陈独秀、毛泽东于1925年又论述了无产阶级成为领导阶级的根本原因。指出，无产阶级是“新生产力的代表者”，“富于集合力及决战力”，是“天然的农民之同盟者”。同时“在中国社会状况上看起来，中国工人备受外国帝国主义者及国内军阀、资本家三层压迫”。因而决定了它“是一个不妥协的”、“最革命的阶级”和领导阶级。中国革命若没有工人阶级的领导，“决没有得到胜利的可能”③。这是第一次较全面的对中国工人阶级特点的认识、分析和概括，具有重要的理论意义和实践意义。

无产阶级如何实现其领导权，在国共合作特定历史条件下，对年幼的、无经验的中国共产党来说，确实需要在艰难、荆棘的实践中摸索。中共中央曾设想通过三个途径去实现：一是发展工农群众运动，并以此左右革命形势向有利于无产阶级方向发展；二是发展、加强、控制由共产党人参加组建的国民党地方组织，以实现下层的领导权；三是巩固与发展同国民党左派的联合。并通过国民党左派以打击、排斥右派，扫清无产阶级领导的障碍，贯彻中国共产

① 《二十七年以来国民运动中所得教训》，《新青年》（季刊）1924年第4期。

② 《中共党史参考资料》（二），人民出版社1979年版，第75页。

③ 《中国国民革命运动中工人的力量》，《向导》1925年101期。

党的方针路线。1923 年 11 月中共中央三届一中全会提出的“我们预努力站在国民党中心地位”① 就是这个思想。1927 年 2 月瞿秋白在《中国革命中之争论问题》中指出，“工人阶级要以自己做主干，集合农民兵士及一般反帝国主义的革命分子于国民党，使国民党成为中国革命的中心，而自己努力做这一革命中心的元核——领导者。具体运用这一原则，就是从中国共产党决定加入国民党开始”。这是实现无产阶级领导权的策略方针和重要途径，并且在国共合作初期、中期较有成效。陈独秀在党的“五大”报告中初步总结了这一经验。他指出，“小资产阶级和国民党左派处于无产阶级的领导之下。在上海，无产阶级常常独自行动。在北方，如果工人不行动起来，其他阶级也不会行动起来。在五卅运动中付出最大牺牲的是无产阶级，各阶级都在其领导之下。可以说，凡是没有无产阶级和共产党的地方，就没有运动。因此，说无产阶级根本没有取得领导权，是不对的”②。后来周恩来也说，“汪精卫是资产阶级的软弱性的代表，当他还革命时，他会把苏联顾问和我们党的意见加以发挥，会做一个很好的留声机”③。陈公博曾以不满情绪也讲了这一问题，“人们都说鲍罗廷在广东的权威很大”，须知“鲍罗廷的操纵政治，还在于他的技术，中央政治委员会开会，他多数是列席的，对于小事，他都没意见，但每逢大案，他必预先和出席的人们个别交换意见，等到大家都无异议，或大多数没有异议时，他才以顾问的资格提出”。因此，“鲍罗廷所提的议案没有不通过的”④。

通过国民党左派实现其领导策略，是中国共产党在特定的历史条件下探索的一种途径。但由于其他原因，加之中国共产党对这一策略认识的不成熟性，这种领导策略是不巩固的，一旦形势有所变化，就有丧失领导地位的可能。1927 年 5 月瞿秋白曾初步总结了这

① 《中共中央文件选集》(1)，中共中央党校出版社 1982 年版，第 147 页。
② 《中共党史参考资料》第 13 册，中国人民解放政治学院 1985 年编，第 532、533 页。
③ 《周恩来选集》(上)，人民出版社 1980 年版，第 117 页。
④ 《我与共产党》,《古今》1943 年第 3 期。

一策略，指出，“以前所谓领导权仅指群众运动中的领导权，至于政权与军队是在无产阶级领导权以外的，现在这个无产阶级领导权初创的形式已经不够了，现在无产阶级应当参加革命的政权，应当指导革命中的武力”①。这个认识是正确的，但为时已晚，并且也没有实际的措施。

自1926年后国民党右派不断制造事端，削弱中共在国民党内的力量，破坏国共合作，与无产阶级争夺领导权。中共中央、陈独秀一方面虽不断斗争，但又不断退让，旨在以退让求团结；二方面不断揭露国民党右派，大造国民党内左中右三派舆论，以此孤立、打击右派，团结左派，争取中间派，维护无产阶级领导权；三方面想变更国共合作形式，特别是陈独秀曾试图提出退出国民党，变党内合作为党外联盟，以保持无产阶级的独立性。第一个方案带来了恶果，第二个方案也常被打破，靠不住，第三个方案不切合实际，党中央多数人不同意，共产国际也反对。

依靠和通过国民党左派实现无产阶级领导权在特定历史条件是正确的，但也是有条件的，运用不当，或寄于幻想就将带来不良后果。共产国际在指导中国革命问题上就曾有此思想。1920年12月通过的《共产国际执行委员会第七次全会关于中国局势的决议》，指示中国共产党，一方面说“在这个阶段中，革命运动的领导权，将日渐落在无产阶级身上”；又一方面说，“中国无产阶级数量之少及其幼稚”，因此必须在国民党内“形成左派，而与之亲密合作，并不企图以共产党分子代替左派之领导工作”。这个既要中共“领导”，又要不“取代领导”的思想，就是无原则的依靠国民党左派的政策。这一思想给当时的中共中央、陈独秀以很大的影响，使中国共产党在探索如何实现、坚持无产阶级领导权中产生严重的失误。

① 《瞿秋白文集（政治理论编）》第4卷，人民出版社1993年版，第593页。

二

众所周知，在中国共产党成立前后，陈独秀、李大钊、毛泽东、李达等一批共产主义者与基尔特社会主义者论争的中心问题就是发展社会主义，还是发展资本主义问题。改良主义者认为中国经济落后，不可能实行社会主义，而只能发展资本主义才是中国的出路。他们批驳了这种谬论，不承认因经济落后而不能实行社会主义。争论虽有缺陷，但在原则上坚持了社会主义方向。但是在国共合作建立之后的特定历史条件下，国民革命成功后建立一个什么样的社会，共产国际和中国共产党出于策略上的考虑，一开始并没有明确提出社会主义前途问题[①]。但在实际斗争中始终坚持了这个方向。1927 年初由于革命形势的发展，北伐战争的胜利，中国共产党才公开的、明确地提出了争取“非资本主义前途”问题。

从 1922 年 6 月党的第一次对时局主张到 7 月“二大”召开，初步提出了中国革命二步走思想，并制定了实现这一思想的最低纲领和最高纲领，并开始探索如何由民主革命向社会主义革命的转变。这一探索虽属初步，但却积累了丰富经验与教训。

中国将来谁是国家的主人？中国共产党人认为不外三种势力，“第一是英、美、日、法等列强势力；第二是孙中山先生所分析的直、奉、皖、西南四派军阀势力；第三是农、工、商、学生人民势力”。在这三派势力中，“第三派势力乃是中国真正主人翁的势力”[②]。这就明确了国民革命成功后中国决不是被前二派势力所主宰，也不会是资产阶级的天下，而是农工商等人民当家作主人的新

① 根据李维汉在《回忆与研究》一书中说。中共“四大”关于《民族革命运动决议案》“原稿上提出中国民族革命运动是无产阶级世界革命的一部分和争取非资本主义前途问题。由于考虑到国共合作关系，议决案上没有明确写上争取非资本主义前途的字句”（上册，中共党史研究资料出版社 1986 年版，第 50 页）。

② 《我们要何种势力管理中国》，《向导》1923 年第 33 期。

社会。这个社会的性质，在国共合作形成的初期是不便用直接的、鲜明的语言表述的。而国民党最敏感的也是这个问题。加之别有用心的势力挑拨，制造猜疑，破坏统一战线。研究系的《时事新报》就造谣说，“国民革命成功必然发生两个问题，（一）信仰无产阶级专政的列宁党将与国民党左派争政权；（二）赤俄必定帮助列宁党战胜国民党左派”[①]。这是敌对势力的离间，但也是要善处的客观问题。中国共产党既要注意团结、稳定与国民党的合作，共同对敌，又要向工人、农民等革命群众讲清将来发展的趋势。这是一个严肃的原则与策略十分密切相关的大问题，不可乱发议论而造成不良后果。由于不便直言，加之认识的局限性，常被人误解。

中国革命前途如何？可能出现两种趋势：“（一）武力与工农群众及革命化的城市小资产阶级结合，打倒国内外一切黑暗反动势力，建立革命的民众政权（当然说不上什么无产阶级专政或工农政府）；（二）武力与反革命的大商、买办、官僚、地主、土豪劣绅及懦弱妥协的资产阶级结合，和国内外一切黑暗反动势力调和，在政治上建立压迫工农群众的法西斯式的军事独裁政权”[②]。而党的任务就是使“国民革命成功后之建设时期，也必然是革命的民主的民众政权”[③]。为了巩固统一战线，稳定国民党情绪，陈独秀也曾用另一种语言表述这一思想，说“国民革命成功后，在普通形势之下，自然是资产阶级握得政权；但彼时若有特殊的环境，也许有新的变化，工人阶级在彼时能获得若干政权，乃视工人阶级在革命中的努力至何程度及世界的形势而决定”[④]。所谓“普通形势”，是指欧洲的资产阶级式革命，那样的革命在成功后当然是资产阶级掌握政权。但欧洲式的资产阶级革命在中国不可能再次出现，因此，国民党革命成功后也不再是资产阶级握有政权的社会。但在国民革命中

① 《我们现在为什么争斗》，《向导》1926 年第 172 期。
② 《列宁逝世三周年纪念之中国革命运动》，《向导》1927 年第 184 期。
③ 《我们现在为什么争斗》，《向导》1926 年第 172 期。
④ 《中国国民革命与社会各阶级》，《前锋》1923 年第 2 号。

资产阶级却千方百计与无产阶级争取领导权。如何力争在国民革命后的“民众政权”呢？一、“视工人阶级在革命中的努力至何程度”；二、使武力与工农相结合。北伐开始后，陈独秀等党中央领导人就十分担心蒋介石会乘机发展而脱离工农轨道走向反动。为此曾发出警告：“北伐军之本身，必须他真是革命的势力向外发展。然后北伐才算是革命的军事行动，若其中夹杂有投机的军人政客个人权位欲的活动，即有相当成功，也只是军事投机之胜利，而不是革命的胜利”[①]。此后陈独秀一连发表了《革命与武力》、《革命与民众》、《人民之军队》等文章，提醒国人注意这一事态的发展。在此之前，他也曾向共产国际提出把援国民党的武器拨一部分武装工农而遭拒绝。陈独秀虽对武装与党的领导权、革命前途之关系有一定程度的认识。但他是以在野党的身份对待这一问题，并缺乏坚定的独立掌握武装的思想和办法，因而也就无法实现“民众政权”。

民众政权是什么性质？毛泽东等认为，它还不是无产阶级专政，只是“实现无产阶级、小资产阶级及中产阶级的左翼的联合统治，即革命民众的统治”[②]。在这个政权之下，由于私有制还存在，剥削尚未彻底消灭，公有制经济也未完全建立起来，因此无产阶级只能是在政治上得到“自由与权利”，经济上“还未完全解放”。这个认识无论在理论上或实践上基本上是符合实际的。在这个政权之下，不仅不能过早的消灭资本主义，而且还要扶植和有一定程度的发展，以利于国民经济。因此“工农阶级领导小资产阶级，推动资产阶级，以革命的手段达到民族资本主义之建设”[③]。所以陈独秀说，“我们不是乌托邦的社会主义者，决不幻想不经过资本主义，而可以由半封建的社会一跳便到社会主义的社会”[④]。这个论断是否

① 《论国民政府之北伐》，《向导》1926年第161期。

② 《中共党史参考资料》（3），中国人民解放军政治学院1979年编。

③ 转引自李维汉《回忆与研究》上，中共党史研究资料出版社1986年版，第122页。

④ 《我们现在为什么争斗》，《向导》1926年第172期。

有道理呢？这里指的资本主义，不是资本主义社会的资本主义，不是资本主义制度，而是指在工农政权之下的、一定程度的资本主义经济，即第一，它不是一般的资本主义，而是“被国民革命洗礼”的、“民族的、民主的资本主义”[1]；第二，是工农国家“采取国家社会主义”条件下的资本主义；第三，是逐渐被改造、“一直到私产自然消灭”[2] 的资本主义。有人对此认为是“二次革命论”思想，“代表着中国共产党对中国革命认识的一定阶段，曾是党内大多数人共同的看法”[3]。须知，这是中国共产党人最初提出的实现由民主革命到社会主义的过渡思想，因而它“是国民革命成功后不能免的境界”[4]。

1927 年初中共中央根据共产国际指示召开了政治局会议，指出过去“把国民革命和无产阶级革命之间划了很大的‘天然的不可以人力逾越的’一道鸿沟”。因而提出“把国民革命和无产阶级革命，看为整个中国的革命”，“抓住这两种革命的连锁，使之一气呵成”[5]。这里把由民主革命向社会主义过渡的思想，误认为是“横插一个资本主义”，是“一个根本错误”，提出了由“一次革命论”来代替革命转变论。瞿秋白在《中国革命之争论问题》中更明确提出“国民革命之胜利，就是社会主义之初步”，从“一次革命直达社会主义”。过早的消灭资本主义的“左”倾思想由此产生。在探索由民主革命向社会主义革命转变中出现了两种都不够成熟的思想。

自 1927 年初中共中央提出争取“非资本主义前途”后，对如何实现社会主义，在理论认识上开始了进一步的探索。陈独秀指出，在国民革命成功后，“在主观上、在客观上，都不必采用私人

① 《我们现在为什么争斗》，《向导》1926 年第 172 期。

② 《造国论》，《向导》1922 年第 2 期。

③ 杨福新：《关于毛泽东思想形成问题》，《中共党史研究》1988 年第 3 期。

④ 《造国论》，《向导》1922 年第 2 期。

⑤ 《中共中央文件选集》（3），中共中央党校出版社 1982 年版，第 14 页。

资本主义”，“而可采用国家资本主义以过渡到非资本主义的国家工业，即是行向社会主义的社会”①。开始明确提出在国民革命成功后到社会主义实现，中间存在一个过渡阶段问题。在这个过渡阶段不是立即消灭资本主义，而是利用资本主义，采用国家资本主义过渡到社会主义。什么是国家资本主义？陈独秀根据列宁的思想指出，“所谓国家资本主义，其在经济上的性质如何，乃依政治上的构造如何而定”。“如在资产阶级的国家而采用的国家资本主义，则不过是私人资本主义更加集中高度发展之资本主义形式；只有在工农及其他被压迫剥削阶级革命的国家而采用的国家资本主义，才能够由此过渡到非资本主义的社会主义”②。这个思想的提出具有积极的理论意义，把探索由民主革命向社会主义革命转变的思想、形式向前推进了一步。

总之，中国共产党成立后初步地把马克思主义与中国革命实际相结合，初步认识了中国革命发展的规律，开始探索由民主革命到社会主义革命两步走思想，和由民主革命向社会主义革命转变的思想与形式；初步探索了在特定历史条件下实现、坚持无产阶级领导权思想和形式。这些探索虽还不够成熟，和存在失误，但它却雄辩的证明了中国共产党是中国革命事业的唯一领导者和唯一坚持社会主义方向的政党，并为后来创立新民主主义革命理论体系，为坚持党的领导、坚持社会主义方向提供了宝贵经验。

① 《国民革命之归趋势》，《向导》1927 年第 193 期。
② 《国民革命之归趋势》，《向导》1927 年第 193 期。

第二编

人物研究

对《毛泽东与陈独秀》一文若干问题的订正[①]

近阅《中共党史研究》1992 年第 6 期上由徐光寿先生撰写的《毛泽东与陈独秀》一文，它全面地阐述了这两位伟人的交往、合作、友谊和政治分野，给人以不少启迪。但是在一些历史事实和逻辑分析上都存在不少问题，为对历史负责，严肃历史研究，特提出辨误，以求商讨。

第一，关于毛泽东与陈独秀第一次在工作上的合作问题。该文认为，“1923 年 5 月，毛泽东奉调来沪，参加党中央的工作，与陈独秀开始了直接的交往”。此话意指毛泽东与陈独秀在工作上的合作，而用“交往”表述则不够准确。且“直接交往”在“五·四”时期就已经开始，并非始于 1923 年，其主要表现是：（1）毛泽东在湖南长沙为宣传新思想、传播马克思主义创办了文化书社。陈独秀则利用他在社会上的重大影响和地位给予全力支持。据文化书社第一次营业报告称，陈独秀、李大钊、恽代英均为文化书社做“信用介绍人”[②]，从而使毛泽东在长沙开展革命活动有了强有力的后盾。（2）1920 年初，陈独秀由北京到上海后，与毛泽东商定并联合了其他一些人，在上海成立了工读互助团，并与毛泽东联名共同发表了上海工读互助团募捐公告[③]。这是毛泽东与陈独秀为改造旧中国而进行的又一次合作。

第二，关于毛泽东与陈独秀学习、讨论《共产党宣言》等三本

---

① 原载于《安徽史学》1996 年第 3 期。

② 《五四时期社团》（二），生活·读书·新知三联书店 1979 年版，第 53 页。

③ 《申报》，1920 年 3 月 5 日。

书问题。该文说，1920年毛泽东第二次到上海，“陈独秀向毛泽东谈了自己的建党计划，并同毛泽东讨论了学习三本经典著作，即《共产党宣言》、《阶级斗争》、《社会主义史》的体会”。这个表述也是不准确的。其一，据《西行漫记》介绍，是毛泽东向陈独秀谈学习三本书的体会，而非陈独秀向毛泽东谈学习三本书的体会，按当时他们两人的年龄、社会地位、影响也应是如此，何况毛泽东一贯尊重长者。后来，毛泽东在回忆这事时说：“我第二次到上海去的时候，曾经和陈独秀讨论我读过的马克思主义书籍，陈独秀谈他自己的信仰的那些话，在我一生中可能是关键性的”[①]。其二，三本书的出版时间也不在毛泽东第二次由北京到上海期间。现已查清，陈望道译的《共产党宣言》，出版时间为1920年8月，非4月；同年9月30日上海《民国日报》副刊《觉悟》报道说，“望道先生费了平常译书的五倍工夫，把彼全译了出来。经陈独秀、李汉俊两先生校对”云云。李季译的《社会主义史》是新青年丛书之一，它有三个序言，一为英人辟司序（1913年10月），二为李季序（1920年7月），三为蔡元培序（1920年8月），而李、蔡序在该书出版前均发表于《新青年》8卷1号上。该书的正式出版时间是1920年10月。恽代英译的《阶级斗争》则晚些。1920年10月《互助》第1期《我们的消息》一文曾报道说，“代英近来规定每日读书或作文七小时。……他所译《阶级斗争》一书，预备半月内译完”[②]。其正式出版时间为1921年1月[③]。三本书出版时间均在毛泽东由上海回到湖南长沙（1920年7月）之后。因此说，毛泽东在北京、上海期间都不可能完整地看到这三本书的中译本。所以造成这历史的误会，皆根源于斯诺的《西行漫记》。但斯诺在该书序中已明确声明，

---

① 埃德加·斯诺：《西行漫记》，生活·读书·新知三联书店1979年版，第132－133页。

② 《五四时期社团》（一），生活·读书·新知三联书店1979年版，第200页。

③ 见拙作：《中译本〈共产党宣言〉、〈社会主义史〉、〈阶级斗争〉初版时间订补》，《史学月刊》1983年第4期

“这本书绝不能算作正式的或正统的文献。”当时担任翻译的吴亮平也说：“有些人名、时间、地名不准确。毛泽东同志当时在没有任何参考资料的情况下进行口述，又经过斯诺用外文记述，发生某些差错是难免的。”①

第三，关于毛泽东任党中央秘书时间以及毛泽东与陈独秀配合联名发布文件问题。根据当时党的组织法第三条规定，“本党一切函件须由委员长及秘书签字”。而徐文引用时则把“须由”写为“需有”，不仅与原文有误，也不合文法。至于毛泽东在党的“三大”后任党中央秘书的时间，既不是1923年5月，也不限于1923年。根据陈独秀的提名，毛泽东在党的“三大”上被选为中央委员及中央局委员，不久兼任党中央秘书。党的“三大”是1923年6月召开的，徐文说“1923年5月毛泽东奉调来上海任党中央秘书”是有误的。但毛泽东上任不久，“润之因事赴湘，改由我（即罗章龙——引注）任秘书兼主持宣传部工作。”② 1924年罗章龙因公出国，陈独秀再次调毛泽东回上海任党中央秘书工作。

毛泽东任党中央秘书工作期间与陈独秀联名签署的中央文件，是从1924年开始的，不是从1923年开始。徐文说，毛泽东、陈独秀“他们代表党中央联名发出了中共中央通告第十三、十四、十五、二十号等”文件。这不够准确。中央通告第十三号系1923年12月发布的，此时毛泽东已回到湖南不在党中央工作了。党中央秘书一职则由罗章龙接任。因此，中央十三号通告并非为毛泽东与陈独秀联名发布，而是陈独秀与罗章龙联名发布。徐文又说，“由于身体原因，毛泽东于1923年底离开中央回到湖南”。这在回湘时间和原因上也有误。毛泽东回湖南的时间是1923年9月而非年底。回湖南的原因也非“身体不佳”，而是“因公出差”，身负重任，是根据党的“三大”决议精神回湖南开展国共合作。这一事实可以毛泽

① 《毛泽东一九三六年同斯诺的谈话》，人民出版社1979年版，第8页。

② 《椿园载记》，生活·读书·新知三联书店1984年版，第276页。

东给林伯渠的信为证。1923 年 9 月 28 日，毛泽东回到长沙后立即给林伯渠一信说，“第十六日到长沙”，并说今后发展国民党组织工作的具体办法，“第一步组织长沙支部；第二步组织常德衡州及其他可能的支分部；第三步再组织湖南总支部”；同时，准备“成立筹备机关，多邀请信仰三民主义及有活动能力的人入党”[①]。足见毛泽东回湖南绝非“身体原因”，实负有特殊的政治使命。

毛泽东与陈独秀真正联名签署发布的中央通告是从 1924 年开始。据罗章龙回忆，“一九二四年夏我以中共中央代表名义被派出国工作，我出国期间的通告由陈独秀和毛泽东共同签署发表”[②]。在中共中央文件选集注释中对此也作了同样的说明：“1924 年罗章龙以中共中央代表名义被派出国，这一年的通知则由陈独秀和毛泽东共同签署发表。1925 年至中共四大前，仍由陈独秀和罗章龙共同签署发表。”目前在中共中央文件选集中能看到的毛泽东与陈独秀共同签署的文件则为中央通告第十五号《对国民党右派的斗争》(1924 年 7 月 21 日)，第十七号《反对江浙军阀战争问题》(1924 年 9 月 10 日)，第二十一号《加强党务工作，对孙中山参加北方和会的态度》(1924 年 11 月 1 日)。因此，毛、陈两人共同签署的中央文件也不全在第二十号文件以前。

第四，毛泽东任党中央秘书的地位与作用问题。对于这一问题，徐文未详细论述，但有些结论性的语言似乎不够准确。文章说，毛泽东与陈独秀联署发布中央文件，“从此，毛泽东与陈独秀一起都成了党的主要领导人”。这种表述值得商讨。毛泽东与陈独秀共同签署发布中央文件是党中央试图采取集体领导体制和探索党内监督、制约的一种尝试，而不是实行党中央的双层领导制度。根据党中央组织法规定，党中央委员长“主持一切中央局及中央执行委员会之会议”。党中央秘书及秘书工作，则负“本党内外文书及

---

① 《毛泽东书信集》，人民出版社 1984 年版，第 23 页。

② 《椿园载记》，生活·读书·新知三联书店 1984 年版，第 281 页。

通信及开会记录之责任，并管理本党文件”[①]。可见党中央秘书的职责是协助党中央委员长（即党的主要领导人）从事党的事务性工作，而非党的主要领导人。

第五，关于毛泽东与陈独秀的矛盾问题。国民党“一大”召开前，陈独秀根据工作需要，把毛泽东从湖南调回上海中央局工作。毛泽东除担任党中央秘书工作外，并参与了国民党改组工作。对国民党“一大”的召开，党中央、陈独秀都十分重视，经多次研究，决定派李大钊、毛泽东、恽代英、谭平山、瞿秋白等9人参加国民党“一大”选出的中央执行委员会。国民党“一大”后决定在上海法租界环龙路44号成立国民党执行部作为国民党最高执行机构，派胡汉民、汪精卫、戴季陶、于右任等参加；中共中央决定派毛泽东、罗章龙、王荷波、恽代英4人参加，并决定遇有特别重大问题，则由孙中山与陈独秀协商解决。在国共合作初期，环龙路44号被上海社会传称为“国共群英会”[②]，而毛泽东则是这一群英会中的杰出一员。由此可见，陈独秀对毛泽东十分信任，十分重视，两人共同签署中央文件，又说明意见完全一致，配合密切。这无论从工作关系上或私人关系上都是十分友好和协调的。因此，徐文用“配合默契”、“关系最融洽”来表述是正确的。但同时徐文又说，在这期间他们两人“尚无明显的意见分歧”，与上述评论就不够协调，给人一种“仍存在潜在的矛盾”的感觉。众所周知，毛泽东与陈独秀在方针政策上的矛盾始于1925年以后，而不是在此以前。即使是有不同看法，也会在党内或适当场合公开，而不会隐藏起来，使人感觉“尚不明显化”，这才是两人的共同性格。

以上意见，只是随笔之见。研究党史，特别是研究领袖人物，一定要慎之又慎，不可有任何的随意性。上述看法不妥之处，请作者及读者指教。

① 《中共中央文件选集》（一），中共中央党校出版社1982年版，第156页。
② 《椿园载记》，生活·读书·新知三联书店1984年版，第297页。

毛泽东邓小平论历史环境与党的思想建设[①]

中国共产党是在具有极其复杂和多变性的历史环境中发展过来的，而始终保持了工人阶级的先进性。这一先进性保持的关键，则是毛泽东、邓小平坚持党的思想教育的结果。其经验是极其丰富的。

党在历史环境中的四次转变

一定的历史环境，是一定政党、人物活动的舞台，它制约着政党、人物的活动；而政党、人物反过来又利用、改造着历史环境，推动着历史前进。因此说，任何社会阶段的历史环境都有着二重性，即有利的积极作用和消极的反作用。中国共产党的成功之处就在于能自觉地、创造性地在历史环境的二重性中发展壮大。

从党的成立到国共两党的第一次合作，中国共产党由原来的50多人发展到5万多人；由不合法的秘密状态，走上公开的、合法的地位；由狭小的宣传团体进到群众性的政党。这是随着历史环境的变化而发展的。因此使中国共产党能公开的、广泛的、直接的领导工农运动，推动国民革命的发展。但是这一变化也给年幼的党带来很多消极的因素。特别是实现国共两党的“党内合作”形式以后，由于缺乏与资产阶级政党合作的经验，而犯了右倾错误，给党和革

① 原载于《党史研究与教学》1994年第3期。

命事业造成了严重危害。但从历史发展的角度看，没有人认为为了保持党的“纯洁性”而不应与资产阶级及其政党合作。这是党的第一次历史环境的转变。

大革命失败后发生了党的第二次历史环境的转变，即由城市到农村的变化。中国共产党是工人阶级的先锋队，按照传统观点，它的主要成分是工人，活动区域主要是城市。而毛泽东相反，他大胆地、创造性地把党和革命军队带到农村，特别是偏僻的、落后的大山沟里，实行农村包围城市的武装夺取政权的道路。工人阶级政党脱离自己的大本营城市而长期在农村活动，这确实是一个史无前例的历史环境的大变化。

旧中国农村社会是一个以自给自足的自然经济为基础的小农经济形态。农民是小生产者，也是小私有者，由于受封建地主阶级的残酷剥削和军阀混战的摧残，处于破产境界，而成了革命的主力军。工人阶级政党中国共产党就长期处在这样一个历史环境中。党的存在、发展、活动等都受制于农村这种特定的历史环境。正如毛泽东指出的，“边界的经济，是农业经济，有些地方还停留在杵臼时代”，而“社会组织是普遍地以一姓为单位的家族组织”。因此党的组织及其活动，“因居住关系，许多是一姓的党员为一个支部，支部会议简直同时就是家族会议”。在这种情况下，“‘斗争的布尔什维克党’的建设，真是难得很”[①]。因此，小农思想意识严重地影响着党的先进性，产生了如毛泽东所指出的“流寇主义”、“盲动主义”、“绝对平均主义”、“极端民主化”、“非组织观点”、“单纯军事观点”、“享乐主义”等非无产阶级思想。这种因历史环境的变化产生的消极影响，引起不少人的疑虑，他们怀疑中国共产党是否已变成了农民党、小资产阶级党、民族主义党而失去了工人阶级的先进性。

中国革命胜利的历史已经证明，没有这种转变，中国革命就没

① 《毛泽东选集》第1卷，人民出版社1991年版，第74页。

有出路，就是死路一条。在这个历史环境中，中国共产党并没有因处于小资产阶级包围中的非无产阶级意识所“改造”，相反的是探索出了一整套适应农村环境的建党路线，克服和战胜了农民意识为主的小生产者的影响。毛泽东制定的《三大纪律八项注意》、《关于纠正党内的错误思想》以及后来的延安整风运动等，形成了一套完整的党内教育的理论体系和制度，从而把落后的农村改造成为先进的、巩固的革命根据地，把红军建设成为能执行无产阶级政治任务的、在党的绝对领导下的武装集团，在这个基础上夺取了全国的革命胜利。

由农村向城市转变是民主革命胜利的基本标志。中华人民共和国成立后，中国共产党的工作重心又由农村回到了城市，这是党的历史环境的第三次转变。这次转变的意义巨大，党成为领导全国的执政党，开始由民主革命向社会主义革命过渡。但是，党成为全国的执政党，地位发生了巨大的变化。城市的花花世界也改变了党长期在农村形成的生活方式和观念，甚至受到被“糖弹”打倒的消极影响。新中国成立初期国民党曾扬言，城市是个大染缸，叫共产党红的进来、黑的出去，预言我们党进城后一定要腐败，由腐败而导致失政。历史证明，国民党的妄想失败了。我们党不仅治理了社会上国民党遗留下来的腐败、丑恶的东西，而且也治理了党的队伍，清除了腐败，战胜了进城后的消极因素，密切了党群关系，巩固了人民民主政权。

从党的十一届三中全会开始，在邓小平等第二代领导集体指导下，打开国门，实行改革开放，建立起了社会主义市场经济体制，走了一条有中国特色社会主义道路。这是党的历史环境的第四次转变。变封闭锁国环境为开放环境；变单一公有制经济为以公有制经济为主体的多种经济成分并存的体制；变限制、反对商品经济的计划经济体制为社会主义市场经济体制。这是个历史性的大转变，具有划时代的意义。但是，发展商品经济、建立市场经济、实行对外开放，也同过去历史上的转变一样，处处遇到诸多的消极因素的干扰。腐败现象的滋生且日趋严重，就是最大的消极因素。邓小平及中国共产党的伟大、成功之处，就在于既动员全体党员带头建立、完善社会主义市场经济，推动改革开放，不断发展社会生产力，又高度警惕，并制定各种有效措施去克服、战胜消极因素的侵袭。邓小平明确指出，“腐败现象很严重”[①]，“经济建设这一手我们搞得相当有成绩，形势喜人，这是我们国家的成功。但风气如果坏下去，经济搞成功又有什么意义？会在另一方面变质，反过来影响整个经济变质，发展下去会形成贪污、盗窃、贿赂横行的世界”[②]。“要说有风险，这是最大的风险”[③]。而战胜这一风险的最有效办法，就是“我们用法律和教育这两个手段来解决这个问题”[④]，以保持共产党人的先进性，更好地领导人民建设有中国特色的社会主义。

历史证明，中国共产党在毛泽东思想、邓小平理论指导下，在不同的历史时期，成功地顺应了历史发展的法则，适时地适应了历史环境，推进了中国社会的进步；同时又成功地利用了历史环境，发展了革命事业；与此同时也不断克服、战胜历史环境中的消极因素，保持、发扬了党的先进性和优良传统。

冲破历史环境制约的建党思想

历史环境是历史发展中一定阶段的客观情况。中国共产党的成功经验就是顺应、利用、冲破历史环境的制约。抗战胜利前夕，黄炎培等6位民主人士访问延安，并与毛泽东作了畅谈。黄非常坦诚地向毛泽东提出，一部历史，由于历史条件的变化，“政怠宦成”的也有，“人亡政息”的也有，“求荣取辱”的也有。一人、一家、一团体、一地方，乃至一国，总有一个周期率的支配力，真所谓

---

① 《邓小平文选》第3卷，人民出版社1993年版，第325页。
② 《邓小平文选》第3卷，人民出版社1993年版，第154页。
③ 《邓小平文选》第3卷，人民出版社1993年版，第156页。
④ 《邓小平文选》第3卷，人民出版社1993年版，第156页。

“其兴也勃焉”，“其亡也忽焉”。他问毛泽东，共产党能否找出一条新路，跳出这个周期率的支配。毛泽东信心百倍地告诉黄炎培，能。中国共产党“已经找到新路，我们能跳出这个周期率”①。

早在黄炎培访问延安前一年，即1944年3月，郭沫若写了一篇著名的《甲申三百年祭》，总结了李自成农民起义军失败的经验教训。他指出三条：一是骄傲自满；二是不保持革命队伍起初时的优良作风；三是屠戮功臣。毛泽东看后很是赞赏，并写信给郭沫若，告诉他“你的《甲申三百年祭》，我们把它当作整风文件看待。小胜即骄傲，大胜更骄傲，一次又一次吃亏，如何避免此种毛病，实在值得注意”②。同时毛泽东在延安高级干部会议上又指出，“近日我们印了郭沫若论李自成的文章，也是叫同志们引为鉴戒，不要重犯胜利时骄傲的错误”③。

如何防止、克服骄傲、腐败，特别是进城以后，这是党中央毛泽东一贯高度重视的问题。1949年3月党的七届二中全会上，毛泽东全面地、系统地论述了反腐败问题。他指出：“因为胜利，党内的骄傲情绪，以功臣自居的情绪，停顿起来不求进步的情绪，贪图享乐不愿再过艰苦生活的情绪，可能生长。”这四种“情绪”的实质是个世界观问题，是产生腐败现象的主观原因。加上“因为胜利，人民感谢我们，资产阶级也会出来捧场”，因而会造成“可能有这样一些共产党人，他们是不曾被拿枪的敌人征服过的，他们在这些敌人面前不愧英雄的称号；但是经不起人们用糖衣裹着的炮弹的攻击，他们在糖弹面前要打败仗”。所以毛泽东告诫全党，进城、夺取全国胜利，“这只是万里长征走完了第一步”，今后的路“更长，工作更伟大，更艰苦”。“这一点现在就必须向党内讲明白，务必使同志们继续地保持谦虚、谨慎、不骄、不躁的作风”④。同时决

---

① 黄炎培：《八十年来》，文史资料出版社1982年版，第146页。

② 《毛泽东书信选集》，人民出版社1984年版，第241页。

③ 《毛泽东选集》第3卷，人民出版社1991年版，第948页。

④ 《毛泽东选集》第4卷，人民出版社1991年版，第1438－1439页。

定了进城后防止腐败，避免李自成失败道路重演的若干规定。进城途中，毛泽东、周恩来又讨论这一问题，说我们进城即是进京赶考，要考好、考及格，不要被退了回来，不要学李自成。

1950 年毛泽东在全国战斗英雄、劳动模范代表会上再次号召全党，在进城后“只有决不骄傲自满并且继续不疲倦地学习，才能够对于伟大的中华人民共和国继续作出优异的贡献，并从而继续保持你们的光荣称号”①。不久他又提醒全党：“七届二中全会防止腐蚀的方针，务请你们加以注意”②。此后重申了二中全会关于反对腐败、保持党的光荣传统的决定：“一曰不作寿。作寿不会使人长寿”；“二曰不送礼。至少党内不要送”；“三曰少敬酒”；“四曰少拍掌”；“五曰不以人名作地名”；“六曰不要把中国同志和马、恩、列、斯平列”等六项③。根据这一思想方针，在毛泽东亲自领导下全党开展了一系列整党、整风教育和三反五反斗争，严肃惩治了腐败分子刘青山、张子善等，从思想上、作风上教育了全党，适应了进城后的历史环境，克服了进城后产生的腐败现象。

从 1953 年起，全国范围内开展了大规模的经济建设，与世界资本主义国家在外交、经济、贸易、文化教育等方面的来往、交流增多，因此毛泽东又适时的提出在向外国（包括西方资本主义国家）学习先进科学技术的同时，要警惕和抵制、反对资本主义腐朽思想的侵蚀，保持党的优良传统和作风。

从历史经验上说，毛泽东关于冲破历史环境的制约，克服它对党的消极作用所采取的方针、政策、形式，主要是从思想上建党，并以严肃的制度、规定、纪律作保证。毛泽东把中国共产党建设成为一个特别能战斗的、立党为公、全心全意为人民服务为宗旨的党；密切联系群众、有事同群众商量、关心群众疾苦的党；不怕困难、不怕牺牲、见义勇为的党；坚持批评、努力改正自己的缺点错

① 《毛泽东选集》第 5 卷，人民出版社 1977 年版，第 30 页。
② 《毛泽东选集》第 5 卷，人民出版社 1977 年版，第 53 页。
③ 《毛泽东选集》第 5 卷，人民出版社 1977 年版，第 97 页。

误、不断前进的党。因此党无论在农村环境还是进城后环境中，都能克服各种消极因素的侵袭，保持了党的光荣传统，在新的历史环境中立于不败之地。

探索市场经济大潮下党的思想建设

邓小平继承和发展了毛泽东关于冲破历史环境制约的党的建设思想，而他的成功之处主要是把我们党建设成能适应、领导建设一个富强、民主、文明社会主义现代化社会的党，即领导“第二次革命”的党。党在“第二次革命”中所处的历史环境就是商品经济、市场经济，这是时代的最大特征。根据邓小平的战略思想，全国实行改革开放，建立以公有制为主体的多种经济成分并存的经济体制，实行股份制、承包制，发展“三资”企业，建立社会主义市场经济，凡此等，都把党员带进到一个崭新的历史环境中。共产党员在这一环境中发挥了积极作用，使我国经济上了新的台阶，人民基本上摆脱了贫困，正在向小康前进。但是，由于我们党搞了近30年的单一公有制计划经济，在这种历史环境中形成的党员、干部的思想、作风、理念形态、价值观念等与市场经济、新的体制和运行机制发生了对撞，感到很不适应。因此出现了举止失措、观点陈旧、评判是非习惯于传统观点和标准；而在对外开放、引进先进科学技术、管理经验的同时，资本主义的一些腐朽思想也乘虚而入，导致了一些党员、干部是非不清，政治信仰淡漠，思想、作风、生活上的腐败；又由于商品经济的发展，诱发了“商品拜物教”，产生了“金钱主义”，“极端个人主义”和“享乐主义”，使一部分党员、干部的价值观念发生了严重扭曲而丧失了作为共产党人的准则，忘掉了全心全意为人民服务的宗旨，使权力商品化，搞权钱交易，以权谋私，甚至贪赃枉法，走上犯罪的道路。上述三种因素是产生腐败的主客观条件。对此，不少人把腐败的产生都归咎于商品经济。

把商品经济、市场经济看成是罪恶的源泉，这是一种片面的观点。什么是商品经济原则呢？概括起来，主要是平等原则、竞争原则和等价交换原则三者的统一。当然商品经济中的平等原则、竞争原则大都是为等价交换服务的，但不能由此就认为不能利用。我们可以把平等原则、竞争原则应用于党的思想建设中，应用于政治生活中，而严格限制等价交换原则进入政治生活领域，特别是党的生活领域。我们党反对金钱拜物教主义，反对以权谋私，反对权钱交易，提倡全心全意为人民服务，目的就是要避免等价交换原则对党内思想的侵蚀，危害党的生活。发展商品经济、市场经济，不等于全社会都商品化，不等于一切都商品化，更不能在人与人关系上，政党、政治团体关系上和道德关系上商品化。商品经济、市场经济有其活动的范围、规律、原则和形式，把它看成适应一切方面是一种误解。

如何利用商品经济、市场经济的积极作用，同时又有效地克服、避免它本来不适用于政治、思想领域中的因素，这是当前党的思想建设中的突出问题。其原则、方针、途径，邓小平同志都作了明确的论述。

第一，要从“三个有利于”作为对党员、干部教育的基本准则。邓小平明确指出，“马克思主义的基本原则就是要发展生产力”①。因此党员的言行举止都必须以“是否有利于发展社会主义社会的生产力，是否有利于增强社会主义国家的综合国力，是否有利于提高人民的生活水平”② 为准。历史与现实告诉我们，共产党人只有如此，才能无愧于工人阶级先锋队的称号，才能保持党的先进性和领导地位。所以党的思想建设必须始终紧紧围绕着党的基本路线，要符合“三个有利于”的标准，并以执行的成效作为衡量党自身建设的成效。

第二，要一手抓改革开放、一手抓惩治腐败作为治党的方针。

---

① 《邓小平文选》第3卷，人民出版社1993年版，第116页。
② 《邓小平文选》第3卷，人民出版社1993年版，第372页。

改革开放的进程，也会流入、诱发各种腐朽的思想、作风，这是历史过程中的伴生物。由于种种原因，“腐败现象很严重”[①]。因此，邓小平提出要两手抓，两手都要硬；一手抓物质文明建设，一手抓精神文明建设；一手抓改革开放，一手抓打击各种犯罪活动。把反腐败作为党的以及整个社会治理的突出问题去抓。“不是搞一天两天，一月两月，整个改革开放过程中都要反对腐败”[②]。在反腐败斗争中，一方面“要通过思想政治工作”，要“教育全党同志发扬大公无私、服从大局、艰苦奋斗、廉洁奉公的精神，坚持共产主义思想和共产主义道德”[③]。这是“我们的真正优势”[④]，只有“坚持这个传统，才能抗住腐败现象”，“这是中国从几十年的建设中得出的经验”[⑤]。另一方面要进行法制教育和法制建设。这是控制、克服、惩治腐败的有效途径。市场经济实质是法制经济。离开法制它的消极作用必然滋生、蔓延、冲击政治、思想领域。几十年的经验告诉我们，“搞法制靠得住些”[⑥]。惩治腐败斗争中，要严格遵守“在法律面前人人平等”的原则。对于腐败行为、腐败分子，“要雷厉风行地抓，要公布于众，要按照法律办事。该受惩罚的，不管是谁，一律受惩罚”[⑦]。这就是“一手抓建设，一手抓法制”[⑧]的思想。

第三，建立健全监督制度及建立有效防范以权谋私的约束机制。基于历史的和现实的状况，邓小平提出，“要有群众监督制度，让群众和党员监督干部，特别是领导干部”[⑨]。这是克服、避免腐败现象滋生的有效措施。如何建立监督制度以及实行有效监督呢？邓

① 《邓小平文选》第3卷，人民出版社1993年版，第225页。
② 《邓小平文选》第3卷，人民出版社1993年版，第327页。
③ 《邓小平文选》第2卷，人民出版社1994年版，第367页。
④ 《邓小平文选》第3卷，人民出版社1993年版，第144页。
⑤ 《邓小平文选》第3卷，人民出版社1993年版，第290页。
⑥ 《邓小平文选》第3卷，人民出版社1993年版，第379页。
⑦ 《邓小平文选》第3卷，人民出版社1993年版，第297页。
⑧ 《邓小平文选》第3卷，人民出版社1993年版，第154页。
⑨ 《邓小平文选》第2卷，人民出版社1994年版，第332页。

小平提出了三个方面的问题。一、群众监督问题。他指出，凡是搞特权、特殊化，经过批评教育而又不改正的，“人民就有权依法进行检举、控告、弹劾、撤换、罢免，要求他们在经济上退赔，并使他们受到法律、纪律处分”。二、干部权力、生活规范问题。他认为，“对各级干部的职权范围和政治、生活待遇，要制定各种条例”，以约束、规范干部的行为。三、监督机制问题。“最重要的是要有专门的机构进行铁面无私的监督检查”[①]。没有监督，就没有规范的政治生活。因此，监督是战胜腐败的有效措施，这是邓小平一贯坚持的思想原则。

总之，中国共产党的历史，从毛泽东到邓小平都致力于在一定历史环境中把党建设好。他们的伟大之处都在于既顺应历史发展的规律，及时推动历史环境的转变；又利用历史环境发展革命事业，建设有中国特色社会主义；同时又不断克服历史环境带来的副作用，以保持共产党人的先进性，巩固执政党的领导地位。这种丰富的历史经验和指导思想，向人们展示了一条真理：在社会主义商品经济、市场经济大潮中，在反腐倡廉斗争中，中国共产党一定能取得彻底胜利，中国共产党将更加快速地、正确地领导全国人民进行社会主义现代化建设，实现自己的奋斗目标。

---

① 《邓小平文选》第2卷，人民出版社1994年版，第332页。

邓小平论改革开放是非的三条标准[①]

1992年春邓小平同志南方讲话中指出，改革开放迈不开步子，不敢闯，说到底就是怕，怕资本主义的东西多了，走了资本主义道路。其要害是姓“资”还是姓“社”。为此他提出了“三个有利于”，即三条标准，作为判断改革开放的是非尺度，促进思想解放，加快改革开放步伐。其实，姓“资”姓“社”是个老问题，它困扰了我国社会主义建设几十年。为解决这一问题，邓小平同志作了一系列论述，其中“三个有利于”思想早已提出，它贯穿了从20世纪60年代、80年代到90年代。今天的“三个有利于”，即三条标准，是昨天三条标准的丰富和发展。我们学习邓小平同志南方讲话，考察以下三条标准提出、丰富和发展的历史过程，领会其精神、实质，更有其重要的现实指导意义。

在我国改革开放过程中遇到的问题有“左”的也有右的干扰，但主要是“左”的干扰，生怕会产生、引进资本主义。按照传统的观念，我国自社会主义改造基本完成后至20世纪70年代，只承认社会主义的全民所有制和集体所有制，除此以外皆曰“资本主义”而加以批判、取缔，甚至连农民的家庭副业、自留地也当作“资本主义尾巴”加以割除，目的是使资本主义“绝种”。在改革开放中经常困扰人们思路的也仍是这一“左”的思想，姓“资”姓“社”模糊不清。因而常“把我们现行的一些有利于发展生产，发展社会主义事业的改革，也当作资本主义去批判”[②]。这就导致了在改革开

---

① 原载于《党史研究与教学》1993年第3期。

② 《邓小平文选》（1975—1982年），人民出版社1983年版，第298页。

放中胆子不大，步伐不快的现象。早在1987年邓小平同志就指出，“如果说，我们总结经验有很多条，那么很重要的一条经验就是：要搞清楚什么是社会主义，如何建设社会主义”。这次南方讲话中再次提出了这个问题，指出，如何评价改革开放的是非成败，是否为社会主义？其标准主要有三：一、“看是否有利于发展社会主义社会的生产力”；二、“是否有利于增强社会主义国家的综合国力”；三、“是否有利于提高人民的生活水平”。凡三条“有利于”的都是正确的、成功的，反之则是错误的、失败的。这三条标准既是判断改革开放成败的是非标准，也是判断社会主义的标准。“三个有利于”指明了为社会主义服务的两个属性——阶级性和社会性，它包含社会主义、资本主义和不属于社会主义与资本主义的中性。属于社会主义的当然要大力发展，属于资本主义的有些也可以拿来为社会主义服务；属于中性的，如股票、股份制等管理形式，也必须发展，使中性变为社会主义性。社会主义本身是开放的，它能吸收一切人类文明为自己服务，发展自己、壮大自己。社会主义具有强大的生命力也在于此。所以三条标准划清了我国改革开放中的一切措施、办法、形式、政策的是非界限，成为进一步解放思想，“换脑筋”，加快改革开放的理论依据。

三条标准是邓小平同志从我国国情出发，探索我国改革开放过程中不断发展、完善指导方针而形成的。早在20世纪60年代初期，为支持农村出现的“责任田”就提出了这一思想。他指出，在生产关系、经济形式上要适应生产力发展水平，要允许群众试验，其标准概括起来是：一看能否推动生产力的发展；二看能否为群众乐意接受；三看能否与当地具体情况相适应。就是说，“生产关系究竟以什么形式为最好”，“哪种形式在哪个地方能够比较容易比较快的恢复和发展农业生产，就采取哪种形式”；“群众愿意采取哪种形式，就应该采取哪种形式”[①]。这个思想当时他用最生动、最形象、

① 《邓小平文选》第1卷，人民出版社1994年版，第323页。

最通俗的语言表述为“黄猫黑猫只要捉住老鼠就是好猫”[1] 因而能鼓舞着亿万群众去战胜困难，给农村经济带来复苏和生机。但由于“左”的传统观念而被视为“搞资本主义”而遭受责难。

党的十一届三中全会后决定了改革开放的基本国策，但“左”的观念、固有的经济模式和运行机制仍严重地束缚着人们的头脑，在姓“资”姓“社”问题上争论不休。为解决这一问题，邓小平同志在总结了我国社会主义建设经验之后又重新提出并发展了原来三条标准的思想。他指出，对改革开放如何评价，主要看：一、“是否有助于建设有中国特色的社会主义”；二、“是否有助于国家的兴旺发达”；三、“是否有助于人民的富裕幸福”。这三条是“衡量我们各项工作做得对或不对的标准”[2]。

三个三条标准的基本思想是一致的，而南方讲话中提出的三条标准是前两个三条的丰富和发展，它既是改革开放的目的要求，也是改革开放的是非标准。

三个三条标准的提出，具有不同的时间和针对性。第一次提出是在20世纪60年代初的封闭锁国时期，经济上国家遇到困难，人民生活比较贫穷，思想上“左”倾观念发展，“责任田”被斥责为“资本主义”。提出三条标准的目的是在舆论上支持“包产到户”，使其“合法化”，以抵制“左”倾思想的干扰，恢复和发展农业生产；第二次提出是在20世纪80年代初的改革开放兴起之时，特别是农村经济体制改革深入发展之时，目的在于冲破“左”的传统观念的束缚，特别是冲破单一的经济模式和“贫穷的社会主义”思想束缚，明确“社会主义要消灭贫穷。贫穷不是社会主义”[3]，指明改革开放的道路，以推动改革开放的进行。当时对改革开放不少人担心害怕。邓小平同志以“三条有助于”进行阐述，指出，“开放伤害不了我们。我们的同志就是怕引来坏的东西，最担心是会不会变

① 《邓小平文选》第1卷，人民出版社1994年版，第323页。

② 邓小平：《建设有中国特色的社会主义》，人民出版社1984年版，第12页。

③ 邓小平：《建设有中国特色的社会主义》，人民出版社1984年版，第36页。

成资本主义”。特别是“有些老同志有这个担心。搞了一辈子社会主义、共产主义，忽然钻出个资本主义来，这个受不了”[①]。这是第二个三条标准提出的基本原因。第三次提出是在20世纪90年代初，一股“左”倾思潮再次阻碍着改革开放的进行。什么计划经济是社会主义的本质特征，市场经济是资本主义的产物，把计划经济与市场经济对立起来。什么当前“和平演变”主要来自经济领域，特别是来自经济特区等。由于这种“左”的观念的影响，处处以姓“资”姓“社”来纠缠，其结果是头脑僵化，谨小慎微，小商小贩，无大作为，致使我们社会主义的兴衰成败、中华民族的命运前途又一次地面临着严峻的考验。三条标准的提出，就是要坚决地、果断地打破“左”的枷锁，否定空泛的姓“资”姓“社”的争论，更新观念，“换脑筋”，按照三条标准冲破计划经济的教条，正确处理计划与市场的关系，建立社会主义市场经济的新体制，加快改革开放的步伐，确保到20世纪末翻两番，实现小康的战略目标。

三个三条标准是邓小平同志关于建设有中国特色社会主义理论的重要组成部分，具有共同的一致性。

第一，同一个历史经验教训。三个三条标准的提出，都是基于“左”倾思想的危害而反思的结果，具有深刻的历史性。邓小平同志在总结了我国社会主义历史经验之后指出，“从1957年开始我们的主要错误是‘左’，‘文化大革命’是极‘左’。中国社会实际上从1958年开始到1978年，二十年间内，长期处于停滞和徘徊的状态，国家的经济和人民的生活没有得到多大的发展和提高”[②]。鉴于历史的教训，“这才迫使我们重新考虑问题”。而“考虑的第一条就是要坚持社会主义，而坚持社会主义，首先要摆脱贫穷落后状态，大大发展生产力”[③]。因此，三条标准是历史经验的结晶，是从正反两面，特别是“左”的危害一面得出来的，是二十年停滞的代价取

① 邓小平：《建设有中国特色的社会主义》，人民出版社1984年版，第60页。
② 《邓小平同志重要讲话》，人民出版社1987年版，第32页。
③ 《邓小平同志重要讲话》，人民出版社1987年版，第32页。

得的。可知来之不易。

第二，同一个基本原理。马克思主义的历史唯物主义认为，生产力是一切社会发展的最终决定力量。它不仅决定生产关系的性质，而且也决定生产关系的建立、巩固、调整与变革。社会主义制度的巩固，也必然依赖于生产力的高度发展。因此邓小平同志明确指出，“什么叫社会主义，什么叫马克思主义？我们过去对这个问题的认识不是完全清醒的。马克思主义最注重发展生产力。”社会主义“最根本任务就是发展生产力”[①]。这是他的一贯思想。从历史经验上讲，“如果说我们建国以后有缺点，那就是对发展生产力方面有某种忽略”。人民群众拥护社会主义，是因为“社会主义的优越性就是要逐步发展生产力，逐步改善人民的物质、文化生活”[②]。所以他把三条标准的基本思想概括为，“社会主义的本质，是解放生产力，发展生产力，消灭剥削，消除两极分化，最终达到共同富裕”。凡是有利于实现这一点的手段，我们都可以使用。这是邓小平同志彻底的唯物主义思想的集中表现。

第三，同一个正确处理社会主义与资本主义关系。对于社会主义与资本主义，我们不能单纯地从意识形态上去划分而把它完全对立起来。要看到两种不同的社会制度、两种不同的意识形态外，尚有共同的、一致的方面。社会化大生产，商品流通，货币交换，价值规律，科学技术，管理形式等方面存在着社会主义国家与资本主义国家的相同性。邓小平同志指出，“坚持马克思主义的辩证唯物主义和历史唯物主义，也就是坚持毛泽东同志说的实事求是”[③]。从这观点出发，“要弄清什么是资本主义。资本主义要比封建主义优越。有些东西并不能说是资本主义的。比如说，技术问题是科学，生产管理是科学，在任何社会，对任何国家都是有用的。我们学习先进的技术、先进的科学、先进的管理来为社会主义服务，而这些

① 《邓小平文选》第3卷，人民出版社1993年版，第63页。
② 《邓小平文选》第3卷，人民出版社1993年版，第63页。
③ 《邓小平文选》第3卷，人民出版社1993年版，第118页。

东西本身并没有阶级性”①。根据这一思想，我国改革开放过程中出现的一些措施、管理形式，如生产资料市场，金融市场，技术市场，劳务市场，发行的债券、股票，实行的承包制，租赁制，股份制，土地房产开发等，都是一种经济杠杆和管理形式。它是伴随着我国社会主义的社会化大生产和商品经济、市场经济的发展而必然出现的、带有中国特色的社会主义经济管理形式，而不是资本主义所独有的。同时，社会主义国家与资本主义国家还存在着互补性。当今世界是一个统一的大市场，藉“防范资本主义”而把自己孤立起来，封闭起来，这是愚蠢的，是历史的苦果。邓小平同志一贯认为，“中国的发展离不开世界”②。这既是历史经验，又是马克思主义基本原理。《共产党宣言》指出，“资产阶级，由于开拓了世界市场，使一切国家的生产和消费都成为世界性的了”。而“过去那种地方的和民族的自给自足和闭关自守状态，被各民族的各方面的互相往来和各方面的互相依赖所代替了”。所以，社会主义与资本主义在世界大市场中，存在着相互发展、相互合作、互补互利的和平交往关系。邓小平同志把马克思所说的各民族“互相依赖”发展为“拿来主义”，把资本主义社会所创造的一切文明、先进经验“拿来”为社会主义服务，把姓“资”变为姓“社”，以促进我国社会主义四个现代化的发展。这是具有新时期的开创性，是指导我国大步改革开放的思想原则。

三条标准，前两个三条是基础，后一个三条是它的丰富和发展。三个三条标准用一句话概括起来，就是邓小平同志讲的，“对实现四个现代化是有利还是有害，应当成为衡量一切工作的最根本的是非标准。”或者说，“是否有利于发展生产力，应当成为我们考虑一切问题的出发点和检验一切工作的根本标准”。说到底，生产力标准是最根本的标准，是“更加具有直接的决定意义”③。

① 《邓小平文选》第2卷，人民出版社1994年版，第351页。

② 邓小平：《建设有中国特色的社会主义》，人民出版社1984年版，第50页。

③ 《沿着有中国特色社会主义道路前进》，人民出版社1987年版，第60页。

三条标准的提出，指明了我国改革开放的方向，明辨了是非，有了前进的尺度，成为清除“左”的思想障碍，防止右的倾向的强大思想武器，和更大胆地进行改革开放的理论依据。同时也是我们总结我国社会主义时期历史经验，研究社会主义时期党史的理论依据。

李大钊首论“五四”运动[①]

李大钊不仅是“五四”运动的杰出领导者，又是倡导纪念“五四”运动的第一人。

李大钊所以首倡纪念“五四”运动，是基于他深刻认识到“五四”运动对历史发展的巨大推动作用。

“五四”运动，作为反帝反封建的爱国政治运动，是李大钊首先提出而后为毛泽东完整、科学地概括。虽说在“五四”运动后的4个月，安徽人蔡晓舟、杨量工两人出版了《五四》一书，叙述了这场运动的基本经过，初步阐述了它的影响。但是该书并未认识到马克思主义对“五四”运动所产生的巨大影响。陈独秀虽然也发表了《五四运动的精神是什么》一文，高度评价了“五四”运动，但那是在李大钊之后，即1920年“五四”运动一周年之时。1919年10月，即“五四”运动后的5个月，李大钊在《国民杂志周年纪念会上的演说》中，第一次较深刻地阐述了“五四”运动的性质与历史意义。他指出，“此次五四运动，系排斥‘亚细亚主义’，即排斥侵略主义”[②]，“反抗强权的运动”[③]，同时又“是中国全国学生膺惩中国卖国贼的纪念日”。是“对于帝国主义进行总攻击的纪念日”[④]。因此，他把“五四”运动与孙中山领导的辛亥革命相比喻，

---

① 原载于《党史博采》1989年第5期。

② 《李大钊选集》，人民出版社1959年版，第255页。

③ 《李大钊文集》（下），人民出版社1984年版，第214页。

④ 《李大钊选集》，人民出版社1959年版，第502页。

认为“双十与五四”，“在中国革命史上是有同一价值的纪念日”[①]。

“五四”运动不仅是中国历史发展中的产物，而且具有世界的意义，“实人类解放运动之一部分也”[②]。从此把以“五四”运动为开端的中国民主革命运动看成是世界无产阶级革命的组成部分。

“五四”运动的意义还有另外一层，即它是中国知识界、青年学生自觉的、大规模的、在一种新思想、新人物，即初步具有共产主义思想的知识分子指导下第一次“加入政治运动之纪念日”[③]。它和中国工人阶级第一次登上政治舞台，共同开创了新民主主义革命，是一个新的伟大时代的开端。

人类的解放，首先是思想的解放，继而才有革命的直接行动，以及整个上层建筑的改变和经济基础的变更。“五四”运动时期，民主主义思想与马克思主义思想同作为新思潮在中国广为传播，并成为“五四”时期思想解放的基本内容，而马克思主义则又是它的核心、先导。因此，它冲破了封建主义思想的束缚，挣脱了沉重的封建枷锁，成为巨大的思想解放运动。先进的中国人开始“用无产阶级的宇宙观作为观察国家命运的工具，重新考虑自己的问题。走俄国人的路”[④]。正是如此，李大钊才认识到，我们“一切解放的基础，都在精神解放”，“我们的解放第一声就是精神解放”。只有首先解放了束缚“各个人精神上自由活动的东西”，才能进一步使“黑暗”的“社会制度”“完全消失”[⑤]。这可以说是对“五四”运动历史的总结，首定为思想解放运动。正因如此，李大钊才极力号召广大青年学习、接受、宣传马克思主义，并以此作为行动的指导。勉励知识界、青年学生们“诸君本此进行，将来对于世界造福不浅”[⑥]。

---

① 《李大钊文集》（下），人民出版社 1984 年版，第 107 页。

② 《李大钊选集》，人民出版社 1959 年版，第 255 页。

③ 《李大钊文集》（下），人民出版社 1984 年版，第 656 页。

④ 《毛泽东选集》第 4 卷，人民出版社 1991 年版，第 1471 页。

⑤ 《李大钊选集》，人民出版社 1959 年版，第 309 页。

⑥ 《李大钊选集》，人民出版社 1959 年版，第 255 页。

对“五四”运动中的知识分子，青年学生，即李大钊当时所说的“知识阶级”的地位和作用，他给予科学的、恰当的评价，同时也寄予很大的希望。他指出，“知识阶级”在“五四”运动中起了“民众的先驱”作用。而这种“先驱”又不是孤立的，在工人阶级登上政治舞台后，劳动阶级就成为“知识阶级的后盾”。从历史的角度考察，一个革命运动的成功，无不是“先驱者”与“后盾者”的密切结合。因而“知识阶级的意义”，就在于“忠于民众、作民众运动的先驱者”①。这是李大钊从“五四”运动总结出来的、是有理论色彩的重要思想。后来毛泽东发展了这一思想，指出：“在中国民主革命运动中，知识分子是首先觉悟的成份”。“然而知识分子如果不和工农民众相结合，则将一事无成”②。

李大钊基于对“五四”运动的总结和对知识分子、青年学生在运动中的作用的认识，于1921年“五四”运动两周年时，首先倡议把“五四”作为“中国学生界的‘May Day’”，“当作一个纪念日”③，而赋予这个纪念日的历史使命是“把‘五四’运动的精神，牢牢记住，誓要恢复国家的主权，洗清民族的耻辱”④，并“把这种精神光大起来，以人类自由的精神扑灭一切强权，使正义人道，一天比一天昌明于全世界”⑤。

“五四”的精神是永存的，但随着历史的发展，又打上不同时代的烙印，各有其不同的含义与要求。所以李大钊提出，“我是盼望从今以后，每年在这一天举行纪念的时候，都加上些新意义”⑥。

“五四”运动至今已70年了。今年纪念“五四”运动要增加些什么“新意义”呢？当前我国的中心任务是治理经济环境，整顿经济秩序，推进祖国的和平统一。因此，青年们的主要任务是配合全

① 《李大钊选集》，人民出版社1959年版，第308页。
② 《毛泽东选集》第2卷，人民出版社1991年版，第559页。
③ 《李大钊选集》，人民出版社1959年版，第358页。
④ 《李大钊选集》，人民出版社1959年版，第502页。
⑤ 《李大钊文集》（下），人民出版社1984年版，第464页。
⑥ 《李大钊选集》，人民出版社1959年版，第358页。

党、全国人民深化改革，进一步创造一个安定团结的社会环境，以便把社会主义建设进行到底。纪念“五四”要本此精神，这就是爱国主义在当代的基本内容和“新意义”。

李大钊与冯玉祥[①]

中国共产党的创始人之一、伟大的共产主义先驱者李大钊，非常重视党的统一战线工作。他不仅在南方帮助孙中山改组了国民党，建立了国共合作，而且在北方也积极地争取、帮助冯玉祥，改造国民军。这对当时冯玉祥倾向革命，同情中国共产党，并与中国共产党合作，推动和发展北方革命运动，起了重要作用。

1924 年 10 月，冯玉祥发动了北京政变。中共北方区委分析、研究了当时的政治形势，认为这是发展北方革命运动的有利时机，遂确定了争取冯玉祥的方针。

李大钊根据党的决定，一方面到张家口亲自做冯玉祥及其部下高级军官的工作，并把一些同志派进国民军中去做中下层官兵的工作。因此，在国民军第二、三军中，都有不少共产党员担任副官、政工和其他职务；另一方面，向苏联驻华大使加拉罕、苏联顾问鲍罗廷建议，进一步援助冯玉祥的国民军，并经李大钊等人介绍，冯玉祥结识了加拉罕、鲍罗廷。李大钊、鲍罗廷等人与冯玉祥的多次接触、商谈，相互间越来越亲密，越谈越接近。据冯玉祥后来说："于是我的思想和许多政治方面的见解，也慢慢起了变化。"

在接受革命思想后，冯玉祥为了在北方推进革命运动，实现孙中山的联俄、联共、扶助农工三大政策，决定聘请苏联各种顾问和中国共产党人，以帮助、改造国民军。于是"从苏联请来三四十位

---

① 原载于《安徽师范大学学报》1982 年第 2 期，后收入《李大钊研究论文集》（下），河北人民出版社 1984 年版；中央统战部编《相遇贵相知》（第三集），辽宁教育出版社 1987 年版。

顾问，步骑炮工等各项专门人材皆备，分在我们训练班中任教”。冯玉祥在张家口所办的军事学校，多有苏联军事人员担任顾问、教官，其中有相当数量的中共党员参加工作，如著名的革命作家蒋光慈当时任俄语翻译。冯玉祥在接受了共产党人的帮助后逐渐改变了认识，加强了国共两党在北方的合作，为推动北方革命运动的发展，打下了良好的基础。

冯玉祥的国民军在李大钊派去的共产党员帮助下，有了不少的变化。对群众的革命活动常采取保护政策。如冯玉祥的大刀队，在北京经常以“维持秩序”为名，保护群众的集会、游行，以防止和对付段祺瑞北洋军阀政府军警的破坏和镇压。

北京政变后，我党利用当时的形势和与冯玉祥的关系，在李大钊领导下，设法从北京、天津、保定等地监狱中救出了“二七”惨案以来的工会负责人。1925 年，冯玉祥的国民军与奉军作战，中国共产党及李大钊从各方面支持了国民军，反对奉军。党组织铁路工人帮助运输，在天津附近组织武装配合战争，在农民中也组织群众援助军队。

1926 年，为反对日本等帝国主义在大沽口对中国的侵略和威胁，支持国民军对日本军舰的严惩，在李大钊、陈毅的领导、指挥下，于 3 月 14 日在北平举行了有 30 万人参加的反日大会。并决定 18 日在天安门前召开国民大会。会后，李大钊率领集会群众游行时遭到段祺瑞军阀政府的镇压，死 47 人，伤 200 余人，李大钊头部、双手负伤。这就是震惊中外的“三一八”惨案。鲁迅说这是“民国以来最黑暗的一天”。惨案发生后，段祺瑞竟颠倒黑白，胡说李大钊等“假借共产学会，啸聚群众，屡肇事端”，今又“率领暴徒数百人，手持枪棍，闯袭国务院，泼火油，抛炸弹，手抢木棍冲击军警，各军警因正当防御，致互有死伤”。妄图以此掩盖罪行。冯玉祥在张家口得知后，愤怒异常，马上命令部队解除了段祺瑞的卫队武装，并对他们镇压群众、制造流血惨案表示抗议。不久，奉系军阀张作霖进攻北平，国民军准备撤离。冯玉祥派一个旅长到李大钊住处，恳切地要求保护李大钊出北平，到他的部队里暂避一时。而李大钊为了革命工作，不计个人安危，不愿离开自己的战斗岗位。这位旅长只好很惋惜地走了。

1926 年春，冯玉祥赴苏联考察，途中会见了苏联顾问鲍罗廷，以及国民党中央重要成员顾孟余、陈友仁、徐季龙等人。经叙谈，并由徐先生介绍，加入国民党。为了进一步帮助冯玉祥认识革命，转向国民革命，李大钊便请于右任赴苏联做冯的工作。于右任是国民党中央委员中的左派，当时正被奉军张作霖通缉，潜居北平皇城根一座小寺院内，深居简出。对于李大钊之请，他欣然同意。但要求李大钊给他找一个合适的俄语翻译。当时的共产党员马文彦（现为民盟陕西省领导成员、西安市政协副主席）由李大钊派任为于右任的俄语翻译。于右任到达苏联后，于莫斯科郊外的一座别墅里会见了冯玉祥，于和冯就在冯的住处进行秘密商谈，经过会谈，冯接受了李大钊先生提出的意见。

在冯玉祥离开中国去莫斯科后，国民军在南口失利，形势紧迫危急。李大钊为挽救国民军，电告于右任，要于尽快催促冯玉祥回国，以收拾部队，撤往西北。由于形势紧迫，“李大钊三次来电”，“要我们催促冯尽快回去收拾局面”。

1926 年 8 月，冯玉祥由苏联回国，决计实现策应国民革命军北伐。9 月“五原誓师”，冯玉祥委任共产党员刘伯坚为国民军政治部副主任并主持工作。李大钊又派了石克宣、邓希贤（邓小平）、刘景桂（刘志丹）、陈延年、宣侠父、安子文等一批共产党员去做政治工作。后来，邓小平回忆说，“当时，焕章先生要求我们党派人到西北军。我们从莫斯科一起来了二十多人。刘伯坚同志也是那个时候来到了西北军，做政治部长。当时我们有三个人打前站，我是其中的一个，那时我才二十三岁。”冯玉祥及其领导的国民军在共产党人的帮助下变化很大。当时在国民军中《社会主义概论》、《共产主义 ABC》等马克思主义书籍均可公开传阅，许多青年朋友大唱《国际歌》。由于共产党人大力开展政治工作，宣传革命思想，使得国民军的政治素质大为提高。冯玉祥对此极为高兴，对共产党人极为钦佩，称赞他们有热心，有毅力，有才干，办事有精神，故工作有特殊成绩。周恩来后来曾说："五原誓师后，又加以政治训练，西北军遂成为当世之雄。"

"五原誓师"后，国民军究应由南口攻北平，抑应猛攻陕西后而出潼关，冯玉祥举棋不定。正在这时，李大钊派人送来密件，建议冯军出长安会师郑州。李大钊同志还派人送来了作战计划，是根据党中央对北方形势的分析而提出的正确方案。根据这个方案，国民军既可取得甘肃、宁夏、陕西、河南等省作为北进的巩固后方；又可联合阎锡山，孤立张作霖，打击吴佩孚；三可实现与北伐军胜利会师共谋北进。冯玉祥欣然采纳了李大钊的作战方案，确定了"固甘援陕，联晋图豫"的八字方针。这一方针的执行，对北伐战争的迅速发展起了积极作用。因此，李大钊的"密件"被冯玉祥视为永远纪念的珍品。

怎样实现"固甘援陕，联晋图豫"的方针呢？在当时，单靠冯玉祥是困难的。为此，李大钊开展了对阎锡山的统战工作。1926 年 10 月间，便托人向晋阎的驻京代表做工作，初步使阎锡山转变立场，表示决心与国民党合作，至时彼唯从党令动作，并致电李大钊同志，要求给他的太原军官学校派遣政治教官。但因冯玉祥的国民军在包头的活动危及晋军的防务，阎锡山大为不满。而此时奉系军阀张作霖也正尽一切力量，软硬兼施，拉拢阎锡山，强迫阎锡山与他一起合攻国民军。张作霖向阎锡山提出三条合作方案：一是将绥包一带之冯玉祥部驱除净尽；二是向甘陕进攻冯军；三是将京绥全线让之奉方。阎锡山在李大钊的影响下，不敢接受张作霖提出的"合攻冯军"方案，但也未全部拒绝。阎复电谓"一二两项均办不到，三则请雨帅自由施行，晋愿将京绥全线交给奉方"。此时不把阎锡山争取过来，难以图进。为此，李大钊再次会见阎锡山驻北京代表孔繁蔚，晓以大义，明其利害，并请他转告阎锡山，只有完全站在有利于国民革命方面，才有好的出路。李大钊指出："晋阎自第一次革命（即辛亥革命）即督山西，于今十五年矣。革命以来，历督一省而始终未遭更动以迄今日者，百川（即阎锡山）而外宁复几人？然百川之苦心孤诣，历尽事齐事楚之艰难，而不惜卑身屈节以保此位置者，岂仅为身家一己之尊荣乎？抑将守此以有待，而为吾国家民族革命之大事业乎？”李大钊直言不讳地说，“如使为一己，则吾于百川复有何言，如为民族革命之大事业者，则百川今日所处之境，真所谓千载一时之良机，不容或失者。现在革命军之势力已足控制长江，国民军亦且雄视西北，倘来岁春深反奉战起，百川果能率其十数万健儿加入我革命军方面作战，则榆关以内胡骑全清，易如反掌耳。”同时李大钊又为冯玉祥辩解，以解除冯阎矛盾，利于联合，指出：冯在包头知公为难，刻已旌麾西指赴平凉督战矣，幸勿介意也。

经李大钊的调停，冯阎矛盾已基本解决，从而瓦解了晋奉联合。于是冯玉祥才能安然从五原经磴口、平罗入宁夏，收平凉，进军援陕，集中力量打击吴佩孚的残余势力而解除了西安之围，国民军兵进至潼关。

当冯玉祥进驻西安时，各方代表纷纷来见。阎锡山派代表南桂馨亦来，冯玉祥优加款待，以答谢阎锡山在“联晋图豫”中的作用。

1927年5月，冯玉祥率国民军兵临潼关，惊闻李大钊惨遭军阀张作霖杀害。国民军广大官兵“悲愤万状”，冯玉祥“哭之甚哀”。他当即发出追悼李大钊电，深切哀悼李大钊的壮烈牺牲，愤怒声讨帝国主义及其走狗的罪行。指出，“此重大惨案，不是偶然发生的，乃是近年中国革命势力进展”，敌人日感末日已到的垂死报复。“完全是国际帝国主义和张作霖一同制造出来的”，“特别是日本帝国主义者是主谋的凶手”。冯玉祥在电文中高度评价了李大钊光辉一生的革命业绩，称他“为中国自五四运动以来新思想界的泰斗，对于共产主义素有研究，并为共产党发起人之一”，是“指导国民革命运动，最忠实最努力和最有力量之领袖”，“更是世界革命中的领袖”。因此，“李同志一死，北平革命工作，失了领袖，本军亦受极大的影响。”所以他的牺牲，系为中国一切被压迫民众利益而牺牲，因此，“一切被压迫民众，应深深的哀此伟大的革命导师”。

为了深痛哀悼李大钊，并通过哀悼活动掀起学习、继承李大钊未完成的革命事业，推进国民革命运动的发展，冯玉祥决定：一、国民军全体官兵于潼关总部开追悼大会，并令全军一律戴孝；二、电令各部队、各地方机关举行大规模的追悼活动；三、开展大规模的宣传活动，使全军和全国人民认识，“此种重大惨案，完全是国际帝国主义和张作霖一手制造出来的”，使全国人民都一起起来“打倒帝国主义的刽子手张作霖，打倒凶手主谋的日本帝国主义”；四、号召全军提高革命警惕，打破敌人借“共产党”三字杀害李大钊，以破坏国共合作，勾引吾党右派破坏革命的毒计。最后他号召全体国民军官兵要完成李大钊等二十位烈士的未完事业，实现他们未竟的志愿。

冯玉祥在国民军总部召开了隆重的追悼大会，并在潼关树碑纪念李大钊等烈士，碑文如下：

何故被绞兮为革命
何处被捕兮于苏联大使馆所在之北京
何物残忍诸同志于死地兮帝国主义的刽子手张作霖
何人主谋凶杀兮是帝国主义倡首为日与英
我方率大军东来兮师次潼关
凶耗惊传兮黄河流水为之呜咽
三军齐下泪兮万众号啕
为最大多数被压迫民族而痛哭兮非为同志等之寿夭
死我同志兮增我消灭敌人之决心
革命潮流终不被绞杀兮将更为之激荡而高涨与奔腾
人孰不死兮死有异同
二十位同志之死兮为全世工农
革命者肉体虽可死兮其精神永留于被压迫者心中

后死者之责任兮起来向贼猛攻
继续死者之志愿而奋斗兮达到革命成功。

冯玉祥
一六、五、九于潼关

冯玉祥和国民军官兵对李大钊的哀悼是发自内心的敬佩和对国民革命成功的期望。

邓小平对冯玉祥曾有正确的评论。他指出:“一九二七年蒋介石清党的时候,别人都在杀共产党,他对我们的态度还是比较温和的,礼送出境,焕章先生和我们是有因缘的。”

邓小平改革开放战略方针突破口的历史地位[①]

我国的改革开放，是一次根本性的变革。这个变革和任何变革一样，都具有自身的特点和与之相适应的战略方针。而突破口的选择，就是改革开放战略方针实施中最突出、最关键的一环，具有重要的历史意义和理论价值。

突破口的历史选择

现代中国所面临的主要问题是发展，即在经济文化都十分落后的国情中如何尽快摆脱贫穷，走上富裕、民主、文明的现代化发展的道路。20世纪50至60年代，毛泽东曾经想从人们在劳动中的相互关系方面打开解放生产力的途径，建立起来了以计划经济为核心的高度集中的经济体制。这个经济体制实施主“公”（即公有制经济）排“资”（即资本主义经济）、抑“商”（即商品经济）、反“市”（即市场经济）的方针。由于不认识我国尚处在社会主义初级阶段的现实，脱离国情和时代要求，因而使我国生产力发展缓慢，失误较多。同时又由于个人权威的无限强化，使这种经济体制与人们的思想观念三者又紧密结合起来而处于僵化状态。正如邓小平指出的，“从一九五七年下半年开始，我们就犯了‘左’的错误。总的来说，就是对外封闭，对内以阶级斗争为纲，忽视发展生产力，制定的政策超越了社会主义的初级阶段”[②]。因而“社会生产力发展

① 原载于《改革奋进中的安徽》，安徽人民出版社1992年版。

② 《邓小平文选》第3卷，人民出版社1993年版，第137页。

缓慢，人民的物质和文化生活条件得不到理想的改善，国家也无法摆脱贫穷落后状态。这个情况，迫使我们在一九七八年十二月召开的党的十一届三中全会上决定进行改革”[①]。改革是时代的要求，社会进步的需要。

改革开放，不是，也不允许否定和抛弃我们已经建立起来的社会主义制度，它是社会主义制度自我完善和发展。但“也不是对原有经济体制的细枝末节的修补，而是经济体制的根本性变革”[②]。“从根本上改革束缚生产力发展的经济体制，促进生产力的发展”[③]。“新时期最鲜明的特点是改革开放”[④]。

但是，长期以来，由于原经济模式的来源，封闭的历史环境，和与此相联系而造成的对社会主义的扭曲认识，变革原有的经济体制谈何容易！邓小平的伟大之处就在于找到了打破这一僵局、禁区的、行之有效的突破口，坚定、迅速、而又有序地推进了我国的改革开放。

其一，农村家庭联产承包责任制及其乡镇企业的异军突起，突破了长期束缚农村生产力发展的人民公社体制；突破了传统的、旧式的自给半自给的自然经济形态。农村经济体制、经济结构的变化、启动了社会主义商品经济、为市场经济的形成与发展奠定了基础、创造了条件。

中国历史的发展在很大程度上受制于农业经济和占全国人口80%的农业人口。邓小平对我国改革开放突破口的选择也是基于这一基本国情并早有考虑的。从20世纪50年代末建立起来的人民公社“带有浓厚的平均主义和军事共产主义色彩”[⑤] 的“一大二公”体制。因而阻碍了农村生产力的发展。三年经济困难时期安徽等农

① 《邓小平文选》第3卷，人民出版社1993年版，第143页。
② 《中国共产党第十四次全国代表大会文件汇编》，人民出版社1992年版，第4页。
③ 《邓小平文选》第3卷，人民出版社1993年版，第370页。
④ 《中国共产党第十四次代表大会文件汇编》，人民出版社1992年版，第4页。
⑤ 《中国共产党的七十年》，中共党史出版社2001年版，第366页。

村出现的“包产到户”给邓小平以很大的启示，他开始思考如何冲破人民公社经济体制问题。他认为，“在生产关系上不能完全采取一种固定不变的形式”，并进一步指出，“生产关系究竟以什么形式为最好”，恐怕要采取“哪种形式在哪个地方能够比较容易比较快地恢复和发展农业生产，就采取哪种形式，群众愿意采取哪种形式，就应该采取哪种形式”[①]。并力主“包产到户”“合法化”[②]，1975 年的“整顿”也是这一思考的结果。但是由于当时“左”倾观念的根深蒂固，并受到毛泽东的批评，这一历史选择因历史条件的不成熟而未能实现，我国国民经济始终在这一“左”倾思想指导下困扰着不能越雷池一步。

党的十一届三中全会的召开揭开了历史的新篇章。旧的体制改革的突破口在新的历史条件下得以完满地实现，并具有更深刻的新的内容和含义。邓小平在改革开放战略部署上首先选择了农村，把改变农村的经济体制作为第一个大的突破口，以带动城市的，以及整个的经济的文化的、政治的体制改革。自改革开放以来，邓小平在总结这段历史经验时曾十几次的指出中国的改革开放“首先从农村着手”[③]，“从农村开始”[④]，然后又把“农村改革的经验运用到城市，进行城市经济体制改革”[⑤]。邓小平把我国农民创造的家庭联产承包责任制加以论证、理论升华，并在新的时代、新的历史条件下把它作为我国改革开放的第一次的新突破，作为打开我国传统的、僵化的、束缚生产力发展的第一步，安徽小岗村起了带头作用。从此，我国农村中的农业家庭联产承包责任制再不是“休养生息”性质的临时谋生手段，而成为我国改革开放的伟大战略实施的突破口。

---

① 《邓小平文选》第 1 卷，人民出版社 1994 年版，第 323 页。
② 《邓小平文选》第 1 卷，人民出版社 1994 年版，第 324 页。
③ 《邓小平文选》第 3 卷，人民出版社 1993 年版，第 65 页。
④ 《邓小平文选》第 3 卷，人民出版社 1993 年版，第 255 页。
⑤ 《邓小平文选》第 3 卷，人民出版社 1993 年版，第 255 – 256 页。

农村家庭联产承包责任制的出现，有力地冲垮了人民公社体制，即单一的、高度集体化的经济体制，大大地解放了农村生产力，调动了农民生产的积极性。这一经济形式，不仅解决了我国农业经济发展问题，更重要的是为整个经济体制改革创造了改革的环境和改革的经验，树立了改革的信心和勇气。它证明改革“是扫除发展社会生产力的障碍”[①] 的主要途径。因此，农村经济体制改革“成功的经验鼓励了我们，增加了我们的信心”[②]，开始了由“农村改革的经验运用到城市，进行以城市为重点的全面经济体制改革”[③]的阶段。这就是突破口的选择和历史作用。对于这一历史经验江泽民总书记在党的“十四大”上给予了高度评价，指出，“废除人民公社，又不走土地私有化道路，而是实行家庭联产承包为主，统分结合、双层经营，解决了我国社会主义农村体制的重大问题”。“从而使农业生产摆脱长期停滞的困境，农村经济向着专业化、商品化、社会化迅速发展”，并“带动了整个改革和建设事业”，“为促进工业和整个经济的改革和发展，开辟了一条新路”。因而，“改革从农村开始，这是符合中国国情的战略决策”[④]。

与农村家庭联产承包责任制相伴而生的是乡镇企业的异军突起。对此邓小平也给予很高评价，又极力把这一新生事物推进到进一步解决农村以及整个经济体制改革的战略方针上。把它作为改变农村经济结构和运行机制，促进商品生产，有力地改变着“养猪为换钱、养鸡为换盐、养牛为耕地，耕地为吃饭”的自给自足的自然经济状态和以家庭副业为主要交换内容的农村集市贸易状态。这是我国农业社会化、现代化的前提条件，是我国农业与工业结合发展的方向。

家庭联产承包责任制和乡镇企业，邓小平、江泽民都把它看作

---

① 《邓小平文选》第3卷，人民出版社1993年版，第134页。
② 《邓小平文选》第3卷，人民出版社1993年版，第256页。
③ 《邓小平文选》第3卷，人民出版社1993年版，第239页。
④ 《中国共产党第十四次全国代表大会文件汇编》，人民出版社1992年版，第7页。

是中国农民的两个伟大的创造，把它作为整个经济体制改革的首要战略突破口。这个战略部署是正确的，符合改革开放历史发展的进程。

其二，建立经济特区，突破长期闭关自守状态，打开了国门，开始了国内经济与国际经济的接轨，推动了全国的改革开放。

对我国的社会主义经济及其发展，邓小平从另一个角度总结了历史经验教训，指出，“中国在历史上落后，就是因为闭关自守”。而新中国成立后由于种种原因，也走了相类似的道路。“三十几年的经验教训告诉我们，关起门来搞建设是不行的，发展不起来”①。因而他提出要实行对外开放，面向世界、走向世界，并把它作为“一项长期的基本国策”②。

如何实现、推进对外开放？邓小平适时的果断的提出了设置经济特区作为实现整个对外开放突破口的思想。1979 年 4 月他在中央工作会议上提出，可以划出一块地方，“名字叫经济特区”③，首先对外开放，树立榜样、创造经验，推动整个对外开放。1980 年 5 月中共中央、国务院正式下达文件，决定在深圳、珠海、汕头、厦门设置经济特区，1984 年又开放沿海 14 个城市，1985 年又开放长江三角洲、珠江三角洲、闽东南地区、环渤海湾地区及设置海南经济特区和后来的上海浦东经济区。从南到北形成了一个较为完整的沿海地区开放的格局，从而打破了封闭的局面。由经济特区而向内地延伸、扩大，有力地推动了全国的对外开放，促进了全国的社会主义经济发展。因此，江泽民总书记说，设置经济特区，是“对外开放的重大步骤”④，具有决定性的意义。历史已雄辩证明，“我国新时期对外开放的突破，是从沿海建立经济特区开始的”⑤。

---

① 《邓小平文选》第 3 卷，人民出版社 1993 年版，第 64 页。

② 《中共中央关于经济体制改革的决定》，人民出版社 1994 年版，第 34 页。

③ 《邓小平文选》第 3 卷，人民出版社 1993 年版，第 239 页。

④ 《中国共产党第十四次全国代表大会文件汇编》，人民出版社 1992 年版，第 8 页。

⑤ 《邓小平同志建设有中国特色社会主义理论学习纲要》，学习出版社 1995 年版，第 45 页。

邓小平为什么首先要选择经济特区作为对外开放的突破口呢？这是他在总结国际经济发展经验，并结合我国实际、人们心理状态而深思熟虑的结果。一是，我国经济发展不平衡，自然条件也各异，沿海地区无论从自然环境、海外关系等方面，都优于内陆，有条件首先实行对外开放；二是，打出重点，以利于有力地冲破"左"倾观念和传统的旧习惯势力的束缚。在历史上，由于长期受帝国主义的侵略、压迫而形成的心理状态，对于对外开放认识不足，思想准备不够。视对外开放为"引进资本主义"和"列强"。这种心理状态和认识是可以理解的。如果在特区中扭转了这种片面认识，不怕"特区"，进而也就不怕和不担心对外开放了。以此能积极引导人们正确认识姓"资"、姓"社"问题和善于处理社会主义与资本主义关系问题；三是，便于直接接受、引进外国的资金、技术和管理经验，更便于使各国了解、认识我国的对外开放政策、环境和条件。这就是邓小平常说的"窗口"作用。他指出，"特区是个窗口，是技术的窗口，管理的窗口，知识的窗口，也是对外政策的窗口"①。把经济特区视为整个对外开放的窗口，充分体现了它的突破口作用；四是，借鉴于各国的成功经验。考察一下各国工业发展的历史、可以看出不少国家都是借助于在自己的国土上划出一块地方实行有别于国内的特殊政策，用减免关税及其他优惠办法，吸引外资外商，促进国际贸易的发展，并且都收到了比较好的经济效果，是一个成功的经验。江泽民总书记对于经济特区的作用作出了完整的结论，他认为，"经济特区是对外开放的重大步骤"，是"崭新试验"，因此它"有力地推动了全国的改革开放和经济建设"②。邓小平也十分欣慰地指出，"现在我们可以放胆地说，我们建立的经济特区的决定不仅是正确的，而且是成功的"③。所谓"成功"、"步骤"、"试验"等，不完全是指特区本身，而更重要的是

---

① 《邓小平文选》第3卷，人民出版社1993年版，第51－52页。

② 《中国共产党第十四次全国代表大会文件汇编》，人民出版社1992年版，第8页。

③ 《邓小平文选》第3卷，人民出版社1993年版，第239页。

它的影响力、推动力，即突破口的历史地位。

其三，建立个体经济，突破了单一的公有制经济体制，为建立以公有制经济为主体、多种经济成分并存共同发展的社会主义经济体制奠定了基础；同时也动摇了计划经济体制的框架，启动了社会主义市场经济。

我国原有的经济模式是一个单一的、高度集中的公有制经济，它实行计划体制，排斥市场经济。因而整个经济运行机制缺乏活力，严重束缚着生产力的发展和人民群众生活水平的提高。这个在“左”倾思想指导下形成的经济模式又反转过来禁锢着人们的思想。邓小平在全面总结了我国的历史经验教训之后，一方面严厉批评了“穷者革命、富者变修”的“左”的思想观念，指出“贫穷不是社会主义”，而“社会主义要消灭贫穷。不发展生产力，不提高人民的生活水平，不能说是符合社会主义要求的”[①]；另一方面提出了“在经济政策上我认为允许一部分地区、一部分企业、一部分工人农民，由于辛勤努力成绩大而收入先多一些，生活先好起来”[②]。就是说，“农村、城市都要允许一部分人先富裕起来”。对于这样一个经济政策，邓小平把它看做是发展社会主义经济、实行改革开放的重要步骤。他指出，“各项工作都要有助于建设有中国特色的社会主义，都要以是否有助于人民的富裕幸福，是否有助于国家的兴旺发达，作为衡量做得对或不对的标准”[③]。这是一个“大政策”，能“产生极大的示范力量，影响左邻右舍，带动其他地区、其他单位的人们向他们学习”。因此它能使“整个国民经济不断地波浪式地向前发展，使全国各族人民都能比较快地富裕起来”[④]。

让一部分人先富裕起来经济政策的直接后果，是首先活跃起来的城乡个体经济。他们在这一经济政策鼓舞、保护下，冲破“左”

① 《邓小平文选》第3卷，人民出版社1993年版，第116页。
② 《邓小平文选》第3卷，人民出版社1993年版，第116页。
③ 《邓小平文选》第3卷，人民出版社1993年版，第23页。
④ 《邓小平文选》第2卷，人民出版社1994年版，第152页。

的和传统观念的束缚，不怕“割资本主义尾巴”，带有某种冲锋在前的劲头，很快形成了一支壮观的经济大军。当时尽管“被一些西方观察家视为资本主义再生的象征”[①]（实属政治偏见），但党和政府不为所动，人民群众也都从“左”倾观念中逐渐解放出来，个体经济已经成为经济发展、人民生活中不可轻视的、最活跃的经济成分之一。

由于个体经济和民营经济的崛起，有力地促进了城乡商品经济的发展，开拓了一条富国利民的渠道和群众谋生的新路；有力地促进了经济竞争和市场经济的启动，在一定程度上打破了计划经济体制的框架和分配制度；改变了人们的职业观念。个体经济（包括私营经济）在一定程度上已改变了它在私有制社会条件下的原有形态，正式组成了我国社会主义初级阶段以公有制为主体、多种经济成分并存共同发展的社会主义经济体制。它与农村的家庭联产承包责任制并立，在一定范围内打破了以往无法突破的单一的计划经济体制，为我国最后形成社会主义市场经济起了先河作用，和增强了社会主义国家综合国力的作用。

突破口的基本特征和历史意义

在历史上，任何一次革命战略的部署都必须选择一个突破口，即实现战略目标的策略方针。通过这一突破口以带动全局。邓小平选择的我国改革开放的突破口与以往的军事、政治上的突破口，在理论上与策略方针的运用上，有相同的一面，也有不同地方，具有其时代的特点和特征，显示出新的内涵和意义。

其一，突破口的选择是以社会主义根本任务是“发展社会生产力”这一原理为出发点和归宿的。

① 莫里斯·迈斯纳：《毛泽东的中国及后毛泽东的中国》，四川人民出版社 1989 年版，第 581 页。

什么是社会主义，怎样建设社会主义，这是邓小平领导我国的“第二个革命”中的核心问题，也是历史经验教训最集中的问题。他认为，“社会主义的任务很多，但根本一条就是发展生产力”[①]；而“坚持社会主义制度”，“最根本的”也是“发展社会生产力”；判断是非标准，也“应该主要看是否有利于发展社会主义社会的生产力”[②]。邓小平鲜明地、科学地阐明了社会发展与坚持社会主义制度，坚持社会主义制度与判断是非之间的关系，并把三者统一在发展社会主义生产力方面。这是选择改革开放突破口的重要依据。其实质是把突破口放在有利于发展社会生产力，有利于增强社会主义国家综合国力，有利于提高人民生活水平这一历史唯物主义基本原理上，使国家利益与人民利益，长远利益与眼前利益有机地结合起来。因而也就得到了广大人民群众的支持与拥护，并形成了共识，推动了整个改革开放事业的迅速发展。

其二，这一突破口，是我国社会主义历史发展进程中难度最大、政治敏感性最强、受难最深的部位和环节。

自20世纪50年代中期后建立起来的单一公有制经济和计划经济体制，虽说在当时起了一定的积极作用，但随着经济的发展和经济联系的逐渐扩大，它已显示出严重束缚社会生产力发展的局限性，而这一局限性又随着政治运动的开展而不断强化，并被误认为是社会主义本质特征的体现。突破口不仅突破了传统的社会主义理论观念，也突破了在这一理论指导下设置的种种防线。“防线”就是分界线。谁越过了这道防线，谁就是“大逆不道”，就是“代表富农、资产阶级利益”，是“资本主义复辟”，就是“反革命修正主义”。因而就必须“打倒”、“批判”。从1959年庐山会议起，这道防线越筑越长。党内外不少有识之士因触动这道防线而被打成“右倾机会主义分子”和“修正主义分子”而惨遭不幸。邓小平也因此

---

① 《邓小平文选》第3卷，人民出版社1993年版，第149页。

② 《邓小平文选》第3卷，人民出版社1993年版，第372页。

“三起三落”。但他不顾个人安危，以对中华民族、对社会主义历史命运的忠诚和高度负责的大无畏精神，摆脱了那些并不属于社会主义本质的形式、手段、方法当作社会主义来固守，而又把那些并不损害社会主义本质的形式、手段、方法当作资本主义来固拒的传统观念，大胆放手地去吸收和借鉴，大胆地去吸纳人民群众所创造的有利于发展社会生产力的经济形式；大胆地去吸收、借鉴人类社会创造的一切文明成果，包括当今世界资本主义发达国家所反映的现代社会生产规律的先进经验、管理形式、方法和科学技术，为我所用，加快社会主义现代化事业的发展。“这是我国经济体制改革在实践和理论上的重大突破”①。

其三，突破口的选择是邓小平对历史经验反思的结果。

毛泽东在 20 世纪 50 年代中期以后曾试图寻找发展社会主义经济的新路子。著名的《论十大关系》就是这一设想的方案。其主观愿望在于突破原苏联的经济模式，建设中国式的社会主义。但他未能找到真正突破这一模式的突破口，相反地却选择了人民公社、大跃进，最后又发动了“文化大革命”而步入错误道路。从而使计划经济、单一公有制的经济体制更加强化。邓小平在《改革是中国发展生产力的必由之路》一文中深刻、全面地总结了建国以来的历史教训，指出，教训很多，但集中到一点，就是“我们在一个长时期里忽视了发展社会主义社会的生产力”②。而造成了贫困、落后。在世界新形势下，“这才迫使我们重新考虑问题”③，“使我们真正睡不着觉的，恐怕长期是这个问题”④。这样才深刻地懂得了“贫穷不是社会主义，发展太慢也不是社会主义”⑤；“社会主义的第一个任务

① 《邓小平同志建设有中国特色社会主义理论学习纲要》，人民出版社 1995 年版，第 49 页。

② 《邓小平文选》第 3 卷，人民出版社 1993 年版，第 137 页。

③ 《邓小平文选》第 3 卷，人民出版社 1993 年版，第 224 页。

④ 《邓小平文选》第 3 卷，人民出版社 1993 年版，第 355 页。

⑤ 《邓小平文选》第 3 卷，人民出版社 1993 年版，第 255 页。

是要发展社会生产力”[1]；而“要发展生产力，经济体制改革是必由之路”[2]。

其四，突破口是农村、城市三连环相互作用，密切配合，共同冲击着原有的经济体制，使这一新生事物不断发挥着改革旧经济体制的作用。

我国改革开放的突破口的重要特点是它不是单一的、孤立的，而是城乡结合、连环作用。在家庭联产承包责任制、经济特区、个体经济形式三者相互作用下，共同突破了计划经济体制、单一公有制经济体制。这种三连环作用在我国改革开放初期是一种独特的现象，起着“围城破寨”的作用。没有这种三连环的突破作用，就没有今天的改革开放新形势；就没有社会主义市场经济的形成；就没有以公有制为主体，多种经济成分共同发展的局面。单靠农村的家庭联产承包制是难以推动整个国家的改革开放的。

其五，突破口是整个改革开放的大试验、大演习。

突破口是马克思主义战略方针中的重要策略，而在我国的改革开放新的历史条件下，却起到了战略决策的作用，它具体体现在三大功能上。即打破旧经济体制的关键部位，以利于全面扩展；摸索经验，寻找改革开放的有效途径和形式；树立榜样，规范方向，建立改革开放的新态势。通过突破口实施改革开放的大演习、大试验，这是邓小平一贯坚持的原则和策略方针。在改革开放中允许试验，一切要经过试验。允许失败，错了就改。历史证明，这一试验、演习是成功的，它创造了经验，培养了人才，形成了新观念，摸索出了一套解放生产力、发展生产力，建立新的社会主义经济体制的途径和形式。我国的改革开放的全面展开，建设有中国特色社会主义道路的开辟、理论的形成大都始于这一演习、试验的基础上。

---

① 《邓小平文选》第3卷，人民出版社1993年版，第227页。

② 《邓小平文选》第3卷，人民出版社1993年版，第138页。

从 1978 年党的十一届三中全会开始至 1982 年党的十二大召开的 5 年间，是邓小平改革开放突破口的形成时期。这是一个十分重要的实践阶段。它不仅具有战略突破口的作用，而且更具有开创性作用，是突破性与开创性相结合、统一的历史阶段。其集中点就是邓小平在党的十二大上指出的，“把马克思主义的普遍真理同我国的具体实际结合起来，走自己的道路，建设有中国特色的社会主义，这就是我们总结长期历史经验得出的基本结论”①。从党的十二大至党的十四大，是在突破口的基础上扩展改革开放时期。党的十四大至十五大是进一步深化改革开放，社会主义市场经济开始形成，国有企业股份制改革开始实践，再次把突破口的作用发展到更加辉煌的历史阶段。

总之，突破口的选择，是立足于我国社会主义初级阶段的理论指导。从实际出发，实事求是，解放思想，而最大的实际就是我国现在还处在社会主义初级阶段。这是我们事业成功与失败的根本关键。突破口的选择，就是立足于这一认识，克服了超越社会主义初级阶段的错误观念和政策，采取了从实际出发发展社会生产力的战略措施；突破口的选择，是认识社会主义，建设社会主义的新阶段、新开端，即建设有中国特色社会主义邓小平理论的伟大开端。邓小平理论中的根本问题是抓住“什么是社会主义，怎么建设社会主义”。这就“深刻地揭示了社会主义的本质，把社会主义的认识提高到新的科学水平”②。以突破口为起点，我国社会状况从“以阶级斗争为纲到以经济建设为中心；从封闭半封闭到改革开放，从计划经济到社会主义市场经济”③；这种历史转变就是在这个起点上开始的。所以，突破口不仅是对旧经济体制的突破，也是对旧观念形

① 《邓小平文选》第 3 卷，人民出版社 1993 年版，第 3 页。

② 江泽民：《高举邓小平理论伟大旗帜，把建设有中国特色社会主义事业全面推向二十一世纪》，《人民日报》1997 年 9 月 22 日。

③ 江泽民：《高举邓小平理论伟大旗帜，把建设有中国特色社会主义事业全面推向二十一世纪》，《人民日报》1997 年 9 月 22 日。

态的突破，是解放思想，实事求是，坚持、发展马列主义、毛泽东思想，形成邓小平理论的新的历史飞跃阶段。因此，突破口的战略地位、理论价值和实践意义是深远的。

孙中山国家统一观述略[①]

国家统一是孙中山思想中的重要组成部分，也是他一贯追求的政治理念。尤其是晚年，他把国家的统一与国共合作、振兴中华视为一体，在共产党人的帮助下，为实现国家的统一而贡献出了一切。如今思之，使人肃然起敬。他留下的国家统一思想，将永远为国人所继承。

一

国家统一，其核心是领土、主权之统一。而前提是国家要从西方列强所宰割下的半殖民地半封建社会求得彻底解放，实现国家、民族的独立。在这一基础上，以求实现国家内政的统一，建立起以人民为主体的国家体制。这是孙中山国家统一思想的主要内容。

孙中山在其革命征途中，尤其是在接受中国共产党帮助，建立国共合作后，始终把国家的统一置于首要地位。他明确指出，中国要统一，首要任务是反对帝国主义，取消一切不平等条约，取消治外法权，收回关税。“要民生问题能够解决得通，便要从政治上着手。打破一切不平等条约，收回外人管理的海关”[②]。与此同时更要反对外国干涉中国内政，尤其是在国家统一问题上，“对外要打破列强的干涉，完全由中国国民自主”[③]。他号召全国人民行动起来，

---

① 原载于《纪念辛亥革命90周年学术研讨会论文集》（武汉），会议组委会编印，2001年。

② 《孙中山选集》，人民出版社1956年版，第876、968、941页。

③ 《孙中山选集》，人民出版社1956年版，第876、968、941页。

“努力推翻帝国主义之干涉中国”而斗争①。在为实现国家统一的斗争中，孙中山有力地揭露了帝国主义的各种阴谋。民国初年，帝国主义者极力反对孙中山为首的南京临时政府统一中国，他们提出“南北分治”，甚至以此作为承认南京政府的外交关系的先决条件。说什么“假如你们与北方协议把国家划分为二，每边分别建立一个政府，你们也将被承认”。对此，孙中山严加痛斥，明确告诉这些列强，“不！那不行。我国人民的情绪是一致的”②。1924 年，国共合作建立后，国内革命形势迅猛发展，国家统一在即。在这一大好形势下，帝国主义者们又出来阻挠中国统一的进程，施展各种阴谋诡计。孙中山再次分别给予揭露，尤其是揭露美国干涉中国统一的阴谋。他指出：美国打着“不干涉内政其名，外交团控制中国如一殖民地，则实事也”③。为避免外人干涉，孙中山提出了较为完整的国家统一内涵。早在 1912 年孙中山在就职宣言中就提出了国家统一的基本内容，指出，国家统一则主要为民族统一、领土统一、军政统一、内治统一、财政统一④。“五统一”是孙中山早期国家统一思想的主要内容。随着革命形势的发展，特别是国共合作后，他接受了中国共产党的最低革命纲领，即消除内乱，打倒军阀，建设国内和平；推翻国际帝国主义的压迫，达到中华民族完全独立⑤。重新解释了三民主义，从而丰富、发展了“五统一”的内容，使其更加充实、科学。“五统一”是以主权、领土为其统一的核心，五个方面互为条件，互相促进，从而形成一个比较完整的国家统一体系。

为实现国家的统一，孙中山极力反对任何阻挠、破坏、分裂国家统一的图谋和方案。尤其是对当时甚嚣尘上的什么“立宪派”、

---

① 《孙中山选集》，人民出版社 1956 年版，第 876、968、941 页。

② 张玉法译：《麦高万访问孙逸仙临时大总统纪》，见（台北）中华民国史料研究中心编：《研究中山先生的史料与史学》初版，第 360 页。

③ 上海《民国日报》1924 年 1 月 13 日。

④ 《孙中山选集》，人民出版社 1956 年版，第 83 页。

⑤ 《中共党史教学参考资料》（一），人民出版社 1979 年版，第 15 页。

“联省自治派”、“和平会议派”、“商人政府派”等主张进行了揭露和批判，严正指出，这些错误主张方案，其目的在于“分裂中国”[①]。他们没有一个是为国家、民族、人民利益着想的，都是为了“各占一省、自谋利益”、“称霸”、“要做皇帝”[②]。其后果必然是为“军阀所赖以生存之帝国主义”利益[③]。对于这些分裂国家，阻挠国家统一的种种图谋，孙中山是绝对不能使其得逞的。

为了实现国家的统一，宣传国家统一观念，增强人们对统一的信念，孙中山又从历史上论证了中国几千年来始终是一个统一的国家，统一是中国的历史主流，统一则治、则安、则强；分裂则乱、则贫、则弱的思想。他指出，中国的历史，无论是秦皇汉武时代，还是唐宗宋祖时期，抑或是明清之际，都是统一的，“中国各省也没有不统一的”，“在历史上向来都是统一的，不是分裂的”。“中国眼前一时不能统一，是暂时的乱象”。而这种由分裂造成的“乱象”，是中国“不能富强的”主要原因[④]。孙中山进一步指出中国历史发展的轨迹：“统一之时就是治，不统一之时就是乱”[⑤]。这是科学的结论。

中国历史发展的规律是这样，世界历史发展的规律也是这样。孙中山以西方发达国家为例，深入分析、论证了统一则治、则安、则富、则强，分裂则乱、则贫、则弱的历史逻辑真理。他说，“美国是世界上顶富的国家”，但美国的富强“不是由于各邦之独立自治，而是由于各邦统一的结果，不是各邦分裂的结果”[⑥]。德国的历史也是这样。德国是“世界上顶强的国家”，但它不是由分裂造成，而是由统一造成的。在德国历史上有二十几个小邦各自为政，“人民更是穷苦不堪”。后来他们运用“聪明才力和政治手腕”联合起

① 《孙中山选集》，人民出版社 1956 年版，第 523 页。
② 《孙中山选集》，人民出版社 1956 年版，第 887 页。
③ 《孙中山选集》，人民出版社 1956 年版，第 880 页。
④ 《孙中山选集》，人民出版社 1956 年版，第 712 页。
⑤ 《孙中山选集》，人民出版社 1956 年版，第 712 页。
⑥ 《孙中山选集》，人民出版社 1956 年版，第 712 页。

来，“成立一个统一国家”，“才有后来的大富强”[①]。所以从中国和世界的历史发展规律看，国家统一是历史的主流，是国家富强，人民富有的基础。因此，孙中山一方面呼吁人民赶快行动起来完成国家的统一，“中国便要步欧美的后尘”而富强起来，不仅可以赶上欧美，而且还有可能“驾乎欧美之上”[②]；另一方面他又无情地痛斥阴谋分裂国家的人，指出，“中国原来既是统一的，便不应该把各省再来分开。”“我们推翻清朝，承继清朝的领土，才有今日的共和国，为什么要把向来统一的国家，再来分裂呢”[③]。凡主张分裂国家的人都是一群“小人”，“凡提倡分裂中国的人，一定是野心家”[④]，应群起而攻之。

自辛亥革命失败后，在西方列强或明或暗的支持下，国内军阀纷争各据一方，国家处于混乱、混战、腐败、贫穷积弱、民不聊生的黑暗时代。广大人民群众极欲摆脱这种国家、民族分裂状况，以求独立富强。当时摆在中国人民面前的有两种根本不同的国家统一观。一是由帝国主义者支持、扶持的军阀、政客们的“武力统一”与“和平统一”。军阀混战是这“武力统一”的主要形式；而“联省自治”、“和平会议”等则又是他们的“和平统一”的重要图谋。不管哪种“模式”，其目的在于维持封建军阀和帝国主义者在中国的利益，打击、消灭中国的革命派，阻挠中国实现真实统一；二是由革命派，尤其是中国共产党联合孙中山形成的国共合作派所主张的武装革命，即国民革命方式和提出的召开国民会议的和平谈判方式。两种国家统一观的斗争，是中国20世纪20年代政治舞台上的主要表现。孙中山的国家统一观也在这一斗争中，接受中国共产党的政治纲领而达到新的水平。

孙中山依据国内形势的发展变化提出的国民革命军北伐——武

① 《孙中山选集》，人民出版社1956年版，第717－718页。
② 《孙中山选集》，人民出版社1956年版，第723页。
③ 《孙中山选集》，人民出版社1956年版，第712页。
④ 《孙中山选集》，人民出版社1956年版，第713页。

装革命统一中国，和召开国民会议，和平统一中国的政治主张，是他国家统一观思想发展的新进展、新高度。他指出，“政府一面用兵力，以扫除国内之障碍，一面宣传主义，以开化全国之人心，而促进国家之统一”①。两种方式、途径，依具体情况，或革命武力，或和平谈判统一中国。在武装革命斗争中争取和平方式的配合作用；在和平方式进行中也不放弃武力，并使武力为和平方式的后盾，促进和平谈判方式的进行。无论哪种方式，其目的在于消除封建军阀割据，废除帝国主义在中国的势力范围，取消一切不平等条约，实现国家完全独立、解放、统一。

综观孙中山的国家统一思想，其特点是与时俱进，和鲜明的爱祖国、爱人民特征。晚年，在中国共产党帮助下，于时机来临时，力主“和平统一”国家。他说，“兄弟向来是主张和平统一的人”②。当冯玉祥北京政变后，邀请孙中山北上，协商统一国家大事时，他毅然“单骑到北京”，“以极诚恳的意思，去同全国人民谋和平统一”③。显示了他无限忠于人民的胆略。他要用召开国民会议形式实现国家的和平统一，坚决拒绝段祺瑞等人的所谓“善后会议”以谋吞并南方革命政府，维持军阀统治的阴谋。他认为，以南方的革命军为后盾，以人民群众为基础，在北方召开国民会议，是当前实现国家统一的大好时机。这一形式，可以“断绝两个祸根”，即“一个是军阀，一个是帝国主义”④。由于国民会议与军阀、帝国主义势力的“利益相冲突”，“可以料得我很有危险”。但“我为救全国同胞，求和平统一，开国民会议，去冒这种危险”⑤。他认定和平统一的实现，“全国人民便可以享共和的幸福”，是“全国人民子子孙孙万世的幸福”⑥。由于军阀、帝国主义的干扰、破坏，国民会议未能

① 《孙中山选集》，人民出版社 1956 年版，第 569 页。
② 《孙中山选集》，人民出版社 1956 年版，第 884 页。
③ 《孙中山选集》，人民出版社 1956 年版，第 884 页。
④ 《孙中山选集》，人民出版社 1956 年版，第 894 页。
⑤ 《孙中山选集》，人民出版社 1956 年版，第 894 页。
⑥ 《孙中山选集》，人民出版社 1956 年版，第 894 页。

开成，孙中山也为此贡献了他的一切。但他的国家统一思想，他所追求的国家统一目标始终是中国人民所终身记取而为之奋斗的。

二

孙中山经过五四运动、二七工人罢工，国共两党的合作等事件的影响，逐渐树立起了依靠工农群众的思想。在这一思想指导下，在国家统一问题上，也逐渐形成了三个依靠思想。第一，依靠广大人民群众的大力支持；第二，依靠中国共产党的真诚帮助与合作；第三，依靠中华民族形成的统一文化观念。这是国家统一的有力保证和深厚坚实的基础。

人民是国家的主人，也是国家统一的基本力量。孙中山多次指出，“中华民国之建设，必当以人民为基础”①。他认定，“人为邦本，故建设必自人民始”②。这一人本主义思想是符合历史唯物主义的。

基于这一思想，他坚信国家的统一，虽历经艰险，困难重重，外有帝国主义干扰，内有封建军阀的阻碍，但它“修不敌国民之觉悟”③，只要坚决依靠人民群众的支持，无论是通过“北伐战争”统一国家，还是通过和平谈判统一国家，都可最终实现。在武力统一方面，他提出，“第一步使武力与国民相结合，第二步使武力为国民之武力”。只有这样，国家统一“必于此时乃能告厥成功”④。在和平统一方面，“本党若能得国民之援助，则中国独立自由统一诸目的，必能依于奋斗而完全达到”。因此，他振臂高呼，“凡我国民，盍兴乎来”⑤。以此观念，他敢于孤胆北上去争取实现和平统

---

① 张启录：《孙中山社会科学思想研究》，安徽人民出版社 1985 年版，第 60 页。

② 胡汉民编：《总理全集》第 2 集，上海民智书局 1918 年版，第 165 页。

③ 《孙中山选集》，人民出版社 1956 年版，第 882 页。

④ 《孙中山选集》，人民出版社 1956 年版，第 882 页。

⑤ 《孙中山选集》，人民出版社 1956 年版，第 883 页。

一。他在力争和平统一的行程中一再告诫全国人民和各党派、各阶层，实现和平统一，“就全靠我们国民。我们国民要想和平统一，便应该万众一心，全国各团体都派代表加入国民会议”[①]。由于他力争和平统一的真诚、正义，符合广大人民群众和整个国家民族的最大利益，他坚信全国人民一定能“做我的后盾”[②]，使他终身记取了“积四十年之经验，深知欲达到此目的，必须唤起民众”[③] 的历史经验。

按照历史逻辑，依靠人民群众，就必然要依靠中国共产党，巩固国共合作，共同推进国家的统一大业。中国共产党是工人阶级的先锋队，她代表最广大人民群众的根本利益，是先进生产力的代表者、推动者，也是我国先进文化的代表者。因此，孙中山依据他的历史经验，认识到要实现国家统一、振兴中华，必须依靠中国共产党，必须和中国共产党亲密合作，只有这样才能真正实现国家的统一和民族的富强。

由于国共合作，使孙中山重新振作起来，使国民党重新发展起来。孙中山在共产党的帮助下，完成了他对国家统一的新认识，并使他的统一纲领得到充实和发展。中国共产党帮助孙中山建立了革命武装，动员了广大工农群众支援国民革命运动。当 1924 年冯玉祥发动北京政变后，邀请孙中山北上共商国家统一大事时，又是中国共产党帮助孙中山分析形势，制定策略。一方面使孙中山接受十二年前（1912 年）曾应袁世凯之邀北上掉入圈套的历史教训；一方面帮助、支持孙中山接受 1923 年中国共产党提出的召开国民会议政治主张，作为此次北上，和平统一中国的主要斗争形式。为支持孙中山北上，中国共产党发表了《中共中央第四次对于时局的主张》（1924 年 11 月），一方面揭露军阀、帝国主义分裂中国的阴谋、一方面号召全国人民响应、支持孙中山提出的召开国民会议和平统一

① 《孙中山选集》，人民出版社 1956 年版，第 886 页。
② 《孙中山选集》，人民出版社 1956 年版，第 894 页。
③ 《孙中山选集》，人民出版社 1956 年版，第 921 页。

中国的政治主张。指出，“只有这样国民会议才可望解决中国政治问题”①。孙中山在中国共产党的帮助下，毅然北上，并发表《北上宣言》，揭露曹锟、吴佩孚、段祺瑞等人的“善后会议”阴谋，主张召开国民会议，结束军阀统治，解决中国的统一问题。他指出，“我们这次来解决中国问题，在国民会议席上，第一点就要打破军阀，第二点就要打破援助军阀的帝国主义。打破这两个东西，中国才可以和平统一，才可以长治久安”②。这是孙中山在统一中国问题上使用的最明确、最概括的语言。由于中国共产党的真诚帮助，使他深深懂得并得出结论：“共产主义是三民主义的好朋友”③。这个观点，符合邓小平提出的“一国两制”思想，具有深远的历史意义和现实意义。

中华文化是中华民族的灵魂，也是民族凝聚力、国家统一的精神纽带。这是几千年形成的、牢不破的观念，任何力量也改变不了的观念形态。孙中山的三民主义思想包涵了中华文化的精品，也就是构成了孙中山统一国家的思想基础。他认为中华民族是一个整体，是五千年历史相互融合的结晶。他说，“国家之本在于人民。合汉、满、蒙、回、藏诸地为一国，如合汉、满、蒙、回、藏诸族为一人，是曰民族之统一”④。所以中华民族包涵了中国境内的56个民族为一体的大民族，是一个完整、统一的中华民族。孙中山对中华民族的正确认识，是他形成正确的国家统一观的思想基础。

中国国家之统一，在于整个中华民族所固有的巨大凝聚力。孙中山认为，这种凝聚力集中地体现在五个方面：①血统、②生活、③语言文字、④宗教、⑤风俗习惯。他指出，“这五种力是天然进化而成的，不是用武力征服得的”。因为“同一血统，同一语言文

① 《孙中山选集》，人民出版社1956年版，第921页。
② 《孙中山选集》，人民出版社1956年版，第891页。
③ 《孙中山选集》，人民出版社1956年版，第977页。
④ 《孙中山选集》，人民出版社1956年版，第83页。

字，同一宗教，同一风俗习惯，完全是一个民族”，即中华民族。[①] 这五种力既是民族形成的基本因素，也是国家民族统一的基本因素——“一个中国原则”的根基。

与国家民族观念相连的是家族观念。家族是民族的细胞，而宗教信仰又是与家族、民族并蒂而生的精神支柱。家庭观念是构成国家民族统一的重要因素，宗教信仰则是这一凝聚力的外在因素。孙中山指出，“中国有很坚固的家族和宗教团体，中国人对于家族和宗教的观念是很深的”[②]。与家族观念同生的还有家乡观念，它是家族观念的派生物。家乡观念就是建筑在家族观念之上的亲情心理在地域上的反映。这也是一种巨大无形的观念形态，是一个巨大的凝聚力。孙中山指出，“中国人的家乡观念，也是很深的”[③]。民族观念、家族观念、宗教观念、家乡观念，是中国五千年固有文化组成部分，是中国历史发展中由乱到治、由分裂到统一，和抵御强敌入侵，固守疆土的凝固剂。正由于这种牢不可破的观念，中国五千年的历史主流才始终是统一的。所以孙中山十分重视中华民族的这种文化观念，认为“若是把这两种好观念做基础，很可以把全国的人联合起来”[④]。

在家族家乡观念中，孙中山又十分重视姓氏、家谱的作用。他认为这是我们祖先几千年来形成的一种“牢不可破”的习惯传统。这种传统“在外国人看起来，或者以为没有用处，但是，敬宗亲族的观念，深入中国人的脑筋，有了几千年”，是一种“穷深极流”，可以起到“振起民族精神”[⑤] 的巨大作用。

中华民族文化观念是维系中国统一、历史发展的基本因素，是中华民族绵延五千年兴盛不衰的原动力。中华民族的语言文字、血

① 《孙中山选集》，人民出版社 1956 年版，第 593 页。
② 《孙中山选集》，人民出版社 1956 年版，第 644 页。
③ 《孙中山选集》，人民出版社 1956 年版，第 644 页。
④ 《孙中山选集》，人民出版社 1956 年版，第 644 页。
⑤ 《孙中山选集》，人民出版社 1956 年版，第 647 页。

缘宗亲、宗教习俗等就是这种原动力的基本要素。有人认为，“我们华夏文化的一个基本东西是文字，她是中华文化具有凝聚力的基础”，“是几千年来中华民族得以统一、团结的保证”[①]。这一认定是正确的。正如江泽民总书记所指出的，中华文化“始终是维系全体中国人的精神纽带，也是实现和平统一的一个重要基础”[②]。

从历史与现实角度考查孙中山的国家统一观思想，可以看出，他是典型的反映了中华民族统一观的集大成者，正如毛泽东所指出的，“他全心全意地为了改造中国”，为了实现国家的统一“而耗费了毕生的精力，真是鞠躬尽瘁，死而后已”[③]。而台湾岛内的一些政要，有着一身改不掉的黄皮肤，流着中华民族的血液，讲着中华民族的语言，用着中华民族的文字，冠着祖先留下的姓氏、名字，却不愿承认自己是中国人。这种数典忘祖的人却还打着孙中山曾经缔造过的“中华民国”旗号，干着分裂国家、民族的勾当，真不感到脸红而无地自容吗？在纪念辛亥革命90周年之际，他们能否扪心自问，反省一下呢？切盼！

① 吕正惠：《两岸文化交流与台湾统独意识》，《统一论坛》1993年第3期。

② 江泽民：《为促进祖国统一大业的完成而继续奋斗》，《人民日报》1995年1月30日。

③ 《毛泽东选集》第5卷，人民出版社1977年版，第311－312页。

第三编

政党制度与民主党派研究

略论我国政治制度中的多党派合作[①]

多党派合作是社会主义民主政治的基本形式之一

马克思主义者一贯认为，无产阶级在争取自身解放和建设社会主义的国家生活中，必须联合其他革命阶级、阶层和党派，建立起广泛的统一战线。在无产阶级夺取政权之后，“无产阶级决不应该把其他阶级和政党看做‘反动的一帮’，恰巧相反，它应该参加整个政治生活和社会生活”。[②] 一些社会主义国家实行的多党派合作，就是依据马克思主义这一基本原理建立起来的。

从目前状况看，无产阶级掌握政权的社会主义国家，由于种种历史、社会原因，其政治制度，大致可分为两种类型：一类是“一党制”，一类是“多党派合作制”。前者以苏联为代表，包括匈牙利、罗马尼亚、南斯拉夫、阿尔巴尼亚等国；后者以我国为代表，包括波兰、捷克斯洛伐克、民主德国、保加利亚等国。但是，不管是“一党制”或“多党派合作制”，都是社会主义政治制度的一种形式。特别是多党派合作制，是共产党领导下，以统一战线思想为基础，协调各阶级、阶层、社会集团利益和要求的社会主义民主政治的具体形式。

社会主义国家的“一党制”，是在特定历史条件下的产物，而

① 原载于《安徽省委党校学报》1987 年第 2 期。

② 《列宁选集》第 1 卷，人民出版社 1972 年版，第 197 页。

不是社会主义政治制度普遍规律的反映。苏联十月革命胜利后，列宁曾根据马克思主义的基本原理，试图联合其他政党使之参加苏维埃政权，共同建设社会主义。提出“随时都准备接纳左派社会革命党人参加政府”，甚至提出“同我们分掌政权”[①]。但由于其他原因，列宁的这一思想未曾得到很好的实现。一定的历史条件造成了苏联长期实行一党制，又没有协调各阶级、阶层利益的有效措施，致使斯大林的思想僵化，社会主义民主政治没有在苏联国家政治生活中得到充分发展，出现了权力高度集中，而独断专行、个人崇拜也随之发生，给苏联的党和国家政治生活造成了有害的后果。

波、捷、德、保等国的多党派合作制，也是在一定的社会历史条件下产生的，它具有马克思主义的普遍性和各自国家的民族传统性。

在这四国十一个民主党派中，以波兰统一农民党为最大，其成员有四十八万人，以捷克斯洛伐克自由党为最小，成员只有千人左右。他们的影响、作用虽各不相同，但它们的政治地位是平等的，并且都积极动员自己的成员和联系的群众，通过一定的形式、渠道与共产党、工人党合作，共同建设社会主义。

中国有八个民主党派，即中国民主同盟、中国国民党革命委员会、中国民主建国会、中国农工民主党、中国民主促进会、中国致公党、九三学社、中国台湾民主自治同盟。他们在国家政治、经济、文化等社会主义事业中参与程度最广泛，作用也较大，是中国共产党的诤友。

社会主义国家实行的多党派合作，是社会主义政治制度的基本特征之一，它的核心是社会主义民主在国家政治生活中的表现，是提高民主参与程度，完善社会主义制度，调节和加强监督机制的作用。因而它具有广泛的民主性，是社会主义国家中带有一定普遍性的政治制度。

---

① 《列宁选集》第3卷，人民出版社1972年版，第370、372页。

我国多党派合作的特点

我国实行的多党派合作的政治制度，是根据我国社会历史实际，按照我国国情确定的，与其他社会主义国家有着不完全相同的情况。按照社会主义国家多党派合作的一般经验，与相同的方面，即所有国家的民主党派都一致承认共产党、工人党的领导地位，是社会主义国家执政的政党；都把为社会主义事业服务作为民主党派的宗旨和基本任务；都在建设社会主义事业中与共产党采取一致的步骤。这是多党派合作国家的共性。但我国有我国的国情，中国的社会历史与东欧社会主义国家不尽相同，甚至差距很大。因而就决定了中国的民主党派的产生、发展和与共产党的关系上有着与这些国家不同的情况。

第一，社会基础和党派组织的不同。我国八个民主党派的社会基础，在民主革命时期，主要是民族资产阶级，小资产阶级和知识分子。生产资料私有制的社会主义改造基本完成以后，阶级关系发生根本变化，民主党派的社会基础也随之根本改变，即转变为社会主义劳动者。其成分不包括手工业者和农民阶级。农民也从来没有建立过自己的政党组织，它的利益和要求完全由中国共产党所代表并为之实现。同时我国的宗教界人士也从未组建过政党组织。

第二，合作的方法不同。我国在国家的立法、司法、行政、监察等机构中没有规定各党派成员的法定的比例，民主党派成员和中国共产党党员一样，以普通公民的身份参加人民代表大会的选举，参加国家事务的管理。并以此在客观上体现出民主党派的作用和多党派合作的关系。

东欧四国的民主党派基本上是以党派名义，并代表其成员的利益，要求参与国家事务的管理。如波兰统一农民党，一九八〇年议会选举中占有全部议席四百六十席位的一百一十三席，民主党占三十五席，议长为农民党成员，现任政府副总理为统一农民党主席罗曼·马利诺夫斯基。代表农民利益的民主党派在农村广泛开展工作，积极推行共产党关于农业的政策，改善农村劳动条件，反映农民的要求，促进农业生产的发展，因而它受到共产党的重视。这些国家的工农联盟，主要体现在共产党和代表农民利益的民主党派之间的合作上。这种合作通过固定的和不固定的形式表现出来。如东欧四国的共产党、工人党与民主党派建立起各级协商委员会，互派代表出席各党的代表大会，相互列席对方的中央全会和政治局会议，以听取民主党派的意见与要求。保加利亚共产党同农民联盟，近十几年来两党从中央到地方各级组织都是通过联席会议形式进行合作的。因此，不同的国情有着不同的多党派合作的情况。

基于上述差异，就决定了我国多党派合作的特点和民主党派在国家政治生活中的地位与作用。

第一，中国共产党与民主党派有着长期合作的历史，在民主革命时期，民主党派在中国共产党指导、帮助下成长、壮大，并与中国共产党一起共同反对帝国主义、封建主义、官僚资本主义，共同筹建政治协商会议，成立中华人民共和国。因此在社会主义时期实行的多党派合作，是中国历史发展的必然结果。“是我国具体历史条件和现实条件所决定的”①。所以“党派的存在与否，不取决于任何政党或个人的主观愿望，而是由客观的历史发展所决定的”②。这就决定了我国多党派合作的长期性和历史必然性。

第二，民主党派都是以政治协商会议总纲和宪法总纲作为自己党派行动准则的。因此在社会主义历史时期，其目标是共同的，行动是一致的。在当前又都以“加紧社会主义现代化建设，争取实现包括台湾在内的祖国统一，反对霸权主义、维护世界和平”③ 三大任务为主要任务。而各民主党派也在加强学习，“不断地以为社会主义服务

① 《新时期统一战线文献选编》，中共中央党校出版社1985年版，第84页。

② 《周恩来统一战线文选》，人民出版社1984年版，第347页。

③ 《邓小平文选》，人民出版社1989年版，第373页。

这个标准，把自己的成员锻炼成为忠实于社会主义事业的人"[1]。共同的目标，一致的行动，就决定了多党派合作的社会主义性质和广阔的前途。

第三，民主党派以政治联盟的组织与中国共产党合作。民主党派从产生的那一天起就不是一个单一的阶级政党，而是以民族资产阶级、小资产阶级、革命的知识分子和少量的共产党人参加的阶级联盟。进入社会主义后，随着阶级关系的变化，又转变成为社会主义劳动者，知识分子成为工人阶级的一部分。因此，民主党派"都已成为各自所联系的一部分社会主义劳动者和一部分拥护社会主义的爱国者的政治联盟"[2]。民主党派的政治联盟，是社会主义时期民主党派的重要特征。它能够广泛团结、联系爱国民主力量为社会主义的四个现代化服务，为对外开放，为和平统一祖国、推行"一国两制"服务。因而也就决定了多党派合作的广泛性，和社会主义与爱国主义的统一性。

第四，中国共产党和民主党派都拥有在宪法允许范围内的政治自由、组织独立和法律平等的权利。民主党派与共产党的关系是无产阶级政党与社会主义劳动者政党之间的团结合作的新型党派关系，并受到法律的保护。这就决定了多党派合作的牢固性和平等性。

第五，多党派合作是社会主义制度中共产党领导下的合作，各民主党派是在承认共产党领导的前提下服务于社会主义事业。民主党派与共产党的关系不是互相对立、相互反对和轮流执政，而是一起参加人民政府工作，共同管理国家的政治、经济、文化事务，团结协作、民主监督。在社会主义时期，民主党派及其所代表的社会主义劳动者同工人、农民一样是社会主义四个现代化建设事业的基本力量。民主党派既是共产党的同盟者，又是依靠力量。也就是说

① 《周恩来统一战线文选》，人民出版社 1984 年版，第 439 页。

② 《邓小平文选》，人民出版社 1989 年版，第 172 页。

多党派合作既是中国共产党在社会主义时期的战略方针，又是策略原则，二者在社会主义新时期是统一的。所以，多党派合作就是通过社会主义民主形式建立和扩大社会主义建设的基本队伍问题。这就决定了多党派合作的重要性和民主党派在合作中的地位与关系。

我国多党派合作的形式

中国共产党领导下的多党派合作，在形式上，既根本不同于资本主义国家的“两党制”、“多党制”，也不同于东欧社会主义国家的“多党派合作制”，而有我国独特的形式。并通过这种合作形式，不断完善社会主义政治制度的各个环节，不断发展、扩大社会主义民主，建设适合我国国情的民主政治。

中国人民政治协商会议是实现多党派合作的组织形式。早在20世纪40年代，中国共产党与民主党派合作中，通过旧的政治协商会议共同向国民党反动统治作斗争，为实现中国的民主、自由、独立、富强，为反对内战，争取和平，共策共进。1948年中国共产党发出“五一”号召，号召各民主党派与爱国民主人士与中国共产党一起共同筹备新的、人民的政治协商会议。各民主党派纷纷发表声明、宣言，响应这一号召。他们在中国共产党地下党组织帮助下，冲破层层阻力进入解放区，与中国共产党一起，为召开人民政治协商会议、建立新中国而努力。通过新的、人民政协会议，在新的历史条件下，民主党派接受中国共产党的领导，进一步发展和加强了与中国共产党的合作，实现了由新民主主义到社会主义的转变。无论在国民经济恢复时期，还是社会主义改造和社会主义建设时期，民主党派都是政治协商会议的组成部分，在社会主义革命和社会主义建设中发挥了重要作用。所以中国人民政治协商会议就成为社会主义时期多党派合作的重要组成形式。

政治协商会议具有广泛的代表性，它容纳了全国各党各派各界及其代表人物，它虽不是国家决策机构，“不具有国家权力的性质，没有法律的约束力”，但却是影响最大、人才最齐、议案最多，代表性最广的政治组织，它与人民代表大会一起，“起到相辅相成的积极作用”①。中国共产党十分重视政协会议，并通过政协会议与各民主党派协商国家大政方针。为了更好地通过政协会议实现多党派合作，民主党派的代表不断得到加强、增多。仅六届全国政协委员中，中共党员由上届的百分之六十下降为百分之四十，常务委员中，中共党员由百分之七十下降为百分之三十六；民主党派和其他爱国民主人士在全国政协委员中上升到百分之六十；常务委员中上升到百分之六十四。

人民代表大会及其产生的人民政府，是实现多党派合作的执行形式。在我国，最根本的制度是全国人民代表大会制，它是中国人民行使国家权力的机关。我国宪法规定：“人民行使国家权力的机关是全国人民代表大会和地方各级人民代表大会”，“人民依照法律规定，通过各种途径和形式，管理国家事务，管理经济和文化事业，管理社会事务”。因此，共产党领导下的多党派合作是一部分社会主义劳动者和拥护社会主义的爱国者行使政治权力的一种具体政治途径和形式。

20世纪50年代，民主党派的代表在我国的立法机关（全国和地方各级人民代表大会和它的常务委员会）、国家行政机关（国务院和地方人民政府）、国家司法机关和检察机关中都有一定的重要职务。政务院（后改国务院）的三十个部中，有十三个部的部长为民主党派人士。后来由于“左”倾思想的发展，这种合作形式曾受到长期干扰，党的十一届三中全会后才逐步得到恢复。20世纪80年代，全国人民代表大会二十名副委员长中，民主党派八名，占百分之四十。这说明民主党派在多党派合作中参与了国家的大政方针的决策，因而是参政者而不是在野党，是参与决策者而不是一般的监督或什么“政治花瓶”，是合作者而不是反对派。当然，这一合

① 《新时期统一战线文献选编》，中共中央党校出版社1985年版，第255页。

作形式还有待进一步加强、充实，使民主党派成员能更进一步地在国家权力机构中发挥更大的作用。

政治协商座谈会也是多党派合作的形式之一。中国共产党在制定党和国家的大政方针过程中，往往在决定之前广泛地征求意见，特别是征求民主党派的意见。这是党的群众路线在党派关系上的运用。1954年至“文化大革命”前十多年间，主要是通过最高国务会议进行。党和国家的许多重大方针政策都曾提交最高国务会议讨论、协商。它是在政协、人大闭幕期间与各民主党派、各人民团体、爱国人士代表协商国事的重要形式，十年动乱中被取消。十一届三中全会后党中央又通过民主协商座谈会的形式，在重大国策问题上同民主党派讨论，共同研商，以便在决策上不致发生失误。这是一种创造性的多党派合作形式。完全适合我国国情的民主形式，因此受到民主党派的欢迎。这种形式虽不具有法律效力，但却是决策前的重大步骤，而且是更直接、更亲密、更坦率、更民主的协商国事的形式。不过这一合作形式还需要进一步的完善、充实，使之经常化、制度化。

民主监督是实施多党派合作的保障形式。中国共产党对民主党派的方针是“长期共存、互相监督、肝胆相照、荣辱与共”。所谓互相监督，就是共产党和民主党派之间真诚、坦率地交换意见，对各自党派的缺点、错误提出批评和建议。中国共产党是执政的党，更多的是主动听取民主党派的批评。对批评、意见择其善者而从之。邓小平同志指出：“一个革命政党就怕听不到人民的声音，最可怕的是鸦雀无声”[①]。早在20世纪40年代，黄炎培访问延安时毛泽东同志与他谈话，黄曾向中国共产党提出，“我生六十多年，耳闻的不说，所亲眼看到的，真所谓‘其兴也勃焉’，‘其亡也忽焉’，一人、一家，一团体，一地方，乃至一国，不少单位都没有能跳出这周期率的支配力”。他希望中国共产党“找出一条新路，来跳出

① 《邓小平文选》，人民出版社1989年版，第134页。

这周期率的支配”。毛泽东同志回答说，“我们已经找到新路，我们能跳出这周期率，这条新路就是民主；只有让人民来监督政府，政府才不敢松懈。只有人人起来负责，才不会人亡政息”[①]。民主党派的民主监督，虽不能完全代表人民的监督，但它毕竟是监督的一个重要方面。因此中国共产党十分重视这种监督作用，并把它作为自己的工作方针。随着社会主义高度民主的不断发展，民主党派的监督作用越来越显得重要。

总之，我国实行的多党派合作，既不是资本主义制度中的“两党制”或“多党制”，也不是苏联的“一党制”，和其他社会主义国家的多党派合作也不完全相同。我国的多党派合作是我国社会历史与现实条件决定的，具有中国的特色。

民主党派所代表、联系的那一部分社会主义劳动者、爱国者的利益、要求，通过多党派合作的各种形式、途径得到反映和解决，这是协调我国社会各阶级、集团利益和要求的重大政策。历史经验证明，各个阶级、阶层、社会集团的利益、要求如果长期得不到反映和解决，社会就会动乱，政治局面就不会稳定。党的十一届三中全会以来，我们的工作在各方面都得到较快发展，政治局面安定团结，其原因之一是坚持和发展了多党派合作。历史经验证明，多党派合作是一个好的政治制度的形式，是我国政治制度的特点和优点，是建设有中国特色的社会主义的重要组成部分。

① 黄炎培：《八十年来》，文史资料出版社 1982 年版，第 148－149 页。

我国多党派合作的特点和形式①

当今世界党派林立，不同的国家存在着不同的党派，有着不同性质的党派关系，体现出不同国家政治制度的性质和政党制度的性质。资本主义国家实行多党制，搞轮流执政，表面上标榜民主，实质上是为了调节各垄断集团的利益，以维护资产阶级统治和资本主义制度。邓小平同志指出，“那种多党制是资产阶级互相倾轧的竞争状态所决定的，它们谁也不代表广大劳动人民的利益”。“这使它们每个国家的力量不可能完全集中起来，很大一部分力量互相牵制和抵消”，“这种状况是它们的弱点而不是强点”。② 社会主义国家政党制度大致可分为两类：一类是“一党制”，一类是“多党派合作制”。前者主要有苏联、匈牙利、罗马尼亚、南斯拉夫、朝鲜、阿尔巴尼亚等国；后者主要有中国、波兰、捷克斯洛伐克、民主德国、保加利亚等国。但是，不管是“一党制”或“多党派合作制”，都是社会主义民主在国家政治制度中的表现。

目前我国有八个民主党派，是社会主义国家中民主党派最多的国家，民主党派成员约有 20 万人左右。它们在中国共产党领导下，作为统一战线的组成部分，协调各阶级、阶层、集团的利益和要求，在社会主义建设中发挥了重大作用。中国共产党领导下的多党派合作，是具有中国特色的社会主义政治制度一个重要方面。

---

① 原载于《安徽师范大学学报》（哲学社会科学版）1987 年第 3 期。

② 《新时期统一战线文献选编》，中共中央党校出版社 1985 年版，第 84、225 页。

一

从历史和现实中考查，所有社会主义国家的民主党派都一致承认共产党、工人党作为执政党的领导地位；都把为社会主义事业服务作为自己宗旨和基本任务；都在建设社会主义事业上与共产党采取一致的步骤。这是所有实行多党派合作的社会主义国家的共同经验。但我国与东欧一些实行多党派合作的社会主义国家的国情及历史条件不尽相同。二次大战前，波、捷、德、保等国基本上是资本主义国家或帝国主义国家，这几个国家是在资本主义经济比较发达的基础上建成社会主义的。这些国家民主党派的产生、发展以及与共产党关系，有着下列与我国不同的情况：

社会基础和党派组织的不同。我国八个民主党派的社会基础，在民主革命时期，主要是民族资产阶级和小资产阶级。生产资料私有制的社会主义改造基本完成以后，阶级关系发生根本变化，民主党派的社会基础也随之改变，即转变成为社会主义劳动者，其成分不包括手工业者和农民阶级。农民也从没有建立过自己的政党组织，它的利益和要求完全由中国共产党所代表并为之实现。我国宗教界人士也从未组建过政党。此其一。

合作的方式方法的不同。我国的民主党派在实行与中国共产党合作中，不是以党派名义参加对国家事务的管理的，而是在中国共产党的领导下，作为统一战线的组成部分来为社会主义服务。其成员以普通公民身份参加人民代表大会的选举和参与各级人民政权机关的工作。波兰、捷克斯洛伐克、民主德国和保加利亚等国的民主党派基本上是以党派名义，直接参与国家事务的管理。这些国家的工人党、共产党与农民、知识分子以及其他社会阶层的关系，主要体现在共产党与代表农民利益和知识分子要求的民主党派之间的合作上。这种合作分别通过固定的和不固定的形式表现出来。若干年来，东欧四国的共产党、工人党与民主党派建立起了各级协商委员会，互派代表出席各党的代表大会；相互列席对方的中央全会和政治局会议，民主党派的意见与要求能及时得到反映。保加利亚共产党同农民联盟，近十几年来，从中央到地方各级组织都是通过联席会议形式进行合作的。此其二。

我国社会主义时期多党派合作有着自己的特色。

我国的多党派合作制度，是中国共产党与民主党派长期合作历史发展的必然结果。民主革命时期，民主党派在中国共产党的统一战线政策感召下形成、发展，并与中国共产党一起反对帝国主义、封建主义、官僚资本主义，共同筹备召开人民政治协商会议，成立中华人民共和国，并在斗争中相互支持、相互声援。因此，社会主义时期的多党派合作，是建筑在民主革命时期长期合作的基础之上的，有其客观的历史必然性。正如邓小平同志指出的，它是我国具体历史条件和现实条件所决定的。所以，“党派的存在与否，不取决于任何政党或个人的主观愿望，而是由客观的历史发展所决定的”①。这就决定了我国多党派合作的长期性和历史必然性。

民主党派的纲领是以中国共产党在社会主义时期的纲领、路线为准绳的，民主党派的性质和历史地位决定了它没有必要、也不可能另立异于社会主义性质的纲领。它完全接受中国共产党的政治、经济主张，以政治协商会议总纲和宪法总纲作为自己行动的准则。这是多党派合作的政治基础。在社会主义时期，各民主党派与中国共产党的目标是共同的，行动是一致的，根本利益是相同的，在当前又都以“加紧社会主义现代化建设，争取实现包括台湾在内的祖国统一，反对霸权主义、维护世界和平”② 为主要任务。并且各民主党派也在加强学习，“不断地以为社会主义服务这个标准，把自己的成员锻炼成为忠实于社会主义事业的人”③。这些都说明了我国多党派合作的社会主义性质。

---

① 《周恩来统一战线文选》，人民出版社 1984 版，第 347、430、141 页。

② 《邓小平文选》第 2 卷，人民出版社 1994 年版，第 144－145 页。

③ 《周恩来统一战线文选》，人民出版社 1984 版，第 347、430、141 页。

民主党派是作为“社会主义政治联盟”性质的组织与中国共产党长期合作的。民主党派的历史证明，它不是单一阶级的政党。在民主革命时期，是以民族资产阶级、小资产阶级、革命的知识分子和少量的共产党人参加的阶级联盟。进入社会主义时期后，随着阶级关系的变化，民主党派“都已成为各自所联系的一部分社会主义劳动者和一部分拥护社会主义的爱国者的政治联盟”[①]。这是社会主义时期民主党派的重要特征。它能够广泛团结、联系一部分社会主义劳动者，爱国民主力量，并代表他们的利益和要求参政、议政，为社会主义四个现代化服务，为对外开放，和平统一祖国，推行“一国两制”服务。这就决定了我国多党派合作的广泛性。

民主党派拥有在宪法允许范围内的政治自由、组织独立和法律平等的权利。共产党与民主党派的关系，是无产阶级政党与一部分社会主义劳动者和拥护社会主义的爱国者的党派之间团结合作的关系，并受到法律的保护。这就决定了多党派合作的巩固性和平等性。

多党派合作，是社会主义制度中的共产党领导下的合作。共产党的领导，是合作的前提条件和决定因素。在社会主义制度中，民主党派与共产党的关系，不是互相对立、轮流执政，而是在共产党领导下共同管理国家的政治、经济、文化事业，团结协作，互相监督。民主党派及其所代表的社会主义劳动者同广大的工人、农民、知识分子一样，是社会主义四个现代化建设的基本力量。民主党派既是共产党的同盟者，又是依靠力量。所以，共产党的领导、执政，民主党派的参政、议政，服务于社会主义的这种合作，就决定了我国多党派合作的性质和民主党派在合作中的地位。

从上述特点中不难看出，多党派合作是我国历史发展的产物，是建设高度社会主义民主的基本内容之一，它充分体现了我国社会主义民主政治的特点。

---

① 《新时期统一战线文献选编》，中共中央党校出版社 1985 年版，第 84 页。

二

在社会主义国家实行多党派合作，采取什么形式，并没有一个固定的模式，只能视各个国家的具体国情而定，并且是在不断探索中走上完善的。

我国多党派合作的特点，体现了我国的具体国情。它根本不同于资本主义国家的“两党制”或“多党制”、“在野党”与“在朝党”的形式，也有别于东欧社会主义国家的多党派合作所采取的形式，而有其独特的、适应我国国情的、并受到全国人民和各民主党派一致拥护的合作形式。这种行之有效的合作形式，归纳起来，大致为以下几个方面：

中国人民政治协商会议是实现多党派合作的组织形式。早在20世纪40年代，中国共产党在同民主党派合作中，通过旧的政治协商会议共同向国民党反动统治作斗争，为实现国家的民主、自由、独立、富强，为反对内战，争取和平共策共进。1948年中国共产党发出“五一”号召，提出各民主党派、爱国民主人士与中国共产党一起共同筹备新的、人民的政治协商会议。各民主党派纷纷发表声明、宣言响应。他们在中国共产党的安排下，冲破重重阻力进入解放区，为召开新的政协会议，建立新中国而努力。在中国共产党领导下，通过人民政协会议这一组织形式，各民主党派进一步加强了与中国共产党的合作，使我国实现了由新民主主义到社会主义的转变。

政治协商会议具有广泛的代表性，容纳了全国各党各派各界的代表人士，它虽不是国家决策机构，“不具有国家权力的性质，没有法律的约束力”，但却是影响甚大、议案甚多的一个政治组织和“智力库”。它与人民代表大会，“起到相辅相成的积极作用”①。中

① 《新时期统一战线文献选编》，中共中央党校出版社1985年版，第225页。

国共产党十分重视政协会议，并通过政协会议实现多党派合作。民主党派的代表在各级政协组织中不断得到加强、增多。仅六届全国政协委员中，中共党员由上届的60%下降为40%，常务委员中由70%下降为36%；民主党派和其他爱国民主人士在全国政协委员中的比例上升到60%，常务委员中上升到64%。

通过政协会议形式实现中国共产党与民主党派的合作，更加体现了我国社会主义制度的民主性，它是实现多党派合作的重要形式。

人民代表大会也充分发挥了民主党派参政议政的作用。各民主党派的代表以普通公民的身份参加各级人民代表大会，是一部分社会主义劳动者和拥护社会主义的爱国者行使政治权力的一种具体政治途径和形式。

但是，在我国历史条件下，民主党派不是与共产党联合执政，也不是轮流执政，更非“在野党”。民主党派作为中国共产党领导下的统一战线组成部分，参政、议政，服务于社会主义。20世纪50年代，在我国各级权力机构中都有民主党派人士担任一定职务。政务院（后改称国务院）的30个部中，有13个部的部长为民主党派人士。后来由于左倾思想的发展，我国的多党派合作形式也曾受到干扰。党的十一届三中全会后，多党派合作得到了新的发展。五届、六届全国人民代表大会20名副委员长中有民主党派人士8名，占40%。这说明民主党派在多党派合作中参与了国家的大政方针的决策。当然，这一形式还有待于进一步完善，以便使民主党派能更多地发挥参政议政的作用。

有一种观点认为，我国的民主党派政党观念不强，没有突出政党的特点。即是说，在人民代表大会中没有以党派的构成划分席位，因而不能算民主党派“参与政权”。显然这是以资本主义国家的政党观念来衡量我国社会主义政党制度和共产党与民主党派的关系。这是不正确的，有害的。民主党派本身也不同意这种观点。他们指出，民主党派“决不是早年民国初年宋教仁搞的政党，西方英国式的国会在中国搞不起来。我们接受历史的教训”。“不要从抽象概念讲政党该做什么，更不能以别国的政党作样本来套用于我们自己的政治体制”①。这是正确的。

政治协商座谈会也是多党派合作的形式之一。党的十一届三中全会后，党中央通过民主协商座谈会的形式，在重大国策问题上同民主党派讨论，共同研究协商。这是党中央及其领导人直接与民主党派对话，协商国事的重要措施，也是中国共产党从我国社会实际出发创造的一种多党派合作的有效形式。它可以在正式决定问题前进行广泛的、反复的协商、讨论，避免在仓促作出决定时所发生的错误、疏漏、片面等弊端。这是我国社会主义民主深化的表现，是建设社会主义高度民主的议事方法。周恩来曾指出：“我们所要反对的是旧民主主义的议会制度，因为它不是事前协商，只是便于剥削阶级政党间互相争夺、互相妥协，共同分赃的制度”，“而我们却是长期合作，不是彼此互相交替”②。会前充分协商，会上充分讨论，最后作出决定，这是一种创造性的多党派合作形式，完全适合我国国情的民主形式。这种形式虽不具有法律效力，但却是决策前的重大步骤，是更直接、更亲密、更坦率、更民主的协商国事的形式。有人把西方议会的吵吵闹闹视为“民主”，对我国的“一致通过”持怀疑或否定态度，不了解我们会前各种途径、形式的协商，这才是真正的民主，社会主义的民主。当然这一形式还有需要进一步的完善的地方，比如使其经常化、制度化等。

互相监督是实施多党派合作的保障形式。中国共产党对民主党派的方针是“长期共存、互相监督、肝胆相照、荣辱与共”。所谓互相监督，就是共产党和民主党派之间真诚、坦率地交换意见。中国共产党是执政的党，更多的是主动听取民主党派的批评，对批评、意见，择其善者而从之。这是有益于党和国家的正确方针，是

① 《中央盟讯》（民盟中央主办）1987年第3期。

② 《周恩来统一战线文选》，人民出版社1984年版，第347、430、141页。

社会主义民主的具体表现，是保障我们党沿着马克思主义道路前进，克服官僚主义错误的重要措施，是实现多党派合作的必要条件。邓小平同志指出：“一个革命政党就怕听不到人民的声音，最可怕的是鸦雀无声”[①]。早在20世纪40年代，黄炎培访问延安时，毛泽东同志与他谈话，黄向中国共产党讲他的感受时说：“我生六十多年，耳闻的不说，所亲眼看到的，真所谓‘其兴也勃焉’，‘其亡也忽焉’，一人、一家、一团体，一地方，乃至一国，不少单位都没有能跳出这周期率的支配力”。他希望中国共产党能“找出一条新路，来跳出这周期率的支配”。毛泽东同志回答说，“我们已经找到新路，我们能跳出这周期率，这条新路就是民主；只有让人民来监督政府，政府才不敢松懈。只有人人起来负责，才不会人亡政息”[②]。民主党派的监督，虽不能完全代表人民的监督，但它毕竟是人民监督的一个重要方面。因此中国共产党十分重视这种监督作用，并把它作为自己的工作方针。随着社会主义高度民主的不断发展，民主党派的监督作用将显得越来越重要。

三

随着社会主义现代化建设事业的不断发展，我国的统一战线出现了新的局面和新的特点，作为统一战线的重要组成部分的民主党派更显得重要。我们要根据党在社会主义新时期统一战线的理论、方针和政策，为实现统一祖国、振兴中华的总目标，进一步完善和发展中国共产党领导下的多党派合作，克服那些过时的、不正确的观念，把思想认识和政策水平提高一步，以适应当前统一战线新形势的需要。

首先，要把民主党派作为社会主义服务的政党来看待，而不能

① 《邓小平文选》，人民出版社1989年版，第231、172、134、373页。

② 黄炎培：《八十年来》，文史资料出版社1982年版，第148－149页。

把它当作一般的群众组织，更不能看作是“反对派”。我们不仅需要在整个国家政治生活中实行多党派合作，而且要在有民主党派组织的地方都体现这一合作，并要通过各种形式、多种渠道加强这种合作，而不是“客套”、“应酬”。

其次，要把多党派合作看成是我国社会主义高度民主建设的基本内容之一，是我国社会主义历史时期的战略任务，而不只是对民主党派头面人物的政治安排。

再次，要批判“全盘西化”的错误观点，清除资产阶级政党政治、议会政治的影响，牢固树立中国共产党是领导的、执政的政党观念；同时也必须克服长期形成的“左”的思想影响，深刻认识我国国情，逐步建立起完备的多党派合作的体系。这是我国当前政治体制改革的一项重要内容。随着“一国两制”的实现，这种合作将会有新的发展，出现新的局面。

最后，还要深刻认识多党派合作是我国安定团结的重要政治因素。民主党派所代表、联系的一部分社会主义劳动者、爱国者的利益、要求，通过多党派合作的各种形式、途径得到反映和解决，这是协调我国社会各阶级、集团利益和要求的重大措施。历史经验证明，各个阶级、阶层、社会集团的利益要求如果长期得不到反映和解决，社会就会动乱，政治局面就不会稳定。同时民主党派又是维护安定团结的一支重要依靠力量。去年冬季学潮的平息，民主党派起了积极的作用，邓小平同志给予了高度赞扬，说民主党派表现是好的。所以，党的十一届三中全会以来，我们的工作在各方面都得到欣欣向荣的发展，政治局面安定，其原因之一是坚持和发展了多党派合作。

总之，我国实行的共产党领导下的多党派合作制度，经过几十年的实践证明，它确实比一党制好，比资本主义的“两党制”更为优越。毛泽东同志在20世纪50年代总结我国和国际共产主义运动的历史经验时指出，“究竟是一个党好，还是几个党好？现在看来，恐怕还是几个党好，不但过去如此，而且将来也可以如此”[①]。在经

---

① 《毛泽东文集》第7卷，人民出版社1999年版，第34页。

历了社会主义巨大变革之后，邓小平同志在20世纪80年代又作了新的历史总结，指出，“我国各民主党派在民主革命时期同我们党共同奋斗，在社会主义时期同我们一道前进，一道经受考验。在今后的建设中，我们党还要同所有的爱国民主党派和爱国民主人士长期合作”①，而且永远“不变”②。因此，历史证明，我国多党派合作是“我国政治制度中的一个特点和优点”③，其合作形式完全符合我国的社会历史实际，并受到各民主党派的完全赞同。这是马克思主义政党学说在我国创造性地运用与发展，是建设有中国特色的社会主义的重要的组成部分，具有广阔的前途和巨大的生命力。

① 《邓小平文选》，人民出版社1989年版，第231、172、134、373页。

② 《新时期统一战线文献选编》，中共中央党校出版社1985年版，第84页。

③ 《新时期统一战线文献选编》，中共中央党校出版社1985年版，第225页。

略论建国初期多党合作制度及其基本经验[①]

20 世纪 90 年代第一个春天，中国共产党以她一贯对国家、民族的前途高度负责的态度公布了《中共中央关于坚持和完善中国共产党领导的多党合作和政治协商制度的意见》，全面阐述和规定了这一制度的内容、方针、政策和形式，指明了它是我国一项基本的政治制度，从而把我国多党合作、政治协商制度推进到一个新的阶段。而这一制度的正式形成，则始于中华人民共和国的建立，并为这一制度的发展、完善积累了经验、奠定了基础。因此研究建国初多党合作制度，对于今天坚持、完善这一制度具有十分重要的意义。

一

中国共产党与民主党派的合作，早在民主革命时期就已开始。那时各民主党派作为无产阶级的同盟军、友党，在反对帝国主义、封建主义的斗争中与中国共产党相互配合、相互支持。这种合作关系随着革命形势的发展而不断得到巩固和壮大。但那时中国共产党尚未取得全国政权，民主党派基本上又没参加解放区的民主政府，因而这种合作关系只是在革命斗争中的联盟，而未形成在国家政权形态上的多党合作体制。

---

① 原载于《安徽教育学院学报》1990 年第 3 期。

中华人民共和国的成立，人民民主专政政权的建立，各民主党派参加了国事管理，从而建立了新民主主义的政党制度，这就标志着中国共产党领导的多党合作制度的正式建立。

建国初期多党合作是在政治协商会议的基础上产生，并以它作为合作的基本组织形式的。因此，我国多党合作一建立就以参政议政为中心。政治协商会议是代行全国最高权力的机构，“代表全国人民的意志，宣告中华人民共和国的成立，组织人民自己的中央政府”①，所以，通过国家最高权力机构而建立，是建国初期多党合作制度的一个重要特征。

各民主党派在中国共产党领导下，一道制定并共同遵守、执行《共同纲领》，这是建国初期多党合作的政治基础，也是一条成功的经验。《共同纲领》起临时宪法的作用。它明确规定：“凡参加人民政治协商会议的各单位、各级人民政府和全国人民均应共同遵守”，民主党派作为政协会议的成员，也必然成为他们的行动准则。1949年10月7日，民主建国会召开常务会议，由施复亮提议，以《共同纲领》代替民建会原有的政纲而获得一致通过；同年11月，农工民主党在全国五干会上通过了把《共同纲领》作为该党的行动纲领；12月，民主同盟在四中全会上正式决定停止民盟原有纲领的执行，全部接受《共同纲领》的所有内容；1950年春，民主促进会全国代表大会发表宣言，正式接受《共同纲领》为该会纲领。中国国民党革命委员会、致公党、九三学社、台湾民主自治同盟也都召开会议，发表宣言，以《共同纲领》为各自党派的纲领，而不再立纲领。

接受《共同纲领》，就是接受中国共产党的政治路线，接受未来的社会制度——社会主义。《共同纲领》总纲规定：“中华人民共和国为新民主主义即人民民主的国家，实行工人阶级领导的，以工农联盟为基础的、团结各民主阶级和国内各民族的人民民主专政”。

---

① 《新华月报》1949年创刊号。

又规定："国营经济为社会主义性质的经济"，而其他经济则必须在"国营经济领导之下，分工合作，各得其所"。这是中国共产党在建国初期政治路线的基本内容。也是中国共产党的基本方针，即由新民主主义向社会主义的转变。接受《共同纲领》，就是拥护在共产党领导下，经过新民主主义社会走向社会主义社会。多党合作伊始，民主党派就比较明确地确立了这个政治目标。《共同纲领》虽然没有明文规定社会主义方向，但它是包含了的。正如周恩来指出的，"前途是肯定的"，而"这个纲领中经济的部分里面，已经规定要在实际上保证向这个前途走去"。①

接受《共同纲领》，就是接受中国共产党的领导。《共同纲领》虽未明确规定共产党的领导地位，但它指明了工人阶级领导，以及共产党的政治路线。党的领导是政治领导，即政治原则、政治方向和重大方针政策的领导。这是建国初期加强和改善党的领导的基本原则。所以民主党派都心悦诚服地服从共产党领导。他们认为，"中国共产党是工人阶级的先锋队"，因此要"接受中国共产党的领导，团结在毛泽东旗帜下"。同时还认为，"马列主义、毛泽东思想是中国革命的唯一正确指导思想"，决定"接受马列主义、毛泽东思想"，并作为民主党派"今后基本教育方针"。② 在中国共产党成立三十周年时，各民主党派都以诚恳的态度，诚挚的语言发表宣言、谈话和文章，明确表示，"纪念中国共产党三十周年，我们要竭诚拥护毛主席，拥护中国共产党，拥护共同纲领，扩大并巩固我们的民主统一战线，加强保卫我们的人民民主专政，在中国共产党领导下，迅速完成新民主主义建设，把农业的中国转化成工业的中国，以便在适当时机过渡到更高阶段的社会主义建设"。而民主党派"经过学习进步，将永远追随中国工人阶级先锋队，而一道进入社会主义社会"。③

① 《周恩来统一战线文选》，人民出版社 1984 年版，第 146 – 147 页。

② 《农工民主党政治决议》，《人民日报》1949 年 11 月 29 日。

③ 《新华月报》1951 年 7 月号。

建国初期的多党合作制度虽带有阶级联盟性质，但由于民主党派坚持了《共同纲领》，坚持了共产党的领导和社会主义方向，从而巩固、发展了这一制度，并推动了国民经济的恢复和发展。

二

建国初期多党合作制度的性质是由三个基本因素决定的。一是国家政权的性质。《共同纲领》规定：中华人民共和国“是中国工人阶级、农民阶级、小资产阶级、民族资产阶级及其爱国民主分子的人民民主统一战线的政权”，即新民主主义政权。这一新民主主义政权性质是决定新民主主义政党制度的基本条件。二是新民主主义经济制度。它是以社会主义性质的国营经济为领导的，包括半社会主义性质的合作社经济、国家资本主义经济、个体经济和私人资本主义经济五种经济成分并存的经济体制。“中华人民共和国经济建设的根本方针，是以公私兼顾、劳资两利、城乡互助、内外交流的政策，发展生产、繁荣经济之目的”[①]。中国共产党的经济政策和社会经济结构，使民主党派的群体利益与政治要求得到了法律保障。三是民主党派的性质。中国各民主党派是在长期反帝反封建的斗争中产生和发展起来的，“过去它们有过不同程度的参加民族民主运动及同我党合作的历史，中国人民政治协商会议召开，它们都参加了民主联合政府，都宣布了以共同纲领为自己的纲领，并接受中共领导。这说明了它们基本上都是新民主主义性质的政党”[②]。以中国共产党为领导，以共同纲领为政治基础，以政协会议为基本组织形式，以共同建设新民主主义国家为基本任务，并准备条件向社会主义过渡，这就是建国初期共产党领导的多党合作的基本属性。它是建国初期阶级关系、经济结构、社会群体结构和社会性质的客

① 《新华月报》1949 年创刊号。

② 李维汉：《统一战线问题与民族问题》，人民出版社 1981 年版，第 10 页。

观反映。

由于特定的社会、经济结构，决定了建国初期多党合作的基本特点。其一是两种不同的政党体系在统一的政治目标下并存。中国共产党是领导党、执政党，是共产主义、社会主义政党体系，它与参政议政的民主党派的新民主主义政党体系并存。它们的并存与合作，形成了政治体制中的多元性。这种多元性，由于是建筑在社会主义经济、政治制度，即人民利益根本一致基础上的，它根本不同于西方资本主义社会所实行的两党制或多党制，所以这种多元性又寓于统一性之中，它根本不存在“党同伐异”的排他性。这是我国建立多党合作的政党制度的特点和优点。其二是它的过渡性。民主党派作为小资产阶级、民族资产阶级及其知识分子的政党参与对国事的决策、管理，根据《共同纲领》，一方面代表、维护这些阶级、阶层的经济、政治的合法权益和合理要求，另一方面又代表它们的未来和前途，即接受社会主义改造的要求和方向。多党合作的战略目标是实现新民主主义向社会主义转变。1949 年农工民主党五干会议宣言中明确指出，要在“工人阶级政党正确领导下，奋力迈进，追向社会主义、共产主义的前途”。民主同盟也指出“中国民主同盟所努力追求的目标，在工人阶级和中国共产党的正确领导之下，我们要继续为完成新民主主义革命而斗争，使我们的国家和人民走上更美好的前途——社会主义、共产主义的前途”。其三是它的联盟性。建国初期的人民民主专政政权，是工人阶级、农民阶级、小资产阶级、民族资产阶级的联合。而民主党派则是小资产阶级、民族资产阶级的政治代表。当时形成的共产党领导的多党合作制度的格局则是“各革命阶级的联盟”①。

这种“并存性”、“过渡性”、“联盟性”，反映了建国初期中国共产党领导的多党派合作制度的基本特征。它充分说明中国共产党始终处于核心领导的、高层次体系的地位，从而带动、率领民主党

① 《周恩来统一战线文选》，人民出版社 1984 年版，第 148 页。

派在两种政党体系并存与交融中，实现政治目标的一致性。我国政党制度的这一特点“不能用英美政党的标准来衡量他们，他们是从中国的土壤中生长出来的”，“只能是承认共同纲领，接受共产党领导”，“民主党派也必定是今天这样的类型，这是历史的必然”。

三

根据《共同纲领》的规定，建国初期多党合作的中心任务是共同建设新民主主义的政治、经济、文化，实现党在七届二中全会、三中全会上提出的战略方针。

其一，积极参政议政，参与国家大政方针决策与国事管理。

在多党合作中，中国共产党作为执政党、领导党，十分注意发挥民主党派在管理国家政务方面的作用。对于民主党派不分大小，一律平等，整体受重视，受信任。毛泽东指出，“手掌是肉，手背也是肉，对民主党派不能有厚薄”。同时又指出，在国家政权机构中要“网罗各方民主人士”，“地方上也要成立统一战线的省政府”，“统一战线的军政委员会”，和中国共产党一道共同管理“军事、政治、财经文化等项工作的过渡时期的最高权力机关”。[①] 民主党派代表民族资产阶级、小资产阶级及其知识分子的利益与要求参政议政，无论在国家最高权力机构中或决策机构中，都有相当数量的代表人物与中国共产党一起合作共事。在代行全国人大职权的政协会议共510名正式代表中，民主党派代表（不包括其他各界代表中的民主党派人士）有106人，占总数的20.7%；中央人民政府委员会63名委员中，民主党派31名，占49.2%，中央人民政府6个副主席中，民主党派（包括无党派民主人士）3人，占50%。其他是：政务院4个副总理中，共产党员2名，民主党派2名；人民革命军事委员会5个副主席中，共产党员4名，民主党派1名；政务院21

① 胡乔木：《回忆毛主席同民主人士的相处》，《文献与研究》1987年第3期。

个政务委员中，共产党员10名，民主党派11名；34个部级单位正职负责人中，共产党员19名，民主党派15名，占43%，副职负责人则达31名。在地方政权中，民主党派也有相当比例，有些省政府的主负责人就是民主党派人士，如甘肃省长邓宝珊，湖南省长程潜等。他们都有职有权，尽责尽心。

其二，发挥了民主党派阶级联盟的作用。民主党派在建国初期都积极组织、带领其成员和所联系群众，拥护共产党的领导，遵守《共同纲领》，积极参加各项社会改革和政治运动。

1950年6月，中国共产党召开七届三中全会和政协一届二次会议。两次会议向全国人民指出了奋斗的方向和当前的主要任务，即要在三年左右的时间内争取国家财政经济的基本好转，并号召文化教育界开展思想教育工作。各民主党派于11月至12月先后召开会议，讨论和制定了为完成中国共产党提出的战略任务的措施。民革二届二中全会通过了以抗美援朝保家卫国为该党当前中心政治任务的决议；民盟六中全会讨论和通过了巩固国防抵抗侵略、以人力物力支援抗美援朝，为巩固人民民主专政、严厉镇压反革命，为巩固财政经济、稳定物价、平衡财政收支、完成土改，为巩固文化思想战线、进行知识分子思想改造等四项决议；农工民主党作出了巩固人民民主专政，加强统一战线，实现共同纲领，贯彻抗美援朝保家卫国，整顿组织等决议；民主建国会作出了“全国工商界团结起来，为抗美援朝保家卫国而奋斗”和“拥护政府土改方法”及“踊跃认购和努力推销公债的文告”。各民主党派及其负责人还通过其他方式，号召、动员其成员接受共产党的领导，积极参加各项政治、社会改革。如宋庆龄发表了“中国共产党是中国人民的鼓舞力量”，李济深、张澜发表了“庆祝中国共产党建党三十周年纪念”，陈叔通发表了“永远跟着毛主席”，黄炎培发表了“中国共产党三十年”，马叙伦发表了“没有共产党就没有新中国”，许德珩发表了“庆祝中国共产党建立三十周年”等文章，从不同角度歌颂了中国共产党的伟大业绩，不同程度地起了密切与中国共产党合作的动员、宣传、推动和组织作用。

其三，组织、动员其成员和所联系的群众，积极参加马克思主义、毛泽东思想学习，努力自我教育，改造世界观，为转变到社会主义社会准备思想条件。为此，各民主党派都把学习马列主义、毛泽东思想作为教育其成员的方针，把思想改造、自我教育作为一项经常的工作，从而形成了民主党派加强自身建设的优良传统。

为了适应我国社会发展的需要，党中央毛泽东号召各民主党派带领其成员和所联系的群众，过好三大关，即战争关、土改关、社会主义关，树立马克思主义世界观和方法论。毛泽东指出，战争关已过，并且是“大家都过得很好，全国人民是满意的。”“只要人们在革命战争中，在革命的土地制度改革中有了贡献，又在今后多年的经济建设和文化建设中有所贡献，等到将来实行私营工业国有化和农业社会化的时候（这种时候还在很远的将来），人民是不会把他们忘记的，他们的前途是光明的。”因此号召民主党派组织好成员进行自我教育。“批评和自我批评的方法就是自我教育的基本方法。我希望全国各民族、各民主阶级、各民主党派、各人民团体和一切爱国民主人士，都采用这种方法。”[①]

民主党派在组织、动员其成员进行自我教育中取得了很大的成效。由于历史的原因，我国民族资产阶级与封建势力有着千丝万缕的联系。据统计，天津工商业者有20%兼地主，武汉有80%兼地主，其他中小城市则更多，如长沙占90%，益阳为百分之百。由于自我教育和在社会改革实践中不断提高觉悟，为各项社会政治经济改革“增加助力，减少了阻力”[②]，民主党派成为中国共产党的有力“帮手”[③]。

其四，动员和组织其成员和所联系的群众积极参加新中国的经济建设。

---

① 《毛泽东选集》第5卷，人民出版社1977年版，第27、28页。

② 《新华月报》1955年5月号。

③ 《周恩来统一战线文选》，人民出版社1984年版，第172页。

致力于新民主主义经济的恢复和建设，是中国共产党的中心任务。民主党派参加和推动经济的恢复和发展，是根据这一中心任务，即执政党的路线而行动的。在参加对国民经济的恢复和发展中，民主党派具有经济技术的雄厚实力和能量。这是他们的优势。一方面有相当一部分成员为工商界人士，且为著名的爱国实业家、金融家，如新民机器厂总经理胡厥文，中新纺织公司总管理处总经理荣毅仁，上海中国标准铅笔厂总经理吴美梅，久大盐业公司总经理李烛尘等；另一方面一些民主党派与工商界有着密切关系，如中国民主促进会、中国致公党等；三方面有些民主党派本身就是工商界著名人士及其知识分子，如中国民主建国会。另外，民主党派具有高层次的文化技术水平和拥有一大批科学家、教授、学者和经营管理专家。民主党派通过自己的优势，动员自己所联系的阶级、阶层，运用他们的经济技术实力和科学管理经验，为新中国的经济、文化建设事业服务。民主建国会通过对三反五反运动的经验教训的总结，普遍进行了检讨过去，部署将来的工作，号召全国工商界加强学习，提高生产经营的积极性，为迎接国家经济建设高潮而奋斗。民主促进会也作出了“积极参加国家建设，为巩固和扩大人民民主统一战线而努力”的决定。民盟作出了“为参加国家文化教育建设而努力”的决定。为此，《光明日报》发表了题为“民主党派的中心环节”的社论，指出“为适应国家建设时期需要，现已逐步地把自己的工作重心放到推动成员积极参加国家建设上来。”周恩来也指出，中国共产党要与民主党派“长期合作，共同建设新中国”①。

民主党派如何参加国家经济建设，周恩来作了原则性指示。他说，民主党派在经济建设中“起推动作用”和“积极分子的作用”，同时要“同共产党合作，并且教育推动所联系的群众跟我们一起前进”，“而不是由每个党派都直接领导建设”。② 这一原则充分体现了

① 《周恩来统一战线文选》，人民出版社 1984 年版，第 178 页。

② 《周恩来统一战线文选》，人民出版社 1984 年版，第 250、251 页。

民主党派作为参政党在国家经济、政治生活中的政党职能作用。

四

多党合作制度的重要组织形式是政治协商会议。民主党派通过政协与共产党一道参政议政，并可以党派名义发言，提出提案，和对执政党的共产党、国家的大政方针提出批评，发表不同意见。除这一重要形式外，中国共产党还创造了其他多党合作的形式。

双周座谈会。它始于1950年。全国政协一次会议决定“举行各民主党派座谈会，每两周一次”。同时通过了《双周座谈会暂行组织办法》（草案）。它规定参加座谈会的人员为在京的各民主党派、无党派民主人士，及人民团体的代表，每个单位不得超过5人。会议由民主党派轮流主持，会务由政协秘书处代办。1951年11月，各民主党派各派1人组成双周座谈会主席团主持会务，中国共产党以政协成员之一，平等的与各民主党派一道出席座谈会。座谈会的主要内容与任务是：听取政府有关部门的工作报告，协商有关单位提出的问题，座谈国内外重大形势问题等。

中国共产党同民主党派协商座谈会。它始于1950年。这是中国共产党不定期地就党和国家的大政方针问题同民主党派进行直接协商、讨论、征求意见的形式。它主要是根据党和国家将要制定的、决定全局的方针政策、重大措施、人事安排、机构设置等国是问题，听取民主党派的意见，讨论、协商，并取得一致的看法，然后通过一定的法律程序和工作程序付诸执行。这种形式，是中国共产党与民主党派较高层次的政治协商，是行之有效的多党合作的重要表现。

建国初期中国共产党创造性地建立的多党合作制度的这种形式。为后来不断发展、完善中国共产党领导的多党合作和政治协商制度创造了经验。

综上可见，建国初期建立的中国共产党领导的多党合作和政治协商制度，是以我国国情为基础，从国家政权的形态上形成的一项基本的政治制度。它完全符合我国当时的政治、经济的实际，是中国共产党把马克思主义同中国革命与建设相结合的一个创造。它根本不同于西方资本主义国家的多党制或两党制，也有别于一些社会主义国家实行的一党制。历史证明，中国共产党创造的这种政党制度、政治制度有其极大的优越性。在这个制度建立后，中国共产党坚持同民主党派长期合作，团结民主党派和无党派人士代表人物参加中央和地方各级人民政权并担任重要的领导职务，共同管理国家的事务，就国家的政治经济、文化等重大问题进行协商、讨论，一道作出决策，中国共产党支持、鼓励民主党派积极参加反帝爱国斗争和各项民主改革运动；支持他们代表其成员的合法利益，反映其成员的意见和要求；鼓励他们对中国共产党和政府进行民主监督；欢迎他们的批评和建议；积极协助民主党派进行自我教育和发展新成员。这些在建国初期积累、形成的历史经验，已成为今天社会主义时期发展、完善中国共产党领导的多党合作、政治协商制度的起步点，具有可贵的指导作用。

民主党派史的教学与研究[①]

近几年民主党派史的研究、教学较有进展，出版了几本专著和一批论文，有条件的学校还开设了民主党派史课程。由于这一领域的开拓，丰富了中共党史、中国革命史和中国现代史的内容。它突破了长期受斯大林“左”倾思想的束缚，较好地从我国社会历史实际出发，研究我国现代政治舞台上的党派关系及其在民主革命中的地位与作用。这是近几年历史学领域中的一个新成就。

民主党派史开宗明义第一章，是关于大革命失败后小资产阶级及其政党的性质和作用问题。在论述中是把它们当作反蒋革命派写进历史的，这是民主党派史研究的一大特色。

长期以来，占领中共党史、革命史讲坛的是与上述观点相左的这样一些提法：

“一九二七年第一次国内革命战争失败后，国内阶级力量重新配置起来，不仅民族资产阶级附和着买办大资产阶级叛变了革命，而且一部分小资产阶级也离开了革命，继续革命的只剩下工人阶级、劳动农民和贫苦的城市小资产阶级了”，或者说，“许多小资产阶级则由动摇而离开了革命”，“追随蒋介石”。甚至认为整个“小资产阶级发生了动摇，脱离了革命”，直至1931年“九一八”事变后才逐渐发生向左转的变化。

笔者认为上述论断缺乏充分的事实根据，是外来观点强加于我们历史的。大革命失败后小资产阶级曾有所变化，或者说“动摇”。

---

① 原载于《史学月刊》1990年第3期。

但它主要不是动摇于革命与反革命之间，而是在特定的历史条件下，曾一度对中国共产党的某些方针政策不理解或不满意，特别是对“左”倾盲动主义的无计划的农村暴动政策不满意。但是它们对国民党蒋介石的反动统治及其对工农革命群众和共产党人、革命分子的屠杀政策持反对态度，对国民党蒋介石背叛孙中山的三大政策、革命的三民主义持反对态度。这是大革命失败后小资产阶级政治立场和政治主张的基本点。基于这一立场和主张，它们在中国共产党以外试图寻找另外的革命出路，坚持反蒋斗争，提出了“复兴中国革命”的口号，开展了一系列反蒋活动。它们是与中国共产党领导的反帝反封建斗争在两条道路上并行的革命者，是无产阶级革命的同盟军。它们认为，国民党蒋介石叛变革命后建立的南京政权，被“大小军阀及其政客官僚所霸占分割”。中国社会仍然是半殖民地半封建，提出革命的主要任务是“对外彻底的反抗帝国主义之侵略压迫，求中国的独立自由；对内则彻底的从根本上铲除一切封建势力，肃清军阀官僚等，使中国社会能向上发展”，走“非资本主义”道路（《中华革命党党纲草案》），并主张实行“平民革命”，建立“平民政权”，“实现社会主义”（《我们的政治主张》）。

这些在革命对象、任务、动力等根本问题上的认识、观点、主张与中国共产党在民主革命时期的纲领基本一致，怎么能说小资产阶级在大革命失败后“脱离了革命阵营”呢？

小资产阶级上层指谁？笔者认为宋庆龄、邓演达、谭平山、章伯钧等是主要代表。周恩来曾明确指出过，“第三党是代表小资产阶级”，邓演达等是“小资产阶级的激进的代表”。他们在国民党叛变前夕就进行了斗争，宋庆龄发表了《为抗议违反孙中山的革命原则和政策的声明》，严厉谴责汪精卫、蒋介石等违背孙中山的三民主义和三大政策，使国民党变成了“拥护旧社会制度的机关”，公开与其决裂，划清界限。后又去苏联与陈友仁、邓演达联合发表了《对中国及世界革命民众宣言》，宣布国民党蒋介石“南京派叛徒，实为新军阀及土豪绅士地主及剥削工农分子的集团”，“民众之仇敌”。因此要“以革命手段”，“向一切反动仇敌进攻，直到最后的胜利——把三民主义的革命纲领完全实现”。

怎样看待第三党及其领导人？民主党派史研究者认为，大革命失败后，大批小资产阶级分子云集上海寻找革命出路。并在谭平山、章伯钧、季方等人组织下成立了小资产阶级的政治组织“中华革命党”。1930年邓演达回国后又在此基础上组建了中国国民党临时行动委员会（统称第三党）。他们发展成员，建立地方组织，宣传主张，抨击蒋介石的反动统治，计划策反，试图以武装反抗推翻国民党蒋介石的独裁统治。因而被“改组派”攻击为“共产党的末枝”，“是共产党摇旗呐喊的工具”（陈公博：《再论第三党》）。这些都发生在大革命失败后、“九一八事变前。这样的反蒋活动又怎么能说是“追随蒋介石”呢？

对小资产阶级的另一部分人参加“国民党改组派”，要作具体分析。其中相当一部分是抱着反蒋斗争的目的而误入的。当“改组派”消声之后，他们并没有跟随汪精卫、陈公博等投靠蒋介石反动集团，而是另辟蹊径，从事反蒋活动。周恩来曾总结说，过去对这一部分小资产阶级参加“改组派”“误认为全体小资产阶级背叛革命，因而在策略观点上错误了”。这是科学的分析。

小资产阶级在大革命失败后另辟道路从事反蒋斗争，其原因有三：一是中国社会性质、主要矛盾决定的。正如毛泽东在《中国的红色政权为什么能够存在?》中指出的那样，“现在国民党新军阀的统治，依然是城市买办阶级和乡村豪绅阶级的统治，对外投降帝国主义，对内以新军阀代替旧军阀，对工农阶级的经济的剥削和政治的压迫比以前更加厉害。”因此，“全国工农平民以至资产阶级，依然在反革命统治底下，没有得到丝毫政治上经济上的解放”；二是大革命时期陈独秀的右倾投降主义危害和大革命失败后的“左”倾盲动主义危害，惊怕了这批小资产阶级革命家；三是小资产阶级的不坚定性。这样便在特定的历史环境中走上了一条与中国共产党不同的反蒋革命道路。当然小资产阶级中也有一部分在白色恐怖下动摇、妥协、灰心而离开革命队伍的，但不能由此作出整个小资产阶级、或整个“上层小资产阶级”“脱离革命阵营”的结论。就是工人、农民阶级中在革命低潮时期也有一些人动摇叛变革命的。个别人和整个阶级或阶层不能画等号。

以什么标准、原则区别革命与反革命呢。是以对待无产阶级政党的态度为尺度，还是以对待革命的主要对象帝国主义、封建主义的态度为尺度？笔者认为是后者而不是前者。小资产阶级的第三党成立后，国民党蒋介石把它作为打击的对象，“改组派”也采取敌对态度，而当时我党内的“左”倾路线的执行者也不适当地采取了批判的、不合作政策，甚至在红军和根据地内把“第三党”作为“肃反”对象。“第三党”在革命低潮时期的处境极其孤立，反蒋活动极为困难。在反帝反封建斗争的基本目标下，只允许对中国共产党方针政策的完全附和、一致，而不允许有丝毫的差异，否则便是“反革命”。把对苏联、共产国际、斯大林和中国共产党的某一时期的某种政策的态度，作为判断一个政党、阶级、代表人物的功过是非、革命与反动的标准和政治分野的尺度，是不科学的、有害的。今天重新研究、认识和评价大革命失败后的小资产阶级及其政党、代表人物的实践活动、思想和政治主张，是十分必要的。

上述问题是“左”倾错误时期关门主义、宗派主义在统一战线中的主要表现。中国共产党后来提出的“求大同、存小异”和“求大同、存大异”原则，大概也是吸取了这一历史经验吧！对此，周恩来曾指出，“内战时期，小资产阶级，甚至小资产阶级上层分子是我们的朋友”，“而左倾观点认为他们是敌人，并且是最危险的敌人，竟错误到这样的程度。”

为什么会产生这样错误的认识和政策呢？原因虽多，但其主要原因是来源于共产国际和斯大林的“左”倾错误指导。1928 年党的“六大”决议根据斯大林的指示作出了对“第三党”的否定政策。此后，在 1929 年 5 月，1930 年 6 月、9 月，及以后，共产国际数次作出决定，指示中国共产党加紧对“中间派”、“第三党”的坚决斗争。共产国际的错误指导，是典型的脱离中国社会实际的教条主义。也正如周恩来总结的那样："在阶级关系的分析上，过去我们的缺点，一是公式化，一是定型化。所谓公式化，是教条地搬用俄国一九〇五年反对沙皇和资产阶级立宪民主党的公式到中国来……把中国的小资产阶级看成与西欧资本主义国家的小资产阶级一样"。这个分析、论断是符合实际的。

对小资产阶级、"第三党"等中间势力的"左"倾错误，直接影响着党史、革命史教学和研究，虽然毛泽东早在瓦窑堡会议上就批判了这一"左"倾关门主义错误，但由于复杂的历史原因，这种影响至今尚未彻底根除。近些年民主党派史研究的这一新的突破仅是个开端，尚需继续深入探究。

周恩来与中国民主革命同盟[①]

中国民主革命同盟（简称“小民革”）[②]，是抗战时期在周恩来直接关怀下在重庆成立的党的外围组织，在周恩来的领导下，为中国革命作出过重要贡献。由于其长期处于秘密状态，情况鲜为人知，故对于它的研究尚不多见。本文就周恩来与中国民主革命同盟的活动及作用作一论述，请党史界同仁批评指正。

一

抗日战争进入相持阶段以后，国民党政府日趋反动，对中国共产党和民主进步势力进行疯狂迫害，不断制造反共军事摩擦。1941年1月，国民党悍然制造了皖南事变，把反共摩擦推到了高潮。鉴于大革命时期和十年内战时期的历史教训，为了尽量减少党和进步力量的损失，中共中央南方局在周恩来领导下采取了一系列的果断措施，以防不测事件的发生。一方面有计划地把在重庆等地的一批党内外干部、进步知名人士分别疏散到延安、苏北、香港、南洋一带；另一方面从坚持斗争需要出发，周恩来提出“在重庆要建立一个党的外围组织，与党配合工作”[③]，以洞察国民党内部的动向，利

---

① 原载于《中共党史研究》1991年第1期。

② 中国民主革命同盟和中国国民党革命委员会原都简称“民革”，它们是两个性质不同的政治组织。中国民主革命同盟成立在前，中国国民党革命委员会成立在后。中国民主革命同盟改称“小民革”是为了区别于中国国民党革命委员会，二者并无大小之分，也没有组织上的联系——作者注。

③ 王昆仑等：《中国民主革命同盟史略》，《文史资料选辑》第87辑，第2页。

于制定对策，巩固与扩大抗日民族统一战线。

由于国民党顽固派的倒行逆施，以及中国共产党正确的抗日民族统一战线政策的影响，在重庆的国民党上层左派人士逐渐觉醒。这些人早在抗战初期就与周恩来在南京、武汉有过接触，到重庆后又参加了党所领导的一些政治活动。他们拥护中国共产党的政策，团结在党的周围，因此，成立党的外围组织的条件是成熟的。1941年夏，在周恩来、董必武、王若飞、邓颖超等的关怀、领导下，在重庆领事巷10号康心之[①]公馆后花园（即屈武住所），召开了有18人参加的会议，秘密地成立了中国民主革命同盟。王昆仑、许宝驹被推为主要负责人，王炳南代表中国共产党参加，予以指导、联络。

“小民革”成立后，根据工作需要，周恩来指示要谨慎地、有计划地发展组织。成立初期，以发起者为基础，以国民党上层左派为主要对象发展成员。从1944年开始，向文化界、教育界和民主党派方面发展，不少成员是周恩来指名吸收的。参加“小民革”的文化人有侯外庐、沈志远、梁希、许宝骙、涂长望、俞平伯、潘菽，吴晗等。同时，“小民革”的成员也大都参加了其他民主党派和进步社会团体。到1949年6月结束前，“小民革”成员达到200人左右。

二

一个组织的性质是由它的社会基础和指导思想决定的，“小民革”也是如此。周恩来指出：它是“革命的知识分子集团”，非小资产阶级者。他批评一些人“为什么要自居于小资产阶级?”认为这是“后退”。他说：“朋友们不要把自己作另一阶级来设想”，

① 康心之（1894—1967），爱国民主人士，陕西城固人。时任国民党四川省粮食储运局局长，四川省银行总经理，中央银行顾问，美丰、永利银行董事，《国民公报》社长。新中国成立后历任全国政协委员，民革、民建成员。

“民革朋友是‘非党布尔什维克’”的“政治工作团体”，即“中共的外围”，“这个基本性质不应变亦不会变的”①。

周恩来的论断是完全符合历史事实的。一方面，“小民革”有明确的政治目标和马克思主义作指导；另一方面，它的路线、方针政策与斗争策略受中国共产党指导，并与之相配合、相一致。因此，“小民革”的任务是执行中国共产党的政策。在抗战期间，它促进国共两党合作，加强团结，把国民党中愿意进步的人士尽量地争取过来，以扩大抗日民族统一战线；在国民党制造分裂、妥协、反共情况下，它又在国民党内部坚持抗战、坚持团结、坚持进步，反对蒋介石的反共政策。抗战胜利后，当国民党破坏国共合作，发动全面内战时，“小民革”在国民党内部反对内战、反对独裁，并把工作重点放在争取国民党内政治倾向较好的上层人士上，进行分化、瓦解、策反，并向中国共产党提供国民党内部的情况。所以周恩来指出：“小民革”的作用主要是“它的政治作用”。历史已经证明，“在过去八、九年中与中共的配合工作上讲，是确实发生了成功的作用的”②。

“小民革”具有以下特点：

第一，与中国共产党关系十分密切。按照周恩来的话说，“小民革”与“中共之间可以说相知甚深”③。中国共产党对“小民革”也十分信任。许多有关政策与策略方面的事，都通知“小民革”。周恩来每次从延安回渝，都把中央很实质的方针政策计划先于一般党员向“小民革”核心成员交底。对于“小民革”自觉接受中国共产党的领导，贯彻中共的路线，毛泽东十分满意。重庆谈判期间毛泽东接见了不少党外朋友，对“小民革”更为热情。据王炳南回

① 《周恩来同志对中国民主革命同盟中央同人的谈话》（1949年4月29日），《文史资料选辑》第87辑，第15页。

② 《周恩来同志对中国民主革命同盟在北平诸同志的谈话》，《文史资料选辑》第87辑，第19－20页。

③ 《周恩来同志对中国民主革命同盟在北平诸同志的谈话》，《文史资料选辑》第87辑，第18页。

忆，有一次毛泽东接见一批“小民革”领导人，从吃晚饭谈起，共谈了十个小时。这次，主席兴致很高，开怀畅谈，旁征博引……在场的人都听得入了迷。[1] 由此可知，“小民革”与中共关系极为密切。

第二，它的核心人物、骨干成员活动范围与众不同。“小民革”主要是在国民党反动统治内部各主要机构中进行秘密工作，甚至于在立法院、某些军事机构进行秘密工作，因而其成员各具特殊身份。王昆仑公开身份是国民党候补中央委员，并与孙科关系“密切”，在一般人印象中，是出名的“太子派”人物，对立法院院长孙科做工作颇有便利条件；屈武是蒋经国的同窗好友，自幼就称兄道弟，同时又是监察院院长于右任的女婿，公开身份是国民党军事顾问处处长、立法委员、中苏文化协会秘书长，颇受孙科“器重”。其他如赖亚力是冯玉祥的秘书；刘仲容在白崇禧手下任高级参谋；刘仲华是李宗仁的秘书；狄超白是李济深的秘书；谭惕吾在国民党内政部供职，兼任立法委员，也为孙科所“信任”。由于“小民革”的很多骨干成员与国民党上层要员有非同寻常的关系，而这些国民党上层要员又大多在不同程度上和蒋介石存有矛盾，所以他们能利用合法身份、特殊的社会关系，通过各种渠道，“经常把了解到的重要的政治、军事和国民党内部派系斗争等情况，及时向党组织反映”[2]，对中共中央制定有关战略策略提供了可靠的依据。

第三，担负着中共与其他党派、社会团体的桥梁作用。“小民革”是具有统一战线性质的组织，其成员有不少民主党派、人民团体中的著名人士，其中有：救国会的金仲华、闵刚侯、曹孟君、孙晓村；东北救亡总会的高崇民、阎宝航；国民党民主派（包括三民主义同志联合会和国民党民主促进会）中的王昆仑、吴茂荪、刘仲容、刘仲华、于振瀛、余心清、汪季琦；第三党的李士豪；民主同

① 《重庆谈判纪实》，重庆出版社 1983 年版，第 429－430 页。

② 王昆仑等：《中国民主革命同盟史略》，《文史资料选辑》第 87 辑，第 5 页。

盟的杜斌丞、杨明轩、吴晗、关梦觉、刘思慕；九三学社的梁希、涂长望、卢于道、潘菽、叶丁易、薛愚；民主建国会的吴觉农、徐崇林；民主促进会的雷洁琼；以及郭沫若领导的文化工作委员会的阳翰笙和生活书店的沈志远等。他们集聚在“小民革”中，在南方局、周恩来的领导下，集体议论，分头工作。“小民革”既直接与各党派发生关系，又超越各党派，贯彻执行中国共产党的政策和决定。所以周恩来说，它在各党派人士“与中共之间发生了桥梁的作用”①。

上述三点说明了在特定历史条件下，中国共产党领导的外围组织的基本特征。

三

“小民革”具有严格的组织纪律和高度自觉的政治素质，凡是参加者都必须进行严格的考察和宣誓，“誓词在宣誓仪式结束后焚毁”②。成员之间的联系也必须严格遵守规定，每人必须取一代号，见面不直呼其名，而叫代号，如冈兄（王昆仑）、彪兄（王炳南）等。

为了更好地进行秘密工作和扩大工作范围，“小民革”谨慎地、严格地建立了自己的外围组织和宣传、活动阵地。以曹孟君、蒋燕为主要领导，秘密成立了“中国民主实践社”，主要成员是国民党中的进步青年。“小民革”还利用自己掌握的合法机关进行活动，把秘密工作与合法工作结合起来。王昆仑曾以中苏文化协会常务理事名义主持会务，屈武、刘仲容先后也以秘书主任名义主持会务，加之曹孟君是中苏文化协会妇女委员会的秘书长，侯外庐是《中苏文化》杂志主编，这样便形成了以中苏文化协会为主要活动阵地的

① 《周恩来同志对中国民主革命同盟在北平诸同志的谈话》，《文史资料选辑》第87辑，第19页。

② 周旧邦：《我所知道的小民革》，《统战工作资料》第1辑，第74页。

有利局面。他们利用中苏文化协会这个合法阵地，做了很多有利于革命的工作。毛泽东在重庆期间曾应邀参加了中苏文化协会举行的庆祝中苏同盟条约签订大会，受到各界人士的热烈欢迎，扩大了中国共产党的影响。

“小民革”成员的可贵之处就在于无论处在什么艰难危急的情况下，都能积极地、主动地、自觉地完成中共交给的任何任务。1944年蒋介石调屈武去陕西任建设厅长，周恩来指示屈武去西安八路军办事处联系。屈武根据周恩来的指示，不畏艰险做了大量工作，把胡宗南和祝绍周反共、反人民的阴谋及时向党组织作了汇报。不久屈武又随张治中去新疆，周恩来指示屈武到新疆后一定要根据“双十协定”释放政治犯的精神，督促张治中把盛世才关押的一批共产党员放出来送回延安。屈武出色地完成了这一任务，把包括杨之华在内的一批共产党员用卡车送回到党的怀抱。

解放战争时期，由于政治形势的变化，周恩来指示、“小民革”把反内战、要和平，反独裁、要民主，分化、瓦解国民党，进行策反工作作为中心任务。根据周恩来的指示，“小民革”以上海、南京、北平为中心坚持地下斗争，积极开展工作。1948年下半年，人民解放战争飞速发展，“小民革”在各地也十分活跃。王昆仑、许宝驹、曹孟君、侯外庐等进入解放区，参加新政治协商会议的筹备工作；刘仲容、刘仲华、屈武等奔走于国共之间，以促使李宗仁等接受中共和谈条件；一部分人去湖南、新疆等地策动起义，促使湖南、新疆和平解放；还有的积极联络有关人员策动了国民党53位立法委员的起义，发表脱离国民党的声明。这些都是“小民革”积极、自觉地完成中国共产党交给的艰险而光荣的任务，为中国人民解放事业做出的贡献。

“小民革”的成员大都是有成就的政治活动家，他们有阅历、有经验、有知识、有社会影响，并且善于独立思考，具有坚强的意志和独立的性格，很难有什么力量左右他们，让他们盲从一个党派和某种主义。在他们当中，国民党的中央委员和立法委员不乏其人，拿国民党政府高薪的比比皆是。他们宁愿放弃高官厚禄而坚定地跟共产党走，这是他们在旧中国几十年的政治斗争经验中得出的必然结论。国民党的政治黑暗、反动腐败使“小民革”成员认识到，只有中国共产党才能把贫穷落后的旧中国拯救出来，中国共产党是中华民族的希望。因此，他们愿意接受中国共产党的领导，坚信社会主义是中国革命发展的方向。这就是“小民革”留给我们的历史启迪。

1949年9月，“小民革”完成了历史任命，光荣结束了。“小民革”以它特殊的组织形式为中国革命作出了重要贡献，在中国革命史上写下了光辉一页。周恩来直接领导了“小民革”的斗争活动，这是周恩来对党的统一战线方针政策的创造性运用，也是党的统一战线史上的一个创举，这个历史的经验对于今天仍有借鉴意义。

第四编

陈独秀研究

试论五四时期陈独秀的马克思主义思想[①]

如何评价陈独秀，历来就有不同意见。打倒“四人帮”以后，在党的“百家争鸣”方针的指引下，学术界又开始了对陈独秀评价的讨论。争论的主要问题是陈独秀在五四时期是不是一个马克思主义者，与此相联系的是承认不承认他是党的创始人。从目前讨论情况看，凡认为陈独秀是马克思主义者的，一般都承认他是党的创始人之一，相反，则只承认是党的发起人。

我认为陈独秀在五四时期基本上是一个马克思主义者，但是一个不够成熟的马克思主义者。本文就这个问题谈谈自己的看法。

思想发展的三个阶段

陈独秀（1879—1942）安徽怀宁人，早年留学日本，回国后于上海办《国民日报》，主张实行彻底的“德莫克拉西”革命，反对专制制度。后参加辛亥革命，随柏文蔚来安徽任都督府秘书长，办《芜湖白话报》。一九一三年因反对袁世凯失败，再度去日本。一九一五年回国，在上海创办《新青年》杂志，积极宣传达尔文的进化论和资产阶级的民主、自由、平等思想，提倡科学与民主，主张革新政治，建立法国式的资产阶级民主共和国。

一九一九年间，他的政治思想、世界观都起了很大的变化，开

① 原载于《安徽大学学报》1979年第3期，后收入《陈独秀评论选编》（上），河南人民出版社1982年版。

始接受十月革命的影响，并以《新青年》、《每周评论》为主要阵地，从事马克思主义、社会主义的宣传工作。早在1917年列宁领导的二月革命的消息传入中国后，陈独秀就得到了新的启示和鼓舞，于四月一日发表了《俄罗斯革命与我国国民觉悟》。这是《新青年》第一篇介绍俄国革命的文章，也是陈独秀接受新思想的开端。当十月革命消息传来后，他经过一年时间的深思熟虑，便以极大的热情加以歌颂，一九一九年连续发表了《二十世纪俄罗斯的革命》、《克伦斯基与列宁》等文章，标志着他已开始接受马克思主义。当时他虽然仍集中精力对封建主义及其孔孟之道进行批判和揭露，但已不是以资产阶级的世界观、方法论作指导。他已成为初步具有共产主义思想的知识分子了。

从一九二〇年到一九二一年党成立期间，陈独秀从政治立场、世界观、学术思想等方面已基本上转变成为一个马克思主义者。

五四运动后的中国社会仍处于黑暗、动荡之中，各种矛盾继续发展，反映在思想领域里的阶级斗争，即马克思主义与反马克思主义思潮的斗争尖锐起来。作为初步具有共产主义思想的知识分子陈独秀，在和各种假马克思主义的斗争中逐步锻炼成为一个马克思主义者。一九二〇年三月一日，他发表了《马尔萨斯人口论与中国人口问题》，初步运用马克思主义的观点，对马尔萨斯的反动理论进行了揭露和批判。同年4月5日，陈独秀在上海对轮船工人作《劳动者的觉悟》的演讲，生动、通俗地向工人介绍了马克思主义“劳动创造世界”、“人民是历史的主人”的基本观点，指出了工人阶级解放的目标和步骤，提出了“自己起来管理政治、军事、产业”的夺取政权的思想。以后，他又连续发表了《谈政治》、《俄国精神》、《与柯庆施通信讨论劳动专政问题》、《关于社会主义的讨论》、《社会主义批评》、《劳动神圣与罢工》等十余篇宣传马克思主义的文章。而其中《谈政治》一文则是他由民主主义者转变成为马克思主义者的标志，这是当时中国最早阐述了马克思主义革命学说和无产阶级专政思想的文章，此文和他在党成立后写的《马克思主义学说》等著作，被当时人们称为“研究马克思学说的最好的入门书”[1]。

旧方案的自我否定

陈独秀思想发展最突出的地方，是他公开地抛弃了资产阶级民主主义和欧美式的共和国方案。这是他转变成为马克思主义者的前提条件。

一九一九年是陈独秀思想发展的大转变时期。五四运动前夕，他初步认识到列宁领导的俄国革命是“人类社会变动和进化的大关键”[2]。五四运动爆发后不久，他因宣传马克思主义，反对北洋军阀的反动统治，提倡“强力拥护公理，平民征服政府”[3]，在北京被捕入狱。陈的下狱，在国内引起了很大的震动，全国各界人士对他寄予极大的同情和支持。毛泽东同志在《湘江评论》上发表《陈独秀之被捕及营救》，对反动当局表示抗议，指出陈独秀“为思潮之明星”。还有一个叫辛白的人写了一首《怀陈独秀》的诗，赞扬他说：

依他们的主张，我们小百姓痛苦。
依你的主张，他们痛苦。
他们不愿痛苦，所以你痛苦。
你痛苦，是替我们痛苦。[4]

在五四运动中，陈独秀看到了广大人民群众，特别是中国工人阶级登上政治舞台的伟大作用，认识到资产阶级民主主义一套不能救中国，决然地抛弃了他一度热心宣扬、倡导过的民主共和国的旧方案，开始走上了马克思主义的道路。1919 年 9 月出狱后，他去上

---

① 《中国青年》1923 年第 24 号。
② 《每周评论》1919 年第 18 号。
③ 《每周评论》1919 年第 30 号。
④ 《新青年》第 8 卷第 1 号。

海，同年十二月在《新青年》七卷一号上发表《本志宣言》，表明了他的政治态度。他在《本志宣言》中明确提出："我们相信世界上的军国主义（即帝国主义——引注）和金力主义（即资本主义——引注）已造成了无穷罪恶，现在是应该抛弃的了。"与此同时，他又在北京《晨报》发表了《告北京劳动界》的文章，提出要从资产阶级的民主政治转变为无产阶级的民主政治"十八世纪以来的'德莫克拉西'，是那被征服的新兴财产工商阶级，因为自身的共同利害，对于征服阶级的帝王贵族要求权利的旗帜。……如今二十世纪'德莫克拉西'，乃是被征服的新兴生产劳动阶级，因为自身的共同利害，对于征服阶级的财产工商阶级要求权利的旗帜"。他还明确地指出，"十八世纪以来的政制已经破产"[①]，"民主政治及议会政策在中国比在欧美更格外破产了"[②]。抛弃走资本主义道路，接受走社会主义道路，这是陈独秀一生中的巨大转变。一九二〇年四月，他公开表示要"走俄国人的路"[③]，"俄国式的方法是唯一的道路"[④]。稍后一点，他在《我们为什么要相信社会主义?》讲演中又进一步说明了这个问题。他说："我们现在只有两条路可走：一条是帝国主义的路——旧的，一条是社会主义的路——新的。除了这两条之外没有第三条路可走"。"帝国主义那条旧路是不能再向前走了，惟有去找社会主义那条新路来走"[⑤]。从当时陈独秀的言论和实践活动不难看出，他从理论、思想到实际行动都已抛弃了走资本主义的旧方案，认识到走旧民主主义革命的道路行不通，并在马克思主义指导下走上了新民主主义革命的征途，所以，陈独秀算是中国开辟走这条道路的先驱者。抛弃旧的是走向新的前提。陈独秀所以能热情地宣传马克思主义，勇敢地和一切非马克思主义派别作斗

① 《新青年》第8卷第1号。

② 《新青年》第9卷第3号。

③ 李达：《七一回忆》，《党史研究资料》第1集，四川人民出版社1979年版，第121页。

④ 《新青年》第7卷第3号。

⑤ 《中国青年》1923年第24号。

争，积极筹建中国共产党，这与他自觉地、公开地否定自己原来的主张是分不开的。我国自五四运动以来的历史证明：只有社会主义能够救中国！

对无产阶级革命的认识

陈独秀在宣传马克思主义中，特别突出地宣传了马克思主义的阶级斗争和无产阶级革命的学说。

在阶级社会里，阶级分析的观点是马克思主义观察社会现象的基本观点。五四时期的陈独秀初步懂得了这个道理。他揭示了国家的阶级实质，指出无论是资产阶级的民主国家，还是中国的封建军阀统治的国家，都是有产阶级统治劳动阶级的“一种工具”。他说，“世界各国里面最不平、最痛苦的事，不是别的，就是少数游惰的消费的资产阶级，利用国家、政治、法律等机关，把多数勤苦的生产的劳动阶级压在资本势力底下，当做牛马、机器还不如”①。因此，要改变这种现状，就必须采用“革命的手段”。只有用革命的手段才能“去占领权力阶级的地位”，“去破坏旧的生产方法”，“去建设劳动阶级（即生产阶级）的国家”。②

无产阶级革命学说与修正主义谬论是根本对立的。陈独秀在初步具备了无产阶级革命思想以后，就以此为武器批判了第二国际伯恩施坦等宣扬的阶级调和、议会道路等修正主义谬论。他指出：“德国的社会民主党……在实际上已令劳动者从事选举运动，已利用资产阶级政府国会采用社会政策改善劳动的地位，已实行与一切资本阶级的政党提携，已反对无产阶级共同团结了”③。这是一种欺骗：“我们要知道议会制度本是资产阶级专为供给及监督他们的政府的财政而设立的，要拿他来帮助劳动者，来废除资本私有制度，

① 《新青年》第8卷第1号。

② 《新青年》第8卷第1号。

③ 《新青年》第9卷第3号。

岂不是与虎谋皮吗?” 这就揭穿了伯恩施坦修正主义的本质。陈独秀以初学马克思主义的“小学生”，用嘲笑的口吻讽刺那些自称马克思主义派的庞然大物们，指出:“马克思的著作无一不是主张无产阶级对于有产阶级取革命的行动，没有一句主张采用议会政策的。可惜自称马克思派的德国社会民主党竟然忘记了!”[①] 这就在刚刚开始接受马克思主义的中国人民面前剥去了伯恩施坦们的画皮，推动了马克思主义在中国的进一步传播。

革命手段是无产阶级推翻资产阶级统治的最根本的手段，当时陈独秀还没有十分明确这个革命手段最高形式是武装斗争，但他反对走议会道路。他说，“我敢说：若不经过阶级战争，若不经过劳动阶级占领权力阶级地位的时代，德莫克拉西必然永远是资产阶级的专有物，也就是资产阶级永远把持政权抵制劳动阶级的利器”。因此，“资产阶级所恐怖的，不是自由社会的学说，是阶级战争的学说。”[②] 这个认识在当时马克思主义水平较低，而且各种假马克思主义思潮泛滥，一时难以辨认的情况下，真是一个了不起的见解。

陈独秀在宣传马克思主义的时候，重视把马克思主义的基本原理和中国革命的具体实际相结合，反对脱离实际的空喊口号和玩弄马克思主义的名词概念。他说，“我们生在这解放时代，大家只有努力在实际的解放运动上做工夫，不要多在名词上说空话”，“若是离开实际运动，口头上的名词无论说得如何好听，如何彻底，试问有什么用处?”“我们迷信名词万能，还是八股的余毒，名词果能万能，‘共和’这个名词自然比‘专制’、‘君主立宪，都好听得多，彻底得多，可是中国现在总算有了‘共和’这个名词了，实质上实际的效果怎么样?”“因此，不要睡在空名词圈里，学那变戏法的，把名词当作一种符咒，只要口中念念有词，就梦想他等候他总有一天从空中落下，实现在我们眼前”。这是对从书本上讨生活的教条

① 《新青年》第9卷第3号。

② 《新青年》第8卷第1号。

主义者和空头政治家的有力批判。注重实际必然要反对迷信偶像、崇拜圣贤之言万能的宗教思想。他说："我们被那些'先王之法'、'圣人之道'等包含一切金科玉律的空法名词贻误已久，此后不可再误了"① 破除迷信，解放思想，是社会解放的必要条件，陈独秀在五四时期对打破旧思想、老教条的束缚，对马克思主义的传播，起了促进和推动作用。

对无产阶级专政思想的理解

马克思主义传入中国以后，不少人热情的歌颂它、宣传它，但是也有不少人回避了它的核心部分，即无产阶级专政，只有一部分人接受了这一光辉思想。在国外，最先接受这一思想的有周恩来、蔡和森、李富春等同志；在国内则有毛泽东、李大钊、陈独秀等。而陈独秀又是较早在理论上初步阐述了无产阶级专政思想的人，他批判了伯恩施坦、考茨基的修正主义，使无产阶级专政思想在中国得到了传播。这是陈独秀的一大贡献。

陈独秀在《谈政治》一文说，无产阶级在夺取政权之后，"被压迫的生产的劳动阶级自己造成新的强力，自己站在国家地位，利用政治、法律等机关，把那压迫的资产阶级完全征服，然后才可望将财产私有、工银劳动等制度废去，将过于不平等的经济状况除去"。那么无产阶级专政的基本任务是什么呢？他说，其一，是镇压被打倒的剥削阶级的反抗，防止资本主义复辟，"永久制服他们，不至死灰复燃"，利用强权"防止他们的阴谋活动"，同时对他们进行改造，"矫正他们的习惯、思想"②；其二，通过专政，达到消灭阶级，实现无阶级压迫的共产主义。"无产阶级专政就是不许有产阶级得到政权的意思，这种制度乃是由完成阶级战争、消灭有产阶

---

① 《解放与改造》第1卷第6期。

② 《新青年》第8卷第1号。

级做到废除一切阶级所必经的道路”[①]。陈独秀简要、明确地阐述了无产阶级专政的实质和历史使命，这在当时所有马克思主义者中间，是比较突出的。

在陈独秀著作中不仅初步论述了无产阶级专政的学说，而且也批判了修正主义的谬论。当他提到“德国社会民主党人”和“柯祖基（即考茨基——引注）著书大攻击俄国的无产阶级专政说不合乎民主政治，说不是马克思主义”时曾引用《共产党宣言》和《哥达纲领批判》据理驳斥，说“马克思在‘哥达纲领批判’中明白的说：‘在资本主义的社会和共产主义的社会的中间，有一个由这面推移到那面的革命的变形的时期。而这个时期，政治上的过渡时代就为必要。这个政治上的过渡时代，不外是无产阶级的革命的独裁政治”，并指出这是马克思的一贯思想。“在‘共产党宣言’上更是大声疾呼地说：（一）纠合无产者团结成一个阶级，（二）颠覆有产阶级的权势，（三）由无产阶级掌握政权。”因此陈独秀得出结论说，“可见无产阶级专政明明是马克思的主张，可惜自称为马克思派的德国社会民主党竟然忘记了”[②]。

在批判伯恩施坦等修正主义对无产阶级专政攻击的同时，也有力地批判了中国的无政府主义，有名的“三战区声白”就是一个突出的例子。无政府主义者在中国贩卖俄国克鲁泡特金的“互助论”，托尔斯泰的“泛劳动主义”和“无抵抗主义”，标榜反对一切国家和一切强权，反对一切政治斗争和暴力革命，宣扬个人的“绝对自由”、攻击“布尔什维克却事事用强权……这是摧残个人”，因此他“不承认资本家的强权”，“不承认政治家的强权”，“不承认劳动者的强权”[③]。他们把无产阶级专政视为“万恶之源”。陈独秀在《新青年》、《每周评论》等刊物上对反动的无政府主义谬论，给予迎头痛击。他说，“此时俄罗斯若以克鲁泡特金的自由组织代替了列宁

① 《新青年》第9卷第3号。

② 《新青年》第9卷第3号。

③ 《奋斗》第8、9期合刊。

的劳动专政，马上不但资产阶级要恢复势力，连帝政复兴也必不可免”，而“若劳动阶级自己宣言永远不要国家、不要政权，资产阶级自然不胜感谢之至”。因此，他讥笑那些无政府主义者“天天不要国家、政治、法律，天天空想自由组织的社会出现”，结果怎么样呢？“那班资产阶级仍旧天天站在国家地位，天天利用政治、法律；如此梦想自由，便再过一万年，那被压迫的劳动阶级也没有翻身的机会”[①]。揭露得真是一针见血！

无政府主义者区声白为了反对无产阶级革命和无产阶级专政，到处宣扬绝对的自由，疯狂攻击马克思主义。他胡说，如果“在一个团体之内有两派意见，赞成的可以执行，反对的就可以退出，赞成的既不能强迫反对的一定做去，反对的也不能阻碍赞成的执行，这岂不自由吗？”陈独秀斥责说：所谓“人人同意及人人可以自由退出的社会”，无论在理论上或实践上都是荒唐可笑的。自由是相对的，而不是绝对的，“要绝对自由就不能联合，要联合就不能绝对自由”[②]。无政府主义者又拿出资产阶级民主来反对无产阶级专政，陈独秀据理批驳。他说：“现在有许多人拿‘德莫克拉西’和‘自由’等口头禅来反对无产的劳动阶级专政，我要问问他们的是：（一）经济制度革命以前，大多数的无产劳动者困苦不自由，是不是合乎‘德莫克拉西’？（二）经济制度革命以后，凡劳动的人都得着自由，有什么不合‘德莫克拉西’？那班得不着自由的财产家，为什么不去劳动？到了没有不劳动的财产家，社会上都是无产的劳动者，还有什么专政不专政？”[③] 讲的好，问的好。他既讲了民主与专政的关系，也讲了民主、专政是手段而不是目的，目的是消灭阶级取消专政，实现共产主义。正如列宁所指出的：“无产阶级专政，即向共产主义过渡的时期，将第一次提供人民享受的，大多数人享受的民主，同时对少数人即剥削者实行必要的镇压。只有共产主义

---

① 《奋斗》第2期。

② 《新青年》第8卷第1号。

③ 《新青年》第8卷第3号。

才能提供真正完全的民主，而民主愈完全，它也就愈迅速地成为不需要的东西，愈迅速地自行消亡”[①]。

陈独秀在批判无政府主义者对无产阶级专政攻击时，深刻地揭露了他们的阶级本质。他说：“他们天天跪在资产阶级特权专政脚下歌功颂德，一听说劳动阶级专政，马上就抬出‘德莫克拉西’来抵制，德莫克拉西倒成了资产阶级的护身符了”[②]。列宁说，“无政府主义是改头换面的资产阶级个人主义。个人主义是无政府主义整个世界观的基础”[③]。陈独秀对无政府主义的批判基本上是符合列宁的这一论述的。

对科学社会主义的认识

自马克思主义传入中国以后，社会主义就成了“热门”，社会上各色各样的人，抱着各种不同的政治目的来谈论社会主义。什么王麻子、汪麻子、旺麻子的“社会主义流行”起来。[④]一九二一年的《改造》杂志二月号专门开辟了一个专栏“社会主义研究”，一时一些所谓名流学者也讨论起社会主义来了。如梁启超、蓝公武、蒋百里、彭一湖、张东荪等人，他们对社会主义的看法：有的同情，有的恐惧，有的反对，心理状态各不相同，但都把社会主义解释得纷乱混杂，把人的思想搅得很乱。真正的马克思主义者应时而起，毛泽东、李大钊、李达、蔡和森、陈独秀等人批判了冒牌的社会主义。而陈独秀在这一斗争中初步辨认出了真假社会主义，开始具备了科学社会主义的世界观。

陈独秀首先把空想社会主义和科学社会主义加以区别，指出二者是建筑在不同的历史条件、不同的社会经济基础上的。他说：

① 《列宁选集》第3卷，人民出版社1972年版，第248页。
② 《新青年》第8卷第1号。
③ 《列宁选集》第1卷，人民出版社1972年版，第218页。
④ 《李大钊选集》，人民出版社1959年版，第166页。

“马克思以后的社会主义是科学的，是客观的，是建设在经济上面的和马克思以前建设在伦理上面的，空想的，主观的社会主义完全不同”[①]。在此基础上他又区别开了当时在中国境内的各种社会主义流派。如（一）无政府主义；（二）共产主义；（三）国家社会主义；（四）工团主义；（五）行会社会主义。

这五种社会主义，只有共产主义是真社会主义，其他都是假社会主义。因此，陈独秀认为必须选择共产主义，批判假社会主义，否则“会趋向到资本主义去”[②]。

在这几种冒牌的社会主义中，陈独秀着重批判了无政府主义、国家社会主义（即议会派）和行会社会主义（即基马尔社会主义）。他说，国家社会主义是“主张利用有产阶级的议会来行社会主义，所以叫做议会派；内中无论是柯祖基（即考茨基——引注）的正统派或是柏伦斯泰因（即伯恩施坦——引注）的修正派，都不过是大同小异罢了。在俄国才还了马克思的本来面目，叫做共产主义”[③]。那么共产主义和国家社会主义的区别在什么地方呢？陈独秀列举了四个方面加以对比。

共产主义主张：	社会主义主张：
阶级战争	劳资提携
直接行动	议会政策
无产阶级专政	民主政治
国际运动国家	国家主义

这四个方面，如民主政治、国家主义虽有些含混不清，但基本上把修正主义的特征、实质揭露出来了。这是陈独秀的又一功劳。

就当时的情况讲，把真假社会主义从本质上加以区别不是一件简单的事情。当时不少人把非马克思主义的各种流派误认为是社会主义加以赞颂、宣传，并指导自己的行动。正如瞿秋白同志所讲

① 《新青年》第9卷第3号。
② 《新青年》第9卷第3号。
③ 《新青年》第9卷第3号。

的："社会主义的讨论，常常引起我们无限的兴味。然而究竟如俄国十九世纪四十年代的青年思想似的，模糊影响，隔着纱窗看晓雾，社会主义流派，社会主义意义都是纷乱、不十分清晰的"①。陈独秀能在这种情况下初步划清了科学社会主义与各种假社会主义的界限是不容易的，这说明他对马克思主义的理解是比较正确的。他推动了科学社会主义思想在中国的传播和与工人运动的结合，为中国共产党的成立做了奠定思想基础的工作。

思想的局限性

一九一九年，陈独秀开始接受马克思主义，并于一九二〇年基本上转变成为一个马克思主义者。但是，陈独秀无论在政治思想和世界观上都存在着不少缺点。在他所接受的马克思主义中混杂了各种非马克思主义成分，有时还用资产阶级的观点去理解马克思主义。如他认为资本主义"国家的政治法律都是掠夺的工具"，应以"劳动专政来代替"，但他又说，"这种工具有改造进化的可能性，不必根本废弃他"②。这显然是一种糊涂观念。所以尽管他批判了各种非马克思主义观点，主观上想把它区别开来，清除出去，但由于当时马克思主义传入中国时间尚短，翻译出版的马克思主义书刊还很有限，整个党的马克思主义理论水平很低，因此不能做到这一点。正如冰冰在当时给南京社会科学研究会编的书目前言中所讲的："要在中国现在的出版物中去研究马克思学说，差不多是不可能的，漫说他的卷帙浩繁的'资本论'，就是他的小册子如'经济学批评'之类也没有译本可看；至于解译或批评他的学说之著作更不消说了"③。这种历史局限性，是时代的产物。另外，他虽走上了马克思主义的道路，但仍带有浓厚的旧知识分子的气味和旧的士大

① 《瞿秋白文集》第1卷，人民出版社1988年版，第23页。

② 《新青年》第8卷第1号。

③ 《中国青年》1923年第24号。

夫式的和封建家长式的作风，这也就限制了他与社会实际的接触，产生了或多或少的轻视人民群众巨大作用的思想，特别是不能从本质上认识年轻的中国无产阶级的历史作用。这是他后来犯右倾机会主义错误的很重要的原因之一。

综上所述，五四时期陈独秀基本上是一个马克思主义者。毛泽东同志曾说过："在我第二次到上海的时候，我曾经和陈独秀讨论过我所读过的马克思主义的书籍，而陈独秀坚决的信仰在我生活中这一转变时期对我的影响也是极其深刻的"①。

陈独秀在五四时期积极宣传马克思主义，在社会上产生了很大影响，有一定的威望，在我们党的前五次代表大会上都被选为党的领导人。作为党的发起人、创始人之一陈独秀，他前期的思想、作用应当给予正确的肯定。党中央、毛泽东同志及广大人民群众没有忘怀他的历史功绩，即使他被开除出党后也是这样正确对待的。1932 年陈独秀第三次被捕入狱，一九三三年为李大钊同志在北京举行葬礼，群众写了一副挽联把陈李并提："南陈已囚，空教前贤笑后死；北李如在，那用我辈哭先生"。

第一次国内革命战争失败后，陈独秀离开了中国共产党的队伍，但是他的前期还是革命的，不能以后者否定前者。我们应该对他作出历史的、客观的、实事求是的评价。

① 埃德加·斯诺：《西行漫记》，生活·读书·新知三联书店 1979 年版，第 131 页。

评陈独秀在抗日战争时期的政治思想[①]

陈独秀在抗日战争时期（一九四二年他病逝于四川江津）曾受到一阵子批判，对他批判最起劲的要算是康生，另加陈伯达。在他们的鼓噪下，什么“汉奸”、“日寇侦探”、“走狗卖国贼”等大帽子遮天盖地而来。对于这种“批判”，当时就引起一些有正义感的人士不满。今天对这段历史仍有重新研讨的必要。

陈独秀出狱后的政治倾向

一九三二年十月中旬，陈独秀被国民党反动派逮捕。一九三七年八月十九日，在中国共产党和全国人民要求释放政治犯的强大压力下，并通过胡适、张伯苓等人的交涉保释，国民党政府终于被迫提前释放了陈独秀。

陈出狱后的心情是十分激动的。但出狱后向何处去？其政治生涯又将如何？他给包惠僧写了岳飞的《满江红》：“三十功名尘与土。八千里路云和月，莫等闲白了少年头，空悲切。”从中露出一些端倪。

当时国难当头，日本帝国主义发起了全面的侵华战争，我国正处于抗日救亡的关键时刻。国共两党抗日民族统一战线的建立，全民族抗战的开始，这种新的政治形势，给予陈独秀的思想以巨大的

---

① 原载于《安徽师范大学学报》1980 年第 4 期，后收入《陈独秀评论选编》（下），河南人民出版社 1982 年版。

推动和影响，从而也就决定了他要选择的道路。

陈出狱后动态如何？首先是他的好友、同乡胡适来拉他。先要陈去美国，在国难当头之际他不愿离开祖国；后又劝陈参加国防参议会，他又拒绝。张国焘要陈再次组织共产党（伪字号的），他不予理睬。谭平山要他组织第三党，陈也无意于此。蒋介石也派人来劝诱，让他当劳动部长，陈断然拒绝，并斥蒋是"异想天开"。那么他要干什么呢？一是参加抗日。有两件事可以证明：一九三七年十月他发表了一篇《孔子与中国》和一篇记者访问谈话。在这两篇文章中抗日爱国热忱，不减于当年五四时期。他主张全面抗战，改革政治，唤起民众。二是他说要"去延安"。为此，他曾派罗汉去延安向党中央请求，也曾托人并亲自向我党驻南京、武汉的负责人叶剑英、董必武、秦邦宪等同志谈话，表达了这一愿望。党中央、毛泽东同志则表示欢迎，同时向陈提出了三项要求：（一）放弃并坚决反对托派全部理论与行动，并公开声明与托派组织脱离关系，承认自己过去加入托派之错误；（二）公开表示拥护抗日民族统一战线政策；（三）在实际行动中表示这种拥护的诚意。[①] 董老在谈话中劝他应以国家民族为重，抛弃固执和偏见，写一书面检讨，回党工作。他说，"回党固我所愿，惟书面检讨，碍难遵命。"事实上，陈独秀除了未公开承认错误，批判自己外，其他条件基本上都执行了。如：他以通信方式（实际上是声明）向《新华日报》说明了自己的政治态度。（《新华日报》也承认陈"现在已经脱离了过去曾经参加过，并且成为其领导人的托派组织"）但决不承认是"汉奸"，并要求康生等人"拿出真凭实据来"。应该说，这个要求并不过分。但是，根据王明的指示，《新华日报》不但没有公开发表陈独秀的信件，反而对他展开了一场严厉的批判。结果，激起了沈钧儒等民主人士和其他人的不平，站出来为陈辩护。这不能不说是一个失策。陈独秀此时的政治观点和态度，虽有不够令人满意的地方，但

① 《新华日报》1939年3月20日。

他开始向党靠拢毕竟是一种积极的转变。遗憾的是，在王明、康生等人的干扰下，我们党没有继续采取正确的措施，这是应该引为教训的。

对抗日民族统一战线的态度

康生曾说：陈独秀不赞成我们党的抗日民族统一战线的路线和政策，反对国共合作，反对中国共产党。这是缺乏事实根据的。

陈独秀出狱后曾多次表示，国共两党建立抗日统一战线是当前抗战的需要，是完全正确的决策。他说：国共两党为了民族危机，停止多年的内战，在军事上合力抗日，这是无可非难的事。为什么呢？因为这是形势发展的需要，是全国人民“为民族生存而奋斗的共同意志。”（《各党派应该如何巩固团结?》）

对于抗日民族统一战线，他寄以较大的希望。他特别强调团结，反对摩擦，反对有损于国共两党合作抗日的任何举动。抗战初期，由于建立了统一战线，抗日局面迅速扩大，形势的发展令人十分鼓舞。陈说，“这一联合，在数月抗战中也收到了相当的效果。”（《抗战中的党派问题》）但是他也看到了国民党的排除异己，破坏团结的一股逆流。他说：“国人颇为惴惴，深恐此种摩擦如果发展下去，或至影响抗战前途。”（《抗战中的党派问题》）所以他大声疾呼，“在民族危急存亡的今日，全中国不分在朝在野各党派，如果认为民族利益高于党派利益，无可犹疑的应该避免无关于抗战胜负之根本政策的争论，而以全力在民族解放战争上面”。（《抗战中的党派问题》）

在抗日民族统一战线中，陈独秀主张各党派一律平等，反对国民党的一党独裁制度，说：“一国中为什么有党同代［伐］异的各党派存在，这不是根据人们愿意不愿意，而是根据社会各阶层客观利益不同形成思想不同所结合的共同意志，不能够由人们在主观上任意令它发生、令它消灭”。（《各党派应如何巩固团结?》）蒋介石在抗战开始后不久，就千方百计地打击、削弱共产党领导的革命力量和其他民主势力，同时叫嚣要以国民党反动派的假三民主义来代替共产主义。对此，陈独秀极力反对。他说，“不幸得很，竟有人在各党派合作抗战中，提出思想信仰之统一为党派合作抗战的条件问题，这未免太过幻想了。”“思想信仰统一了，则只有一党存在，根本无所谓各党派，便根本无所谓合作、团结了。”因此这是破坏团结抗日的“一种有毒害的幻想。”“在客观上帮助了敌人”。所以他严肃地警告国民党：“历史的教训是很严酷的，我奉劝主张统一思想信仰的人们，多做点抗日救亡工作，少发点幻想罢。”（《抗战中的党派问题》）不难看出，陈独秀的观点基本上符合我们党的抗日民族统一战线和政策。当时毛泽东同志也严厉地批判了这种谬论，指出，“一个主义也不通。在阶级存在的条件之下，有多少阶级就有多少主义，甚至一个阶级的各集团中还各有各的主义。”因此，“那所谓‘一个主义’的反民权主义的作风，还是早些‘收起’吧！”①

如何坚持、巩固抗日民族统一战线？陈独秀指出：“国民党承认共产党及其他在野党派，都公开合法存在，要求它们合力抗日，而不采取招降的态度；并且不妨碍在野党对政府党政治的批评。”（《抗战中的党派问题》）这基本上也符合我们党提出的抗日民族统一战线中的独立自主思想，观点和倾向性是十分明确的。

由此可见，陈独秀决不是“破坏抗日民族统一战线”，恰恰相反，他是拥护抗日民族统一战线的。

关于抗战的思想

陈独秀是否主张抗日？是爱国还是“卖国”？是日寇的“走狗”、“汉奸”，还是保持了晚节的政治思想家？这要用事实来说话。

---

① 《毛泽东选集》第2卷，人民出版社1991年版，第687页。

一切臆想、推论和捕风捉影的所谓“根据”都是不能成立的。

康生曾说陈独秀是“汉奸”、“日寇侦探”，理由是“上海的日寇侦探机关，经过亲日派唐有壬（国民党外交次长——引注）的介绍，与由陈独秀、彭述之、罗汉等所组成的托派‘中央’进行共同合作的谈判”，谈判结果，日本“给陈独秀的‘托派中央’每月三百元的津贴。”到底是真是假，四十多年来不少人持怀疑态度。因为不仅没有看到什么事实，而且矛盾百出，不能自圆其说。就在康生的同一篇文章中，又说托派张慕陶每月领取日寇津贴“五万元”。一个托派地方头目每月能领到“五万元”，而整个托派“中央”每月只能领取“三百元”，相差一六六倍，实在令人费解。还有一篇文章，说河北省的托派每月领取日寇津贴“一万元”。其分配是：天津两千元，保定一千五百元，石家庄一千五百元，顺德、大名各一千元[①]。托派“中央”领取的日寇津贴还不到顺德一个小县城的三分之一。这显然也是不能令人信服的。

陈独秀在抗战初期的表现是爱国的、正直的，其生活是艰苦的，主要靠他自己的劳动来维持生活。据陈的好友汪孟邹于一九三八年说，陈独秀在四川江津以卖文章为生，每日可撰写二、三篇，大都归《时事新报》发表，每篇文章可收入三四十元。同时汪孟邹又利用亚东图书馆为陈出版文集等书，这样才能“以抵生活之需。”[②] 另外也靠陈的一些朋友、学生支援。陈独秀出狱后及病中，他的北大学生、好友先后接济他四五百元，以维持简朴的生活。

又有人说陈独秀帮助日寇侵略中国，主要指陈“直接受日本侵略者所指使”[③]。究竟如何“指使”？具体说法，前后也有矛盾。一说“中国托陈派的总任务正如他们的祖师——托洛茨基所规定的一样：‘不要去阻碍日本侵略中国’”[④]；二说陈独秀与日寇侦探机关谈

① 《解放》1938 年第 58 期。
② 《胡适来往书信选》（上），中华书局 1979 年版，第 384 页。
③ 《解放》1937 年创刊号。
④ 《解放》1937 年创刊号。

判结果，“不阻碍日本侵略中国”[1]；三说陈直接接受日本条件，“不妨碍日本占领中国。”[2] 三种说法，一是托洛茨基规定；二是谈判结果；三是直接接受。因此不能不使人怀疑它的真实性。

陈独秀完全否认对他本人的诬陷，说：我“不受任何人的命令指使”[3]。陈独秀究竟是“不阻碍日本侵略中国”，还是“阻碍日本侵略中国”，还是来看看他当时的思想和言论吧。

他既反对国民党的对日妥协，也反对英美的绥靖政策。在抗日战争开始前后，美英帝国主义从维护他们在中国的利益出发，极力主张国民党与日本妥协，在国际事务交往中，也企图以牺牲中国换取日本的让步。陈独秀严正指出，英美在对日政策上“是一致避免战争希望和平；然而他们所希望的和平，是跟在侵略者的后面承认侵略弱小民族的既成事实，以避免战争，这是对侵略者的和平。”又说，“自九一八以来，我们已经饱受他们这种和平政策的苦教训了。”和平妥协的结果，所能得到的只有“屈服”、“亡国”。如果我们“不愿”“屈服”、“亡国”，我们“只有支持长期抗战之一途。”也只有这样，“才能够多少转变张伯伦的政策”。因此他向国民党当局提出应该“放弃和平”，“除了战争，空话是不能损伤侵略者毫发的。”（《从国际形势观察中国抗战前途》）他极端鄙视投降变节的汉奸，无论是现实的，或者历史上的，凡是丧失民族气节、叛变投敌的，如“冯道、姚枢、许衡、李光地、曾国藩、郑孝胥、罗振玉”[4] 之辈他都加以痛斥，以此教育众人，提高民族爱国

① 《解放》1937 年第 30 期。

② 《新华日报》1938 年 3 月 17 日。

③ 《给陈其昌等的信》1937 年 11 月。

④ 冯道——五代时人。历事唐、晋、汉、周，官皆将相，是为后人鄙之；姚枢——宋人，后降元，拜官为元世祖服务。许衡——宋人，后降元，累拜中书左丞；李光地——清人，康熙时进士，后起反，又叛。并向清朝统治者献计攻剿起义军，事平，晋兵部右侍郎等官职。后人讥骂；曾国藩——清湘乡人。是镇压太平天国革命运动的刽子手；郑孝胥——抗日战争时期的伪满洲国总理、大汉奸；罗振玉——近代金石学家，思想反动，后堕落为汉奸卖国贼。

觉悟[1]。不仅如此，他还说："每个中国人对于抗战怠工，不尽他所尽的力量，事实上是帮助了敌人，即是消极的无形的汉奸。"（《抗日战争之意义》）。

陈独秀不单纯从一个国家，一个民族的利益出发，而是从整个国际反法西斯战争，从整个民族解放运动的角度分析中国的抗日战争。他说，"此次抗日战争，不是基于一时的感情，也不是由于民族的复仇，更不是为了正义、人道、和平，这些好听的空洞名词，而是被压迫的民族反抗帝国主义压迫束缚的革命战争"，是"以完成中国独立与统一，由半殖民地的工业进到民族工业，使中国的政治经济获得不断的自由发展之机会"。（《抗日战争之意义》）正因为如此，中国的抗日战争必将有力地推动世界反法西斯战争的进行。所以它"不但有民族的意义，而且有世界的意义。"（《从国际形势观察中国抗战前途》）陈独秀力主全面抗战，反对国民党政府包办的片面抗战。他说："据我个人的观察，目前还只有政府的抗战，没有人民的抗战。"[2] 对此他提出了批评，并说，为了抗战胜利，必须发动组织群众，使人民"有组织有纪律的武装起来。""假使民众不起来，政府的军事势力始终陷于孤立的地位，不得已，中途屈服，放弃华北，这种南方暂时偏安的局面，也会日趋予中国灭亡之路"。（《抗日战争之意义》）不难看出，陈独秀是积极主张抗日的，给他戴上"汉奸""卖国贼"的帽子是毫无事实根据的。

对抗战前途的分析

陈独秀在一九四二年三月写了两篇文章，即《战后世界大势之轮廓》及《再论世界大势》，引起了社会上的注意。有人据此说：陈独秀是一个"亡国论"者、"投降主义"者、"失败主义"者。

---

① 《孔子与中国》，《东方杂志》第34卷，第18、19号。

② 《陈独秀访问记》，《国闻周报》第14卷，第40期。

其实，这是一种误解和偏见。

在这两篇文章中，他认为世界与中国的抗战有两种前途：一是胜利，但要各方面协调努力；二是亡国，主要是力量不统一的结果。他强调指出："倘若胜利属于德意日，我们必沦为殖民地。"（《战后世界大势之轮廓》）又说，"此次大战胜利属于希特勒，英国固然完了，罗斯福或也至倒台，美洲的希特勒将起而代之……如此则会真是罗斯福所说，民主自由将丧失数百年才能恢复"。这是一个历史的大倒退。为此，他画制了一个图表，说明这个大倒退的可能性：

未来世界（无产阶级民主制以至全民民主制——法西斯蒂专制）；近代世界（资产阶级民主制——封建诸侯及其末期的君主专制）；古代世界（城市市民的民主制——大地主大军事首领的专制）；上古世界（氏族社会民主制）。（《再论世界大势》）

这个表是不科学的，但它的主要思想、主要倾向是很明显的，就是通过两种可能性，以警告世界各国，不要坐等胜利，"守株待兔"的战略就是黑暗世界的到来，就是希特勒法西斯专制的到来。所以他警告说，"如果人们躺在幻想和乐观的安乐椅上，听任纳粹在发展，我们没有理由否认这一黑暗的时期到来之可能"。（《再论世界大势》）为什么呢？因为"客观上的估计和主观上的努力虽然不能相差很远，而也不一定都是同一方向。"（《再论世界大势》）陈独秀的主要意思是要人们"坚苦的前进，哪怕较为遥远，都不可拿乐观的幻想以自慰。与其以乐观的估计构成海市蜃楼来自己安慰自己，以至松懈了事前的戒备；不如拿可能的悲观的估计，以警策自己，以唤起别人，加紧事前之努力。"这是唯一扭转形势，避免失败，争取胜利的唯一途径。陈独秀为宣传他的这种策略思想，曾和友人多次辩论。他说，"这即是我所以不顾旧日同路人的讥评，而始终赞成联合英美向纳粹进攻之理由。"（《再论世界大势》）

根据当时国际国内的形势，陈独秀最担心的是三点：一是反法西斯战线的涣散、互不协调，主要是英美企图单方面消耗苏联的实力，不履行自己应尽的义务；二是幻想代替现实，迷信“最后胜利天然必属于我们”，不去做艰苦的实际工作；三是国内反共摩擦的继续发展。因此他提出了中国抗战和全世界反法西斯战争的两种可能的前途，特别强调了坏的方面，以唤醒人们注意，避免失败的可能性，争取实现胜利的可能性。所以对这两篇文章不作全面分析，不看实质，片面地抓着一点无限上纲，从而得出“亡国论”的结论，显然是不公平的。

综上所述，陈独秀是主张抗日的、反对妥协投降的爱国主义者，是站在人民大众立场上的爱国主义者。他的政治思想基本上是正确的，但不完全是马克思主义的。这和他的遭遇特别是晚年处于极端孤立的政治环境很有关系。他批评国民党的独裁统治，但拥护以国民党为中心领导抗战；他认为英美是帝国主义压迫落后民族，但在抗日战争时期不应脱离英美而独立，英美是反法西斯战争中的民主势力的代表；他虽不直接涉及中国共产党的路线、方针、政策，并拥护国共合作，反对反共摩擦，但不时流露出对我党的不满情绪；他虽同情苏联，主张援助苏联与希特勒作战，并总结了苏联的一些历史经验教训，但认为苏联的政治制度是独裁制度，斯大林是个独裁者。

总之，抗日时期的陈独秀不是一个“亡国论”者、“投降主义”者、“失败主义”者，更不是“汉奸”、“特务”、“反革命”，而是一个在实际行动上脱离了托派和托派观点的，积极主张抗日的爱国主义者。

中国共产党成立前后的陈独秀

《共产宣言》提出："共产党人不屑于隐瞒自己的观点和意图。他们公开宣布：他们的目的只有用暴力推翻全部现存的社会制度才能达到"。尽管中国的反动统治阶级把共产主义视为"洪水猛兽"，疾党如仇，为消灭"共产主义幽灵"而"结成神圣同盟"。但中国共产党人并不畏惧。他从诞生那一天起，就公开了自己的理论、纲领和目的，并为此而前赴、流血牺牲；同时又为此而努力争取、团结一切民主革命力量结为同盟军。陈独秀不惧艰险，在为"公开说明自己的观点、自己的目的、自己的意图并且拿党自己的宣言来对抗关于共产主义幽灵的神话。"① 和为寻找党的同盟者，为把马克思主义与中国革命实际结合起来，作了积极的努力，取得了最初的效果。

一、批判无政府主义，为党的成立扫清思想障碍

无政府主义是一种与马克思主义相对立的社会思潮。它在无产阶级领导革命的进程中，消极的、破坏性作用是不能忽视的。如果说，在马克思主义传入中国以前，它还有一定程度的反封建专制主义的作用，那么，在马克思主义传入中国之后，它的消极、破坏作用就极为突出了。原因是无政府主义散布一种涣散的、绝对平均主义的、反对集中、反对纪律、反对阶级斗争和无产阶级专政的反动思潮和主张。这种思潮迎合了小资产阶级的口味。中国有众多的小

---

① 《马克思恩格斯选集》第1卷，人民出版社1972年版，第250页。

资产阶级，因此无政府主义有其相当的社会基础。早在1912年刘师复便在广州组织了“晦鸣学舍”，出版了《伏虎集》，宣传无政府主义。1914年，上海、广州又成立了“无政府主义同志社”，江苏常熟成立了“无政府共产主义传播社”，1916年南京建立了“群社”，1917年北京建立了“实社”，1918年山西建立了“平社”。各个组织又都出版了各自的刊物，大肆鼓吹无政府主义。这种思潮在知识分子、青年学生及一部分工人中有一定的影响。

“五四”运动时期，马克思主义在中国得到广泛的传播，随之而来的无政府主义思潮也进一步泛滥起来。在北京，无政府主义者黄凌霜等成立了“进化社”，出版《进化》月刊。此后他们参加了北京共产主义小组并占有相当的数量（一说有五名），初期他们还霸占了宣传机关。由于观点、思想不同，党内开会时常发生争吵，有时“简直闹的不成样子”[①]。在广州，无政府主义者也十分活跃，1920年“五一”节时，他们组织了游行活动，借以扩大其影响。同时又成立了“机器工人维护会”、“工人合作社”，以壮大队伍。特别是在1920年秋成立了以无政府主义者为中心的广州共产党早期组织。这个组织九名成员中有七名是无政府主义者，其他二人则为苏联人米诺尔、别斯林。在法国留法勤工俭学的学生中也有相当数量的无政府主义者，甚至连陈延年、陈乔年弟兄俩当时也参加了无政府主义组织。在社会主义青年团中，“北京社会主义青年团整个被无政府主义领导”[②]。在广州，“青年团大部分为无政府主义者。他们想把共产党无政府主义化”[③]。由此可见，无政府主义的存在，严重地阻碍着中国共产党的建立和发展。

为清除无政府主义的阻碍和影响，陈独秀以上海、广州为阵地，组织、领导各地共产主义小组，以相当大的精力开展了对无政

---

① 《中国共产党史的发展（提纲）》，《蔡和森的十二篇文章》，人民出版社1980年版，第23页。

② 《中共党史报告选编》，中共中央党校出版社1982年版，第213页。

③ 《蔡和森的十二篇文章》，人民出版社1980年版，第23页。

府主义的批判。

1920年11月，陈独秀发表了《答郑贤宗（国家、政治、法律)》批判了无政府主义的主张，指出“在无政府党以为绝对不要国家、政治、法律”是“因噎废食”[①]。12月又编辑了《关于社会主义的讨论》，并写了两封给罗素、张东荪的信，驳斥了基尔特社会主义和无政府主义，阐述了科学社会主义的基本原理。在广州，陈独秀发表了重要演说，进一步批判了无政府主义。1921年1月他在《社会主义批评》（即评论——引注）中，较全面地阐述了马克思主义的科学社会主义思想，批驳了无政府主义，揭露了无政府主义反对阶级斗争、反对无产阶级专政和鼓吹改良主义、调和主义的反动实质。他三战区声白、作战何谦生、争取黄凌霜，使不少人明辨了是非，分清了马克思主义与无政府的区别，纷纷转向马克思主义。

陈独秀批判无政府主义，首先把无政府主义在中国的流传分为三个类型，即一是“无政府主义正统派”，以克鲁泡特金等的思想、理论为其政治主张；二是“中国式的无政府主义派”，以信奉老庄哲学和托尔斯泰的无抵抗思想，主张无为而治的虚无主义；三是“下品的无政府主义”派，即打着无政府主义牌子的国会议员、政客、流氓、骗子等“形形色色无奇不有”的一群“拆白党”[②]。这三部分无政府主义者虽各有异，但本质都是反对马克思主义的阶级斗争和无产阶级专政，反对严格的组织纪律。都是“改头换面的资产阶级个人主义。个人主义是无政府主义整个世界观的基础”[③]。

对无政府主义的批判，不仅在理论上、思想上，而且在组织上也清除了他们的影响。

广州无政府主义者把持了党的早期组织。陈独秀到广州后，立

---

① 《新青年》第8卷3号。

② 《新青年》第9卷2号。

③ 《列宁选集》第1卷，人民出版社1972年版，第218页。

即采取了断然措施，“认为必须摆脱无政府主义者”[①]。为此，他多次与无政府主义者开会作战，争论“非常热烈”[②]。当陈独秀拿出他在上海起草的党的纲领，要他们表态时，由于党纲强调必须实行无产阶级专政和党内的严格纪律，无政府主义者不愿接受。于是陈独秀毅然提出决裂。无政府主义者不得不退出党的组织。陈独秀便重新成立了包括陈公情、谭平山等人在内的仍然是九人参加的广州共产主义小组。

与此同时，北京、上海等地的无政府主义者也相继退出了党的早期组织。

在批判无政府主义过程中，陈独秀把批判其错误理论、思想、主张，和争取其个人转向马克思主义，转向革命一边相结合。特别突出的是争取了一部分有一定影响的无政府主义者的领导人。如广州的区声白，由于陈独秀的三次论战，并在论战中又指出他“是一个纯洁的青年，绝不像一班下品的无政府党”。这种一分为二的批判和善意的帮助，使区声白大为感动，因而使他“比较是进步一点，在理论上后来对我们让步，承认阶级斗争”。湖南的黄爱、庞人铨也在对无政府主义批判过程中转变了观点和立场，特别是毛泽东做了不少工作，使其“抛弃无政府主义”，“成了我们的同志”[③]。1922 年 1 月 17 日黄庞被军阀赵恒师杀害。为此李大钊还写了一篇《黄庞流血记》序，歌颂了他们为共产主义而牺牲的英雄气概，是“我们劳动阶级的先驱”[④]。陈独秀也从黄庞牺牲中总结了经验，发表了“工人们勿忘了马克思的教训”的文章，号召“世界劳工团结起来”[⑤]。在法国的陈延年兄弟，由于脱离了无政府主义，参加“少年共产党”（即中国社会主义青年团旅欧支部 1923 年后改为中共旅

---

① 《中国共产党第一次代表大会档案资料》，西北大学 1979 年编印，第 19 页。

② 《中国共产党第一次代表大会档案资料》，西北大学 1979 年编印，第 19 页。

③ 《蔡和森的十二篇文章》，人民出版社 1980 年版，第 23 页。

④ 《李大钊文集》（下），人民出版社 1984 年版，第 551 页。

⑤ 《民国日报》副刊《觉悟》1922 年 2 月 19 日。

欧支部)，“动摇了无政府主义组织”在国内和国外新加坡等地区的基础。[①] 影响所得可见一斑。

北京无政府主义首领黄凌霜，经过陈独秀等人的批判、帮助，也较快的转变了立场，他放弃了无政府主义，不久去苏联考察。在他去苏途经东北时，于火车上疾书致陈独秀，“表示承认无产阶级专政”，“确信此种方法，乃今日社会革命唯一之手段”。俟回国后“追随陈先生之后”，“重领教益”[②]。对此，陈独秀复信给予鼓励，指出，“今竟翻然有所觉悟，真算是社会改造之大幸；捧读来信，很喜，且极钦佩吾兄有自白思想复迁之决心与勇气”[③]。受无政府主义影响较大的少年中国学会等团体也都发生了分化，多数青年站到了马克思主义的旗帜之下。

在对无政府主义论战中，一方面阐述了科学社会主义的基本原理，一方面教育、争取了不少无政府主义者，使其“都被马克思主义化了”[④]。所以中国共产党从成立的那一天起，就摆脱了一切非马克思主义，特别是无政府主义的影响，成为以马克思主义理论为指导的无产阶级政党。党成立时的这一特点，历史地和陈独秀联系起来。

二、为党在群众中活动制造社会舆论

中国共产党成立后的一个迫切任务是立足社会，开展共产主义运动。因此党必须为群众所了解、所认识，使广大人民群众和各阶层认识到中国共产党的成立是中国社会历史发展的必然结果，是中国革命的需要，是领导中国革命走向胜利的根本保证。基于此，陈独秀在党成立前后作了大量的舆论宣传工作。

1920 年 12 月，陈独秀应陈炯明之邀请赴广州任广东教育委员

---

① 郑超麟：《回忆陈延年兄弟》，《文史集萃》1985 年第 4 集。

② 《新青年》第 9 卷第 6 号。

③ 《新青年》第 9 卷第 6 号。

④ 《蔡和森文集》，人民出版社 1980 年版，第 51 页。

会委员长。在他离开上海之前，发表了《谈政治》、《俄国精神》、《短言》等文章，并起草了中国共产党党纲。[①] 在他公开发表的文章中，曾隐隐约约的以“吾党”[②] 语气提出了对于当时政治的意见，主张用“俄国精神”建立“劳动者的国家”[③]，即“用革命的手段打倒本国外国一切资本阶级”；“改造社会制度”，“跟着俄国共产党一同试验新生产方式”[④]，把“一切生产工具都归生产劳动者所有，一切权都归劳动者执掌”[⑤]，建设“无产劳动阶级专政”[⑥]。陈独秀认为这是历史发展的客观规律，中国革命的进程，社会的发展也必然是“由封建而共和，由共和而社会主义”。这个发展规律“中国也难以独异”[⑦]。而陈独秀起草的《中国共产党宣言》（1920 年 11 月），更明确地指出，“共产主义的目的要按照共产主义者的理想创造一个新的社会”。其途径就是“要组织和集中这阶级争斗的努力”，“打倒资本家的国家”，“从资本家手中获得政权”[⑧]。

陈独秀的上述观点，基本上从无产阶级政党的任务、革命斗争方式、奋斗目标等方面作了理论的简要说明。它武装了工人阶级和早期的共产主义者，为正式建立中国共产党作了理论准备，同时也在一定程度上启发、昭示了社会各界，以马克思主义理论作指导的、新型的无产阶级政党——中国共产党将要出现在中国的政治历史舞台上。

陈独秀离开上海到广州后，一方面开辟了南方工作，建立了广东党的组织，一方面又进一步阐述了成立中国共产党的历史必然性。

---

① 《共产党》1920 年第 1 号。
② 《对于时局的我见》，《新青年》8 卷 1 号。
③ 《对于时局的我见》，《新青年》8 卷 1 号。
④ 《短言》，《共产党》1920 年 1 号。
⑤ 《短言》，《共产党》1920 年 1 号。
⑥ 《答柯庆施》，《新青年》8 卷 3 号。
⑦ 《国庆纪念的价值》，《新青年》8 卷 3 号。
⑧ 《中国共产党第一次代表大会档案资料》，西北大学 1979 年编印，第 29 – 30 页。

当时的广州虽不同于上海和北方军阀统治的地区，但是孙中山还幻想依靠军阀开展革命斗争。陈炯明与孙中山貌合神离，他野心勃勃妄图发展他的私人势力，排斥孙中山。但当时这一矛盾还不曾明朗化。陈独秀在广州利用他与孙中山、陈炯明的特殊关系，利用他办教育的有利条件，又利用陈炯明标榜“改革”、“社会主义”的幌子，发展演说、评论时政、宣传社会主义、开展工人运动。广州在孙中山任非常大总统时期虽有较多的民主自由，但旧的势力仍根深蒂固。因此他对广州社会的弊端大加口诛笔伐。他尖锐地指出广州没有真正的言论自由，若说有一点，那也是“假的”，“毫无价值”的。何以？他认为报纸作所发的言论都是空洞无物、脱离社会实际的，可以说“百分之九十九与社会无关系”[①]。陈独秀一言既出，捣破了广州社会弊端的实质。什么是社会实质呢？1921 年 2 月至 5 月他发表了《我们为什么要提倡劳动运动与妇女运动》、《妇女问题与社会主义》、《我的妇女解放观》、《文化运动与社会运动》等作了具体回答。他无情地揭露了社会的不平，提出了要大力发展社会各界的群众解放运动，特别是开展工人运动与妇女解放运动。为此目的，他组织了劳动补习学校，并向工人发出号召，“我很希望诸君将来肯匀出一点时间入劳动学校读书”[②]。宗旨在启发教育工人阶级，认识社会、认识自己、“参加革命运动”，以首先实现“在精神上解放你们自己，解放你们数千年来被人轻视被人侮辱被人束缚的一切锁链”[③]。

由于陈独秀的思想冲击了广州各界，革命的先进分子报之以热烈的欢迎，而一些顽固、守旧、反动的分子则齐而攻击。他们在报纸杂志、街头巷尾散布流言蜚语，造谣中伤，说陈独秀“每到各学校演说，必极力发挥万恶孝为首，百善谣为先”的“禽兽学说”，

① 《讨论社会实际问题的引言》，《广东群报》1921 年 2 月 12 日。
② 《劳动与妇女》1921 年第 1 期。
③ 《陈独秀文章选编》（中），生活·读书·新知三联书店 1984 年版，第 114 页。

实是“滔天祸水”，“广东之惨景”[①]。还有人写信警告陈独秀，说再如此下去，“你的人格就破产了”[②] 等。妄图利用他们制造的社会舆论赶陈独秀出广东。而陈独秀对于这些无聊行径，坦然处之。他说，“用不着我辩证”，只是“我奉劝你们不必如此倒行逆施向精神上永远绝对失败的路上走”[③]。

造谣诽谤并没有吓跑陈独秀，相反却使他进一步认识了当时的社会，增加了他的斗争勇气。他以广州为基地之一，从各方面大力宣传社会主义，批判无政府主义，启发教育工人阶级，阐述成立无产阶级政党的重要性。

从 1921 年至 1922 年年间，这是我党逐步公开、逐步宣布自己政纲的阶段。

1921 年中国共产党成立前夕，《新青年》9 卷 3 号出版。李大钊发表了《俄罗斯革命的过去及现在》，张申府从法国巴黎寄刊了《英法共产党——中国改造》，同进第一次刊登了秘密刊物《共产党》第五号目录，并又以突出的版面刊登了陈独秀的《社会主义批评》、《革命与制度》、《政治改造与政党改造》。这是有组织、有计划地、逐步向全国人民宣告，中国无产阶级将要按照马克思主义建党原则、走俄国革命的道路来改造中国、组织无产阶级政党中国共产党。其组织虽处于极端秘密状态，但理论、思想已公开化，名称已半公开化了。这就为党立足社会、组织领导革命运动作了重要的舆论准备。

中国共产主义运动的开展，必须提高工人阶级的觉悟。其主要者，必须“遵守两条大义”：“第一条大义是阶级的觉悟”。明确其历史的责任“团成一个阶级”；“第二条大义是革命手段”。劳动者“免除困苦之唯一根本方法”是“大家联合起来，用革命的手段”，

① 《广东群报》1921 年 3 月 18 日。

② 《新青年》9 卷 4 号。

③ 《新青年》9 卷 4 号。

建立“你们自己的劳动革命军”[①]，把“旧制度推翻”，“把新制度建设起来”[②]。

在无产阶级具备了上述两个觉悟的基础上，建立自己的政党，“以共产党代替”一切旧的政党。只有这样“才有改造政治的希望”。何以呢？陈独秀明确指出，“共产党的基础建筑在无产阶级上面”。列宁领导的俄国共产党所取得的革命胜利证明了这一真理。所以“俄国式的方法是唯一的道路”。于是陈独秀大声疾呼，“政党是政治的母亲”，“改造政治”，必须“改造政党”[③]。

陈独秀所说的“政治改造”，就是推翻旧制度建立新制度。所说的“政党改造”就是成立中国共产党。只有共产党才能代表人民的利益，领导人民实现自己的阶级解放。所以陈独秀指出，“政党是人民干涉政治之最大工具”。他批评了不要人民干预政治的错误观点，说“人民不干涉政治是发昏”，而干涉政治“不主张组织政党，更是发昏之发昏”[④]。因此，要实现人民干涉政治，“非有一个强大的共产党做无产阶级的先锋队与指导者不可”[⑤]。

那么共产党能否领导人民实现干涉政治呢？陈独秀从中国共产党的性质、任务，公开回答了这个问题。他说，“新的共产党究竟如何，全靠自己做出证据来才能使人相信”[⑥]。什么证据呢？“中国共产党应该本诸党义，对于劳动运动，比他党加强的努力”。而“共产党员自身若有利用劳动运动而做官而发财的行为，或当劳动运动危急时畏缩不前，共产党便应该立刻驱逐这种的败类”[⑦]。这是中国共产党在秘密状态下第一次公开自己的身份，表明自己的性质、和为劳动人民奋斗的宗旨。因而也就迎得了人民群众的拥护。

① 《共产党》1920年第5号。

② 《新青年》第9卷第3号。

③ 《政治改造与政党改造》，《新青年》第9卷第3号。

④ 《对于现在中国政治问题的我见》，《东方杂志》19卷15号，1922年6月。

⑤ 《答黄凌霜》，《新青年》第9卷第6号。

⑥ 《新青年》第9卷第3号。

⑦ 《共产党在目前劳动运动中应取的态度》，《广东群报》1922年5月23日。

1922年5月在广州召开的全国第一次劳动大会，会场上就出现了“中国共产党万岁”的标语口号，而“各派均未提出异议”①。

陈独秀为党的公开所作的理论上、舆论上的准备，也为人民群众认识中国共产党、接受共产党的领导奠定了思想基础。

三、初步探索把马克思主义与中国革命实际相结合

中国共产党成立后不久，由于工作的需要，共产国际代表马林提议，经党中央研究，派包惠僧去广州请陈独秀回上海主持党中央工作。

陈独秀何时返回上海，目前说法不一。一说是1921年8月（李达、张国焘回忆，托玛斯科著《陈独秀年表》）；一说是1921年9、10月间（包惠僧回忆）；一说是1921年9月（茅盾回忆，王树棣、王沛著《陈独秀五次被捕概述》）；还有一说是1921年7月底。七月说主要是根据陈独秀致蔡和森信推论而来。信中说，“我前几天回到上海才见着你的信，所以久未答复，实在抱歉之至”。落款日期为“八月一日”② 这个日期有误。查原文刊于《新青年》9卷4号，陈信原无日期，1922年出版《独秀文存》时按《新青年》出版日期“八月一日”补填的。蔡和森给陈独秀的信是1921年2月11日由法国蒙达尼寄回上海。陈独秀回信说“我前几天回到上海才见着你的信”，指的是他在六月间为成立“新时代丛书社”返回上海，所以才出现“久未答复”。因此“八月一日”非陈独秀给蔡和森回信日期，更不是他返回上海的时间。八月说，除了李达、张国焘回忆外，还根据了陈独秀致胡适信。信是陈独秀劝胡适回安徽担任教育厅长事。说“皖事已有变化，我们在上海的同乡主张专力在教育上用功夫。……上海同乡都希望吾兄到皖担任此职”。落款日期为“八月廿七”③。信中提到“在上海的同乡”，不等于陈已回到

① 邓中夏：《中国职工运动简史》，新华书店1949年发行，第70页。

② 《独秀文存》第4卷，安徽人民出版社1982年版，第301页。

③ 《胡适来往书信选》（上），中华书局1979年版，第131页。

上海。可能是陈独秀在广州与上海的安徽同乡通信、或其他方式交换意见后由陈执笔写信。因而这也不是陈独秀回上海的具体时间。九、十月间说是包惠僧的回忆。他说“一九二一年中秋以后、重阳之前，马林要陈独秀回上海……中央派我到广州接陈独秀”①。查1921年中秋节为公历9月16日，重阳节为10月9日。两节之间约为9月底、10月初。这个日期也不够准确。

包惠僧到广州后即刻把党中央的决定告诉陈独秀，陈毫不犹豫的决定服从，并向陈炯明提出辞呈。而陈炯明诚挚挽留，未予准许。时陈炯明正在前线讨伐陆荣廷，特致电陈独秀：“仍望以教育为重……不萌退志为要”。并在陈独秀的辞呈上批示：“该委员长贞固有为，夙深倚重，所请辞职，应毋庸议”②。陈炯明的挽留并没有阻止陈独秀返回上海视事党中央工作的决心。9月9日广东省教育委员会特“开祖线大会欢送”③。于是，“陈独秀附轮返沪”。当时报纸说，“查陈君急于离粤，实因私事，两三月或再来粤”④。陈独秀离开广州，途经香港，小住两天。所以《申报》刊登消息说：“香港电：陈独秀辞职虽不准，闻去志已决”⑤。

根据上述报刊及各方面资料，陈独秀当于9月10日离开广州、经香港，于9月16日左右返回上海较为可靠。

陈独秀返沪后，由于马林的傲慢，对中国党的负责人不够敬重，陈独秀与马林一时处于僵持阶段。10月4日，法租界巡捕房逮捕了陈独秀，后经大力营救出狱。陈独秀出狱后方正式担负起了党中央书记的实际工作。

自陈独秀实际领导党中央工作后，党的工作局面焕然一新，一返前段沉闷现象和处于狭小圈子之境界。党中央一方面继续大力开

① 《包惠僧回忆录》，人民出版社1983年版，第29页。
② 《广东群报》1921年9月13日。
③ 《广东群报》1921年9月10日。
④ 《广东群报》1921年9月13日。
⑤ 《广东群报》1921年9月11日。

展工人运动，一方面在全国各地发展党的地方组织，一方面又把主要精力放在制定党的民主革命纲领，并着手建立与孙中山先生领导的国民党的统一战线工作上。这就开始了摸索如何把马克思主义与中国革命的实际结合起来的新问题。

由于历史的原因，党的“一大”未能制定出符合中国社会历史实际的、党在民主革命阶段的基本纲领，而是提出了社会主义革命的设想。“一大”后，陈独秀等中国共产党人开始初步认识了中国半殖民地半封建社会，对无产阶级、中产阶级（即民族资产阶级）、农民阶级等社会各阶级有了初步的分析，对封建军阀统治等国内政治状况有了进一步认识。觉悟到中国革命必须把马克思主义与中国的社会实际结合起来。加之“一大”后列宁关于民族、殖民地问题的理论传入中国，启发了中国共产党人。这就决定了我党要从一般的马克思主义宣传转变为开展实际的革命运动；从一般的资本主义国家的革命程序、苏联模式转变为按照中国半殖民地半封建社会进行民主革命；从不和资产阶级政党联系，转变到必须联合孙中山领导的资产阶级革命民主派，建立统一战线。这就是蔡和森总结的“从前完全是鼓吹主义，这时是政治的主张了”[①]。党成立后的这个转变，是一个带根本性的战略转变，具有十分重大的意义。

党的战略思想的转变，是陈独秀在广州、上海两地革命实践中开始萌发，在党的“二大”、“三大”最后形成的。在实际斗争中，陈独秀认为“共产主义运动是国际的潮流，共产主义在中国怎样进行还要摸索”。他初步认识到，“由于各个国家情况不同，马克思主义的发展形态也各异，在中国是什么样子，还要看发展”[②]。这虽是出于对马林傲慢不满而发的牢骚话，却道出了不能完全照搬苏联的模式进行中国革命的正确性。不久他发表了《太平洋会议与太平洋弱小民族》一文，指出“在资本帝国主义的大海中，没有一滴水是

① 《蔡和森文集》，人民出版社 1980 年版，第 56 页。

② 《包惠僧回忆录》，人民出版社 1983 年版，第 370 页。

带着正义人道色彩的”[①]。揭露了帝国主义的欺骗性和虚伪性，号召我国人民觉悟起来，再“不要做梦罢”。半年后他又在广州发表了《马克思的两个精神》的演说，提出了理论联系实际的问题。他指出，“第一，实际研究的精神”。即从社会实际出发研究马克思主义，把理论与实际统一起来。“第二，马克思实际活动的精神”。即马克思首先是一个“革命的社会主义者”。因此我们必须“将其学说实际去活动，干社会的革命”。并指出，“这两大精神都是中国人所最缺乏的”。因此他号召青年们用马克思主义“研究社会上各种情形”，特别是“研究社会的政治、经济”，把马克思学说“当成社会革命原动力”[②]。

从实际出发，实事求是，这是我党的一贯指导思想。党成立初期就力争实现这一思想路线。陈独秀当时认为，“世界革命不能有呆板的公式和统一的计划，只有以反帝为共同目标，目前中国革命不是什么工人阶级反对资产阶级，只是反对外力侵略和反对军阀”[③]。

陈独秀的出狱，“马林使尽了气力，请了一名法国律师名巴和，承办这个案子。马林花了很多钱，费了很多力”[④]。这样在关键时刻，“马林和陈独秀和中国共产党算是共了一次患难。此后，陈独秀与马林和谐的会谈了两次，一切问题都得到了适当的解决”[⑤]。“马林表示一切工作完全由中央负责领导，作为共产国际的代表的他只与中共最高负责人保持经常接触，商谈一般政策而已。陈先生表示中共拥护共产国际，对其代表在政策上的建议自应尊重”[⑥]。从此陈独秀、马林开始了较好的合作。陈独秀对张国焘曾说，“马林由他的老友张继的介绍，偕张太雷于一九二一年底，到桂林与孙中

① 《新青年》第9卷第5号。
② 《广东群报》1922年5月23日。
③ 《广东群报》1922年5月23日。
④ 《包惠僧回忆录》，人民出版社1983年版，第432页。
⑤ 《包惠僧回忆录》，人民出版社1983年版，第432页。
⑥ 张国焘：《我的回忆》第1册，现代史料编刊社1989年版，第167页。

山先生会谈，会后马林颇感满意”[①]。马林也曾讲由陈独秀介绍，“在上海，我会见了孙中山的最重要代表之一张继”，并由“张继的联系，国民党邀请我去访问孙中山”[②]。孙马的会谈应是陈独秀与马林共同协商的结果，或者说是“马林与陈独秀的默契之下，由马林去找孙中山商谈”[③]。所以陈独秀于1921年底已开始思考国共合作了。

1922年1月，共产国际召开远东各国共产党及民族革命团体第一次代表大会，中国共产党派代表出席了会议。从此开始知道了列宁关于民族、殖民地问题的理论。与此同时，社会主义青年团机关刊物《先驱》于1922年1月创刊，“发刊词”指出，“第一任务是努力研究中国的客观的实际情形，而求得一最合宜的实际的解决中国问题的方案”。同时刊登了题为《第三国际民族问题和殖民地问题所采取的原则》一文，摘译了列宁这方面的主要内容。

同年五月，由中国共产党指导在广州召开了第一次全国劳动大会和社会主义青年团第一次代表大会，陈独秀第二次到广州指导了大会。同时召开了中国共产党工作会议，大会第一次正式提出了“打倒帝国主义”、“打倒军阀”的纲领性口号。六月十五日，陈独秀起草发布了《中国共产党第一次对于时局的主张》，明确指出，“军阀政治是中国内忧外患的源泉，也是人民受痛苦的源泉。”中国共产党人在目前的基本任务，就是反对帝国主义，“取消列强在华各种治外特权”，“联合民主派共同对封建式的军阀革命，以达到军阀覆灭能够建设民主政治为止”[④]。

与党中央发表对时局主张的同时，陈独秀又以个人名义发表了《对于现在中国政治问题的我见》，揭露了“国际帝国主义的压迫”，“国内军阀的扰乱”，人民的痛苦，“国家濒于破产”等国内政治状

① 张国焘：《我的回忆》第1册，现代史料编刊社1989年版，第212页。
② 《马林在中国的有关资料》，人民出版社1980年版，第24页。
③ 《包惠僧回忆录》，人民出版社1983年版，第9页。
④ 《中共党史参考资料》（一），人民出版社1979年版，第340页。

况，指出了孙中山领导的民主革命虽不断斗争，但是“孤军奋斗”，“虽然有民主革命的历史，但党员太少，还没有支配全国政治代替军阀的力量”。所以陈独秀公开提出“现在的中国政治问题，只有集中全国民主主义的分子，组织强大的政党，对内倾覆封建的军阀，建设民主政治的全国统一政府，对外反抗国际帝国主义，使中国成为真正的独立国家，这才是目前扶危定乱的唯一方法”①。党中央陈独秀明确地、公开地发出了愿与孙中山领导的国民党“共同建立一个民主主义的联合战线”号召，指出这“是解放我们中国人民受列强和军阀两重压迫的”“必要的不可免”的斗争大计②。在研究这个问题上，有人认为陈独秀在初期反对国共合作，后来才开始转变。具体是“陈独秀对国共合作的政策的态度，可以1922年8月的中共中央西湖会议为标志，此前反对，此后拥护”③。这个结论是缺乏充分根据的。

由上述情况不难看出，陈独秀不仅不反对国共合作，而且在党内外积极主张、宣传与孙中山建立联合统一战线。怎样实现国共合作，通过什么具体形式建立国共合作，由于在历史上没有先例，也就是说没有固定的模式，加之年幼的中国共产党又没有统一战线的经验，因此在合作的形式上有不同看法。在西湖会议前（1922年8月前），陈独秀确实是反对共产党员加入国民党的党内合作的形式，而主张党外联盟。1922年4月6日他向共产国际代表吴廷康（即维辛斯基）写信陈述他反对的六条意见。1922年6月党的“二大”讨论并通过了《关于民主的联合战线的议决案》，明确指出，“在民主的战争期间，无产阶级一方面固然应该联合民主派，援助民主派，然亦只是联合与援助，决不是投降附属与合并”④。这可以说集中反映了陈独秀的观点。国共两党合作究竟采取什么形式为好，是可以

① 《东方杂志》第19卷15号。
② 《中共中央文件选集》（1），中共中央党校出版社1982年版，第17页。
③ 唐宝林：《陈独秀与首次国共合作》，《安徽史学》1985年第5期。
④ 《中共中央文件选集》（1），中共中央党校出版社1982年版，第38页。

讨论的，并不能以此否定陈独秀在国共合作问题上的原则立场。诚然，直至西湖会议止陈独秀才同意了党内合作形式。为什么有这个转变呢？因根本原则、方针是一致的，所以在具体形式问题上是容易协商解决的。

反帝反封建的民主革命思想的形成和统一战线策略方针的提出，是中国共产党对中国革命认识的一大进步。“从这时起，我们党的政治主张有了重大改变”①。

不难看出，自陈独秀实际领导党中央工作后，党在各方面都大步前进了。它逐渐地由幼小秘密状态走向半公开状态；由狭窄范围逐渐走上了领导全国人民革命运动的广阔天地。随着革命运动的发展，党在人民群众中的威望也逐渐提高，逐渐被人民所认识。由于陈独秀等人的努力，并团结了党内的同志，把列宁关于民族、殖民地革命的理论与中国革命实际初步地结合起来，确认了中国民主革命的基本思想和战略方针；初步分析了中国社会及其阶级状况，明确了建立革命统一战线的思想和方针。在这些思想认识的基础上，才有了1922年7月党的“二大”召开，民主革命纲领的提出；才有了1923年党的“三大”召开，国共两党的合作，民主革命统一战线策略方针的制定。

① 陈独秀在中国共产党第三次全国代表大会上的报告，《党史资料研究》1980年第2期。

陈独秀生年小考

陈独秀是中国共产党的主要创始人，对中国民主革命和革命领导人有较大的影响，虽犯有右倾错误，但不失为一位有重大贡献的历史人物。正因为如此，国内外学术界对他有较多的研究，而关于他的出生年月却有众说纷纭，"文化大革命"前，众多的专著、文章、辞典等皆认为陈出生于1880年，1985年人民出版社出版的《刘少奇选集》（上卷）也以此说在114条注释，而在下卷中的118条注释中又写明为1879年。对于这些混乱的、不确定的年代，有必要给予纠正。

根据《陈氏宗谱》记载，陈独秀生于清"光绪五年"。清"光绪五年"即1879年。

陈独秀于1937年写的《实庵自传》中说："一直到光绪二十二年（一八九六年）我已经十七岁了，在县考前一两个月，大哥实在再挨不过去了，才硬着头皮对我说：'考期已近了，你也得看看八段文章罢！'"[1] 光绪二十二年陈独秀十七岁，上推十七年，即光绪五年，这与陈氏宗谱记载完全一致。

再根据许德珩回忆，"五四运动"前后，胡适在北京大学任职期间常常借助蔡元培、陈独秀的名望来抬高他自己的社会地位。他在很多场地方说，北京大学是由"三个兔子而成名的"[2]。这句话一时传为笑柄。所谓"三个兔子"，即一个"老兔子蔡元培"，生于清

---

① 《陈独秀文章选编》（下），生活·读书·新知三联书店1984年版，第557页。

② 许德珩：《纪念"五四"话北大——我与北大》，《北京大学学报》（哲学社会科学版）1979年2期。

同治六年丁卯年；一个“中兔子陈独秀”生于清光绪五年巳卯年；一个“小兔子胡适”，生于清光绪十七年辛卯年。按农历纪年，人生与十二支（子、丑、寅、卯、辰、巳、午、未、申、酉、戌、亥）相连；十二支又与十二兽相结，谓之十二属相（子鼠、丑牛、寅虎、卯兔、辰龙、巳蛇、午马、未羊、申猴、酉鸡、戌犬、亥猪）。因此丁卯年、巳卯、辛卯年均为兔年。陈独秀生年属相为兔，所以清光绪巳卯年即光绪五年。

1932年陈独秀被国民党政府非法逮捕。1933年春开庭审问。在法庭上陈独秀发表了《自撰辩诉状》，说“予行年五十有五矣，弱冠以来，反抗清帝，反抗北洋军阀，反抗封建思想，反抗帝国主义，奔走呼号，以谋改造中国者，于尽三十余年。前半期，即‘五四’以前的运动，专在知识分子方面；后半期，乃转向工农劳苦人民方面”。由于陈独秀生于10月8日，所以2月庭审时，恰是陈独秀虚岁年龄的“五十五岁”，而实际周岁为五十四岁。五十四岁上推五十四年，即1879年。

综上所述，陈独秀生于清光绪五年巳卯年10月8日，即1879年10月8日。

陈独秀国民革命思想初论[①]

中国近代历史上的革命运动，就其性质论属于资产阶级民主革命范畴，毛泽东根据中国社会的实际情况把它分为两部分，五四运动以前为旧民主主义革命，五四运动后为新民主主义革命。但整个民主革命进程，又呈现出不同的历史阶段，其具体称谓也不尽相同。中国共产党成立初期领导的革命运动，通常称为第一次国内革命战争，亦称大革命，陈独秀则称之为“国民革命”。研究这一称谓，我们能进一步地明晰第一次国内革命战争的历史环境和特定历史任务，中国共产党人在初创时期对中国社会的观察与认识，如何从中国社会实际出发初步探索中国革命的途径和形式。

一

不同历史时期的民主革命称谓，是不同时期民主革命的特定内涵和特征的表现。整个民主革命进程，其称谓大致经过了五个阶段，即辛亥革命、国民革命、工农革命、抗日战争和解放战争。革命称谓与革命性质是两个不同的概念，但二者也有联系。在中国革命史上，革命的名称与革命的性质完全相一致的当首属“国民革命”了。虽如此，陈独秀尚没有提出符合中国新的历史特点的民主革命性质。毛泽东在总结了陈独秀等人对中国社会实际的认识和“国民革命”称谓后，于1939年第一次科学地提出了新民主主义革

---

① 原载于《安徽史学》2002年第1期。

命的概念。他指出，“现时中国的资产阶级民主主义的革命，已不是旧式的一般的资产阶级民主主义革命……而是新式的、特殊的资产阶级民主主义革命”，“我们称这种革命为新民主主义的革命”①。自此，就把从五四运动后至中华人民共和国成立前这段革命统称为新民主主义革命，这段历史也概称为新民主主义革命时期。从而把陈独秀提出的有中国特色的“国民革命”称谓用科学的语言予以定性。

“国民革命”的提出，是陈独秀探索中国民主革命道路的新开端。自1922年7月中共“二大”制定了反帝反封建革命纲领，和为实现这一纲领而提出的建立联合战线、实现国共合作的战略方针后，陈独秀就把中国共产党领导的革命运动称为“国民革命”运动。中国的民主革命为什么要冠以“国民”二字？它的基本内涵是什么？要通过什么途径，达到什么目的？其发展前途又是什么？这些都是陈独秀“国民革命”思想的基本框架。1925年9月陈独秀在中共中央机关报《向导》周报上发表《本报三年来革命政策之概观》一文，从理论上、策略上简要阐述了“国民革命”称谓问题。联系在此前后他的思想，不难看出他的“国民革命”思想是由以下几个方面决定的。

其一，总结、吸取了辛亥革命失败的历史教训。陈独秀历史观的特点之一是反思历史并从中引出新的思考。在国共合作即将建立、中共尚处于幼年的特定历史环境中，如何引导中国革命走上轨道而不受国民党左右复入旧路，开辟新的途径，就成为当务之急。为此，陈独秀潜心研究，一方面总结辛亥革命的历史教训，另一方面批驳当时的一些错误思潮，如“联省自治”、“好人政府”等，他发表了《对于现在中国政治问题的我见》、《马克思主义观》等文章，从理论上、历史上、现实中寻求中国革命的新道路。他认为，辛亥革命失败原因较多，但主要有两点，一是人民群众未被发动起

① 《毛泽东选集》第2卷，人民出版社1991年版，第647页。

来，造成“国民若观对岸之火，熟视而无所容心”。其结论是，“凡一党一派人之所主张而不出于多数国民之运动，其事每不易成就”[①]。二是单纯军事观念，未能使武力与民众相结合。辛亥革命“专力军事行动，轻视民众宣传及党的训练”，没有民众的参与，“则军队的力量，和民众的力量不生关系，并不能得着民众的了解及军事上、建设上的援助”，“辛亥革命也因此而早熟而失败”[②]。基于此，1922 年初，中共中央发表由陈独秀起草的第一次对时局主张，曾提出“继续革命”、“打倒军阀”、“打倒帝国主义”三个口号。陈独秀讲，这三个口号就是为了避免重蹈辛亥革命覆辙而提出的。所谓“继续革命”，就是“援助民主革命的国民党继续民主革命”[③]。但是，这一口号还没有从根本上消除辛亥革命负面阴影，更没有充分体现出时代的特点，而是“继续着辛亥革命的观念而来”[④]的。因此，中国共产党需要用新的观念、新的形式、新的途径来实现新的民主革命。

其二，区别新时期民主革命与孙中山领导的辛亥革命。辛亥革命及其后的“反袁”、“护法”等革命运动均遭失败。为什么呢？陈独秀指出，殖民地、半殖民地的中国，“资产阶级十分软弱、幼稚”，因而“不能单独革命”[⑤]。而且革命目标不明确、有“错误”，只知“排满”而不知“反帝”，只知“护法”、“护国”而不知“反封建军阀”，因而“不能贯彻革命宗旨”，使“革命宗旨的口号葬送”[⑥]。这种“继续革命”所采用的政策仍然是过去的“旧政策”，而且国民党自身又具有相当严重的“妥协性的错误”[⑦]。“辛亥革命失败了，继续辛亥的革命运动仍然是失败了”。我们必须采用新的

① 《陈独秀文章选编》（上），生活·读书·新知三联书店 1984 年版，第 104 页。
② 《陈独秀文章选编》（中），生活·读书·新知三联书店 1984 年版，第 593 页。
③ 《陈独秀文章选编》（下），生活·读书·新知三联书店 1984 年版，第 79 页。
④ 《陈独秀文章选编》（下），生活·读书·新知三联书店 1984 年版，第 79 页。
⑤ 《陈独秀文章选编》（中），生活·读书·新知三联书店 1984 年版，第 365 页。
⑥ 《陈独秀文章选编》（中），生活·读书·新知三联书店 1984 年版，第 593 页。
⑦ 《陈独秀文章选编》（中），生活·读书·新知三联书店 1984 年版，第 595 页。

革命形式，即建立国共两党合作的统一战线，开展“国民革命”运动。

其三，区别西方资产阶级民主革命，划清两者之间的界限。国共两党虽然建立了联合战线，但国民党是代表资产阶级利益的政党，在革命进程中往往排斥工农，尤其是右翼不断破坏国共合作，并企图在民主革命成功后建立资产阶级政权。为此，必须在理论上、实践上排除西方资产阶级民主革命在中国再次出现的可能，以便顺利地按中国国情完成民主革命。陈独秀多次指出，殖民地、半殖民地的中国，决不能沿袭西方资产阶级革命。中国的国情决定了只能用符合中国实际的民主革命的形式和途径。也就是说，在革命的领导权、革命形式、途径和革命发展前途上，中国民主革命决不能走西方资产阶级民主革命的道路，要有中国自己的独特性。陈独秀着重指出三点：一、“在殖民地半殖民地的经济地位，决没有欧洲十八世纪资产阶级的革命之可能”[①]；二、“民主政治固然是我们所需要的”，然而“民主革命这个口号，未免偏于纯资产阶级的”[②]（它是在新民主主义革命理论未能完全形成和国共合作初期国民党右翼势力较大这一特定历史情况下的一种认识）；三、西方资产阶级革命成功后建立的政权是资产阶级专政，而“国民革命成功后之建设时期，必是革命的民主的民众政权”。这个政权既不是“无产阶级专政”，也不是“工农政府”，而是由各阶级联合的“民众政权”[③]。只有这个政权“才能够真正脱离帝国主义之统治，才能够力图非资本主义的经济建设，才能够不一定经过再度革命方式而行向社会主义的社会”[④]，才能够“采用国家资本主义”，“过渡到非资本主义的社会主义的经济建设”[⑤]。

---

① 《陈独秀文章选编》（下），生活·读书·新知三联书店1984年版，第80页。
② 《陈独秀文章选编》（下），生活·读书·新知三联书店1984年版，第79－80页。
③ 《陈独秀文章选编》（下），生活·读书·新知三联书店1984年版，第264页。
④ 《陈独秀文章选编》（下），生活·读书·新知三联书店1984年版，第409页。
⑤ 《陈独秀文章选编》（下），生活·读书·新知三联书店1984年版，第410页。

综上所述，陈独秀的结论是：中国“在社会的客观上、条件上，固然不会有资产阶级的革命，同时也不是无产阶级单独的革命，而必然是工农中小资产阶级联合的革命”①。所以“在本报第二期《造国论》上，便改用‘国民革命’来代替‘民主革命’这个口号”②。“国民革命”口号的提出具有时代特征，它标志着中国民主革命进入了新的历史时期。

二

为避免在中国出现西方资产阶级革命，从1922年9月《向导》周报发表陈独秀的《造国论》开始，中共便用“国民革命来代替民主革命”③。用“国民革命”口号代替“民主革命”口号是中国新民主主义革命在特定历史环境中的产物，具有若干特点。

其一，广泛性。“国民革命”就阶级关系上讲是阶级联盟性质，在实践上就表现为广泛性。因为“国民革命”口号是基于联合一切民主革命阶级、民主革命党派而进行的反帝反封建的革命运动。中共“二大”宣言指出，“我们无产阶级相信在现今的奋斗进行中间，只有无产阶级的革命势力和民主主义的革命势力合同动作，才能使真正民主主义革命格外迅速成功”④。陈独秀更明确地指出，国民革命就是“工农中小资产阶级联合的革命”⑤。阶级的联合是政治联合、党派合作团结的基础。因为阶级联合是阶级利益一致性的表现。只有阶级利益的一致性，才能充分动员各阶层群众，形成一股不可抗拒的革命力量。首先响应这一口号的是广大工农群众，孙中山也积极响应、拥护这一日号，他在国民党“一大”上明确宣布，

① 《陈独秀文章选编》（下），生活·读书·新知三联书店1984年版，第432页。
② 《陈独秀文章选编》（下），生活·读书·新知三联书店1984年版，第80页。
③ 《陈独秀文章选编》（下），生活·读书·新知三联书店1984年版，第80页。
④ 《中共中央文件选集》（1），中共中央党校出版社1982年版，第114页。
⑤ 《陈独秀文章选编》（下），生活·读书·新知三联书店1984年版，第80页。

今后“吾国民党则夙以国民革命”“为中国唯一生路”，“益知进行国民革命之不可懈”[①]。陈独秀的倡导得到了广泛的认同。所以国民革命“近来经国民党采用，成为全国普遍的口号”[②]。这是中国共产党在初创时期不寻常的成功表现。

其二，实用性。国民革命口号带有通俗化、民众化，它的革命内涵更符合中国社会实际，尤其符合辛亥革命失败后中国政局混乱，民不聊生，经济破产情况下，广大群众和党派、集团寻求新出路的心理与要求。所以，它最利于动员群众，团结各革命阶级和党派，尤其是孙中山领导的国民党。这种符合民众心理要求的口号在实践上的表现就是实用性。它能广泛迅速的为广大革命阶级、党派、群众所了解、所接受，并赋予实际行动。所以这一口号提出后，中国革命形势发生了翻天覆地的转变，掀起了轰轰烈烈的国民革命运动。由口号变为战略策略方针，再形成广泛的群众运动；由一般的民众运动发展成为组建“国民革命军”进行武装斗争的国民革命；这一运动由南向北迅速发展，并使工农运动与武装革命相配合。冯玉祥在共产党人李大钊、邓小平等帮助下也转向“国民革命”，把军队改名为“国民军”，举行“五原誓师”，配合南方的国民革命军夹击直系军阀，有力地推进了中国革命的进程。“国民运动的势力，打倒直系军阀——曹锟、吴佩孚”已形成全国的“统一的国民运动”[③]。

其三，民族性。近代中国始终被帝国主义宰割而沦为半殖民地，虽经辛亥革命等运动也未能改变这种状况。而“国民革命”的核心是“打倒国际帝国主义”、“打倒军阀”。这“是我们分析并归纳中国一切乱源而定出的，始终是我们一切政策之骨干”[④]。而这两个口号的具体实践行动则为“国民革命”运动。“国民革命”的基

---

① 《孙中山选集》（下），中华书局1956年版，第524页。

② 《陈独秀文章选编》（下），生活·读书·新知三联书店1984年版，第80页。

③ 《陈独秀文章选编》（下），生活·读书·新知三联书店1984年版，第432页。

④ 《陈独秀文章选编》（下），生活·读书·新知三联书店1984年版，第80页。

本内涵就是打倒封建军阀，打倒帝国主义，使中国成为民主、富强、独立、统一的新国家。这是中国共产党提出的民主革命纲领的集中表述，是彻底改变中华民族命运、实现中华民族解放的战略方针。它代表了全民族的利益，是中华民族一致行动的革命口号。它提出后，改变了整个中国的形势，得到了各族人民的热烈响应。首先起来响应的是“工人、学生”，紧接着“国民党中一部分革命派也采用了”[①]。不久便成为国民党的行动方针。1924 年国民党“一大”发表的宣言，完全接受了反帝反封建的口号，从此打倒封建军阀、打倒帝国主义“这一口号已经深入民众”，形成全国的，为民族独立、自由解放的“积极的民族革命运动”[②]。所以“国民革命亦叫民族革命”[③]。从而丰富发展了孙中山的三民主义，并把它改造成为新三民主义。

三

“国民革命”口号，根基于中国历史、社会的情况，具有时代的特征。它初步划清了中国此阶段民主革命与西方资产阶级民主革命、孙中山领导的资产阶级民主革命、苏俄十月革命的界限。这些界限的划清是探索从中国社会实际出发，制定符合中国实际、具有中国特点的革命道路的前提，同时也是初步探索中国民主革命道路的起点，具有开创性。

“国民革命”口号的提出，为国共两党的合作提供了条件。“国民革命”与孙中山的“联俄、联共、扶助农工”三大政策互为条件、互相促进。因此孙中山对于这两者之间的关系极为重视，视为终身奋斗的目标和珍贵历史经验。他临终时还嘱托他的继承者要信守这一历史经验：“余致力国民革命，凡四十年，其目的在于求中

① 《陈独秀文章选编》（下），生活·读书·新知三联书店 1984 年版，第 80 页。
② 《陈独秀文章选编》（下），生活·读书·新知三联书店 1984 年版，第 80 页。
③ 《邓中夏文集》，人民出版社 1983 年版，第 128 页。

国之自由平等。积四十年之经验，深知欲达到此目的必须唤起民众，及联合世界上以平等待我之民族，共同奋斗”[①]。由此可见，“国民革命”是国共两党合作的基础和行动方针。

“国民革命”口号的提出，丰富和发展了中共“二大”制定的反帝反封建的民主革命纲领，并为实现这一纲领而探索出了具体的革命形式与途径，成为“中国各被压迫阶级共同的生路”[②]。陈独秀总结世界历史经验后认为，“人类经济政治大改造的革命有二种：一是宗法封建社会崩坏时，资产阶级的民主革命；一是资产阶级崩坏时，无产阶级的社会革命。此外又有一种特殊形式的革命，乃是殖民地或半殖民地的国民革命。国民革命含有对内的民主革命和对外的民族革命两个意义”[③]。这可以说是对“国民革命”较为完整的阐释。

“国民革命”与“第一次国共合作”是同生并行的一个历史阶段。为什么从1928年起突然很少提及，尤其是不再把“国民革命”作为一个历史阶段的名称，而只提“第一次国共合作”呢？陈独秀本人为何也不提了呢？

“国民革命”失败后（现在一般称大革命失败后），中共从各方面总结历史教训，寻找新的革命出路。但是，国民党反动当局一方面大力镇压工农运动，屠杀共产党人和进步人士，一方面又于1928年下半年盗用“国民革命”旗帜搞“二次北伐”，实现“武力统一中国”，以新军阀代替旧军阀的统治。因此，“国民革命”被国民党反动统治者所玷污。此时，中共召开“六大”，总结历史经验，制定革命方略。由于受共产国际的错误指导，“六大”对国内阶级关系作出了不科学的判定，认为“四·一二”政变后，资产阶级退出了革命阵营。因此“六大”把大革命时期划分为两个阶段，即民族联合战线时期与左派国民党时期（武汉时期）；又认为大革命失败

① 《孙中山选集》（下），中华书局1956年版，第921页。
② 《周恩来选集》（上），人民出版社1980年版，第1页。
③ 《陈独秀文章选编》（中），生活·读书·新知三联书店1984年版，第362页。

后“中国民族资产阶级背叛了革命，走到帝国主义地主豪绅的反革命营垒”，现在是“反对资产阶级”的“工农革命”[①]。对中国民主革命任务、对象的变更是改变“国民革命”称谓的又一重要原因。1939年，毛泽东提出新民主主义概念时，对沉默了若干年的“国民革命”开始用“第一次大革命”[②]代替。1945年中共六届七中全会通过的《关于若干历史问题的决议》正式使用这一提法，指出，中共“在为实现新民主主义而进行的二十四年（一九二一年至一九四五年）的奋斗中，在第一次大革命、土地革命和抗日战争的三个历史时期中……”[③]后来的党史教科书及有关著作使用的“第一次国内革命战争时期”、“大革命时期”二种称谓均导源于上述提法。

不难看出，对国民革命称谓的改变，有诸多历史原因。70多年过去了，名称虽改，内容尚存。这是一个客观的历史事实。研究这一问题，有助于判定陈独秀在大革命时期的历史定位。尽管陈独秀在这一时期有许多错误认识，但他对“国民革命”的性质、任务、前途的界定基本上是正确的。

① 《中共中央文件选集》(4)，中共中央党校出版社1983年版，第299－300页。

② 《毛泽东选集》第2卷，人民出版社1991年版，第606页。

③ 《毛泽东选集》第3卷，人民出版社1991年版，第952页。

陈独秀对无产阶级领导权问题探索的功过[①]

在国共合作的大革命时期，中国共产党尚处在幼年时期。她的思想认识、革命实践活动无不受这个历史年龄的约束。一是没有与资产阶级合作的经验；二是缺乏对中国社会和历史的全面的、深刻的理解与研究；三是受共产国际的约束（包括正确与错误的）。在特定的历史条件下，中国共产党及其主要领导人凭借着马克思主义这一指导思想，和对中华民族高度的责任感，团结了民主革命力量，把中国革命推上了高潮，开创了中国历史上亘古未有的新局面。但是在这一革命潮流中如何实现、坚持无产阶级领导权，中国共产党及其主要领导人陈独秀在探索进程中出现了曲折与失误。

一

无产阶级领导权是中国革命成败的关键。坚持无产阶级领导权，特别是在统一战线中坚持无产阶级领导权，是中国共产党的重要历史使命。国共合作初期，共产国际出于策略上的考虑，加之过低地估计了中国工人阶级及其政党中国共产党的力量和领导能力，有意回避无产阶级领导权问题。在1923年1月《共产国际执行委员会关于中国共产党与国民党关系问题的决议》中只提“只要国民党客观上实行正确的政策，中国共产党就应当在民族革命战线的一切运动中支持它”[②]，不提无产阶级领导作用。不仅如此，共产国际代

① 原载于《安徽党史研究》1992年01期。

② 《中共党史教学参考资料》（三），人民出版社1979年版，第185页。

表甚至说“现在是共产党应为国民党当苦力的时代”[①]。共产国际给中国共产党的指示中仅仅强调两点：一、“不应与国民党合并”；二、不应“隐藏自己特殊的旗帜”[②]。所谓“特殊旗帜”，就是指“工农利益”、“阶级斗争”等。可见，当时共产国际关于无产阶级领导权问题并没有明确的指示。1923 年 6 月，党的三大对国共合作的方针和办法作出了正式决定，强调要保持党的独立性，但也没有提出无产阶级应努力争取对民主革命的领导权问题。尽管如此，中国共产党及其领导人陈独秀在实际斗争中却逐渐认识了这一问题。

其一，初步从理论上明确了无产阶级与资产阶级、共产党与国民党合作的基本概念。陈独秀认为：“（一）是各阶级合作，不是各阶级合并，因为阶级是不可能合并的；（二）是国民革命之政治合作，不是劳资妥协之经济的合作，因为劳资两阶级在经济上没有能够合作之共同点。”这是国共合作的基本概念。陈独秀说，在国共合作中“若不将这两个合作之意义解释清楚，在实际工作上必发生无穷的纠纷与困难”[③]。第一点说明了无产阶级在统一战线中的独立自主问题，第二点是指明革命发展必须维护工农群众的利益，坚持正确的方向。这两点是当时中国共产党人的共识，也是坚持无产阶级领导权的重要思想基础。

其二，初步明确了中国资产阶级不可能领导中国革命取得胜利，中国也不再会发生资产阶级领导的旧民主主义革命的思想。陈独秀认为，“经济落后文化幼稚的中国，各阶级还都紧紧的束缚在宗法社会的旧壳内，幼稚的资产阶级，至今没有有力的政党”，而且具有严重的“懦弱心理”，因此，“资产阶级不能成为一个独立的革命势力”[④]。“中国资产阶级势力微弱，尚不足克服封建军阀及国

① 《中共党史参考资料》第 5 册，中国人民解放军政治学院 1979 年编，第 598 页。

② 《中共党史教学参考资料》（三），人民出版社 1979 年版，第 185 页。

③ 《陈独秀文章选编》（中），生活·读书·新知三联书店 1984 年版，第 518 页。

④ 《陈独秀文章选编》（中），生活·读书·新知三联书店 1984 年版，第 363、364、362 页。

际帝国主义，所以使革命党易于采用右倾的妥协政策”而不能“单独”“完成革命事业”[①]。中国也“决不会有欧洲式的资产阶级革命实现出来”[②]。由于俄国十月革命开辟了新时代，中国国民革命“形式上虽是一国的革命，事实上是世界的革命之一部分”，即世界无产阶级革命的“重大的一部分”[③]。基于上述认识，在统一战线、国民革命中，实现无产阶级的领导权也就成为历史的必然。

二

对无产阶级领导权的认识也经历了一个曲折的过程。1922 年 6 月，由陈独秀起草发布的中共中央第一个《对于时局的主张》中初步提出了打倒帝国主义、封建军阀，联合资产阶级民主派的政治主张。对此，蔡和森明确指出，“文件并未将中国无产阶级和其先锋队的中共的作用完全表明出来”。陈独秀对这一批评十分重视，“他表示从国外归来的同志能增加中共的新血液，又可纠正国内同志那种受环境影响的散漫心理。他同意由第二次代表大会草拟另一个宣言来补充前一个文件的不足”[④]。这是陈独秀开始改正认识的起点。

不久，由他起草的党的二大宣言和其他文章认为，中国工人阶级是“伟大势力”，是“革命领袖军”，是“最勇敢急进的先锋”[⑤]。因此在革命行程中，“除中国共产党以外没有一个党派不徘徊于军阀政治与民主政治之间”。他批评了一些错误观点，并指出，“我们应该即刻抛弃工人不干涉政治的谬论，大家站起来做打倒军阀官僚改良政治的急先锋”[⑥]。这是在 1923 年 1 至 2 月间，第一次比较明确地提出共产党是“急先锋”、“领袖军”的问题。这一认识是中国

① 《陈独秀文章选编》（中），生活·读书·新知三联书店 1984 年版，第 365 页。

② 《陈独秀文章选编》（下），生活·读书·新知三联书店 1984 年版，第 80 页。

③ 《陈独秀文章选编》（中），生活·读书·新知三联书店 1984 年版，第 371 页。

④ 张国焘：《我的回忆》第 1 册，现代史料编刊社 1989 年版，第 235 页。

⑤ 《中共党史教学参考资料》（一），人民出版社 1979 年版，第 14 页。

⑥ 《反动政局与各党派》，《向导》1923 年第 16 期。

共产党、陈独秀在斗争实践中逐渐形成的。直到同年5月，共产国际给中国共产党三大的指示中才比较明确地指出，“毫无疑问，领导权应当归于工人阶级的政党”[①]。这是中国共产党及其领导人陈独秀对无产阶级领导权的最初认识，并在革命指导思想上起了决定的作用，推动了中国革命运动的猛烈发展。

中国共产党人早期对无产阶级及其领导权的认识，也存在不少错误观点，尤其是陈独秀。他认为“工人阶级幼稚”，“不是独立的革命势力”。太看重了工人阶级的数量及其所沾染的落后伦理观念。但是这种片面认识并不代表当时党内的普遍看法，因而受到了指责。邓中夏指出，“说无产阶级在质量上很幼稚，其理由是说，中国的无产阶级的心理大多数还沉睡在宗法社会里，还未与家族、亲属、帝王神权等旧观念绝缘”，这是错误的。“马克思主义反对以心理来解释社会现象”[②]。彭述之也不同意陈独秀的观点，他说，无产阶级一旦“到了物质的冲突时、与帝国主义和封建军阀真正冲突时，那些平时的什么宗法社会思想和宗法社会习惯，都失了作用，工人依旧是最勇猛的敢死军”[③]。

京汉铁路工人罢工检阅了中国工人阶级的伟大力量和不妥协的彻底革命精神，加之党内的批评，陈独秀第二次接受意见，开始改正他的一些错误观点，他很感慨地说：“二十余年来国民运动给我们的总教训是：社会各阶级中，只有人类最后一个阶级——无产阶级，是最不妥协的革命阶级，而且是国际资本帝国主义之天然对敌者。”因此，工人阶级“不但在资本主义国家的社会革命他是主力军，即在被资本帝国主义压迫的国家之国民革命也须做一个督战者”。督战谁呢？陈独秀说，“督促一切带有妥协性的友军——农民、手工业者、革命的知识阶级、游民无产者（兵与会匪）及小商”。督战的目的是“不妥协地向外国帝国主义者及其走狗——国

① 《中共中央文件选集》（1），中共中央党校出版社1982年版，第105页。

② 《我们的力量》，《中国工人》1924年第2期。

③ 《谁是中国革命之领导者》，《新青年》（季刊）1924年第4期。

内的军阀官僚富商劣绅大地主及反革命的知识阶级进攻”，以“达到国民革命之真正目的——民族解放”[①]。不难看出，陈独秀提出的“督战”思想，是无产阶级领导权的进一步表述。1925 年 1 月，党的四大上，他又明确指出“中国的民族革命运动，必须最革命的无产阶级有力的参加，并且取得领导的地位，才能够得到胜利”[②]。从而完成了党对实现无产阶级领导权认识的全过程，并在实践中努力实现无产阶级对革命运动的领导。

此后，陈独秀又进一步分析了无产阶级成为领导阶级的根本原因。他认为，中国无产阶级虽处于经济文化落后的社会形态中，但它是“新生产力的代表者”，又“富于集合力及决战力”，是“天然的农民之同盟者”。同时“在中国社会状况上看起来，中国工人备受外国帝国主义者及国内军阀、资本家三层压迫”。中国工人阶级这种突出的特点，决定了它“是一个不妥协的”、“最革命的阶级”，中国革命若没有工人阶级的领导，“决没有得到胜利的可能”[③]。这是第一次较全面的对中国工人阶级特点的分析和概括，具有重要的理论意义和实践意义。

三

无产阶级通过什么形式和途径来实现其领导权，在以党内合作形式形成的第一次国共合作的特定历史条件下，对年幼的、缺乏经验的中国共产党来说，只有在实践中进行艰难的摸索。在合作过程中，中共中央、陈独秀曾设想通过三种途径来实现其领导权。一是发展工农群众运动，牢牢掌握工农运动的领导权，并以此左右革命形势向有利于无产阶级的方向发展；二是发展、加强、控制由共产党人参加组建的国民党地方组织，以实现其基层的领导权，并和中

① 《二十七年以来国民运动中所得教训》，《新青年》（季刊）1924 年第 4 期。
② 《中共党史参考资料》（二），人民出版社 1979 年版，第 75 页。
③ 《中国国民革命运动中工人的力量》，《向导》1925 年第 101 期。

共单独领导的工农运动相呼应、相配合；三是巩固与发展同国民党左派在中央机关的联合，并通过国民党左派打击、排斥国民党右派，扫清无产阶级领导的障碍，贯彻中国共产党的方针路线。三方面相互配合，以形成中国共产党在国共合作中的中心地位和中坚势力。这是在实践中探索的一种实现无产阶级领导权的形式和途径。1923年11月，中共中央三届一中全会提出的“我们预［须］努力站在国民党中心地位”①，就是这个思想的反映。

中国共产党及其主要领导人陈独秀所摸索的实现无产阶级领导权的途径、策略，基本上符合当时的历史条件，并且在初期、中期也较有成效。陈独秀在党的五大报告中曾指出，“小资产阶级和国民党左派处于无产阶级的领导之下。在上海，无产阶级常常独自行动。在北方，如果工人不行动起来，其他阶级也不会行动起来。在五卅运动中付出最大牺牲的是无产阶级，各阶级都在其领导之下。可以说，凡是没有无产阶级和共产党的地方，就没有运动。因此，说无产阶级根本没有取得领导权，是不对的”②。通过国民党左派曲折地实现其领导的策略，是中国共产党、陈独秀在特定历史条件下探索的一种重要途径。但对它的认识和运用存在着严重的不足。一是具有片面性，把贯彻党的路线、方针、政策的希望寄于国民党左派；二是自认为处于在野党地位，没有树立掌握政权和军队的思想，因而在运用这一策略时埋下了难以消除的危机。1927年5月，瞿秋白对这一策略作了初步总结。他指出：“以前所谓领导权仅指群众运动中的领导权，至于政权与军队是在无产阶级领导权以外的，现在这个无产阶级领导权初创的形式已经不够了，现在无产阶级应当参加革命的政权，应当指导革命中的武力”③。这个认识是正确的，但为时已晚，同时也缺乏实际的措施。

在统一战线中，国民党右派不断制造事端，妄图削弱中共的力

① 《中共中央文件选集》(1)，中共中央党校出版社1982年版，第147页。

② 《中共党史资料》第3辑，中共中央党校出版社1982年版。

③ 《瞿秋白选集》，人民出版社1985年版，第364页。

量，争夺领导权。对此，陈独秀虽不断斗争，但又不断退让，旨在以退让求团结；他竭力揭露国民党右派，大造国民党内左中右三派舆论，团结左派，争取中间派，打击右派，以保护无产阶级领导权，但往往对右派打击不力；他想变更国共合作形式，退出国民党，由党内合作改为党外联盟，以保持无产阶级的独立性。这个想法不合时宜，且又不得力，其结果是事与愿违。1926 年 11 月通过的《共产国际执行委员会第七次全会关于中国局势的决议》，一方面指出“在这个阶段中，革命运动的领导权，将日渐落在无产阶级身上”；一方面又说，“中国无产阶级数量之少及其幼稚”，决定了它必须在国民党内“形成左派，而与之亲密合作，并不企图以共产党分子代替左派之领导工作”[①]。这个既要中共“领导”，又不要中共“取代领导”的指示，给当时的中共中央、陈独秀在决策上以很大的影响，带来了严重恶果。最后陈独秀对局面束手无策，放弃了领导权，给革命事业造成了难以言状的惨痛损失。

综观上述，陈独秀在大革命时期关于无产阶级领导权问题，主观上是要坚持的，同时也摸索了一些实现的途径和策略，并取得了显著成效。但由于经验不足，以及共产国际指导中国革命失误的影响，犯了右倾机会主义错误，最后未能保持无产阶级领导权。因此在领导权问题上，我们必须作一分为二的具体分析，而不能一概称为主动“放弃领导权”，有功有过，且是在探索中出现的功和过。这样，才是坚持历史唯物主义立场的分析。

---

① 《中共党史参考资料》（二），人民出版社 1979 年版，第 331、338 页。

陈独秀与中国共产党初期战略策略方针的制定[①]

在中国共产党早期制定的革命战略策略方针中，陈独秀在理论上、实践上都起了关键作用。本文拟就陈独秀与中共初期战略策略方针的制定的关系作一探讨。

一、马克思主义与中国实际相结合思想的初步提出

中国共产党成立之初，是处在一个秘密状态下的政党，活动范围小、外围组织不足，群众基础大但缺乏宣传、组织。总之，仅局限于狭小的天地之中。这与中国共产党的伟大历史使命很不相称。陈独秀自 1921 年 9 月由广州回沪主持中央工作后主要思考的问题之一，就是如何把党推向领导实际斗争的政治舞台上来，开辟共产主义运动的新局面。而这一关键问题的实质，就是如何认识中国社会，从中国社会实际出发制定中国革命的纲领、路线和战略策略的问题。陈独秀认为："由于各个国家情况不同，马克思主义的发展形态也各异，在中国是什么样子还要看发展"[②]，而不能有固定的模式。这就开始萌发如何从中国实际出发，把马克思主义与中国革命实际相结合的思想。在陈独秀这一思想的直接指导下，《先驱》创刊号（1922 年 1 月）发刊词明确地提出了中国革命的"第一任务是努力研究中国的实际情形，而求得一最合宜的实际的解决中国问题的方案"。随后，陈独秀在《马克思主义的两大精神》演说中更进

① 原载于《党史研究与教学》1996 年第 5 期。

② 《包惠僧回忆录》，人民出版社 1983 年版，第 370 页。

一步提出，“第一，实际研究的精神”，即从社会实际出发研究马克思主义，把理论与实际统一起来，这是马克思的“科学的社会主义，和空想的社会主义不同，便是在此”；“第二，马克思实际活动的精神”，即马克思主义者首先是一个“革命的社会主义者”，因而必须“将其学说实际去活动，干社会的革命”。陈独秀并指出，“这两大精神都是中国人所最缺乏的”。因而，他号召所有抱有革命理想的人要运用马克思主义研究中国社会，特别是“研究社会的政治经济”，把马克思主义“当成社会革命原动力”①。据此，陈独秀曾对人说，“世界革命不能有呆板的公式和划一的计划”②。从这一思想认识出发，他开始领导全党着手制定符合中国社会实际的革命战略方针。

二、新的革命战略方针的制定

从中国国情出发，把马克思主义与中国实际相结合，是中国共产党成立后必须解决的重大问题。陈独秀带领全党在决定中国革命的基本问题上有着三大功绩不可忽视。其一，确定了中国革命的性质和纲领；其二，提出了中国革命分两步走的战略方针；其三，制定了民主联合战线方针，建立国共两党的合作，以推进中国革命的进程。

1922 年 6 月由陈独秀起草发布的《中国共产党第一次对于时局的主张》，这是中国共产党成立后第一次公开发布的关于中国革命的纲领性文件。文件指出，“军阀政治是中国内忧外患的源泉，也是人民痛苦的源泉”，共产党人的基本任务就是反对帝国主义，“取消列强在华各种治外特权”；“联合民主派共同对封建式的军阀革命，以达到军阀覆灭”，“建设民主政治”③ 的目的。

为了进一步阐明中国共产党的这一政治主张，陈独秀又以个人

① 《陈独秀文章选编》（中），生活·读书·新知三联书店 1984 年版，第 177 – 178 页。

② 张国焘：《我的回忆》第 1 册，现代史料编刊社 1989 年版，第 212 页。

③ 《中共党史教学参考资料》（一），人民出版社 1979 年版，第 340 页。

名义发表了《对于现在中国政治问题的我见》等文章，揭露了“帝国主义的压迫”，“国内军阀的扰乱”，人民的痛苦，指出了孙中山先生领导的民主革命虽不断斗争，但“孤军奋斗”，力量太弱。因而他指出，“现在的中国政治问题，只有集中全国民主主义的分子组织强大的政党，对内倾覆封建的军阀，建设民主政治的全国统一政府，对外反抗帝国主义，使中国成为真正的独立国家，这才是目前扶危定乱的唯一方法”①。

对于中国民主革命反帝反封建的基本任务，陈独秀指出：“我们知道民主主义的争斗仅是第一段争斗，不是人类最后的争斗”②，在“无产阶级未能获得政权以前，依中国政治经济的现状，依历史进化的过程，无产阶级在目前最切要的工作，还应该联络民主派共同对封建式的军阀革命，以达到军阀覆灭能够建设民主政治为止”③。

上述思想，表明了以陈独秀为代表的中国共产党人对中国革命性质、任务、和对中国革命分两步走的初步认识，以及共产党人对联合资产阶级、建立国共合作共谋中国独立富强的基本政治主张。这一严正的政治主张立刻在社会上产生了重大影响，起了积极作用。但是，由于党包括陈独秀本人在内，对中国实际研究不够，认识不深，因而还不能更深刻地、准确地反映出马克思主义与中国革命实际的完美结合。对此，蔡和森等人提出了意见，指出：“文件并未将中国无产阶级和先锋队的中共的作用完全表明出来”。陈独秀十分重视蔡和森的批评，认为这是正确的，应完全接受，“他表示从国外归来的同志能增加中共的新血液，又可纠正国内同志那种受环境影响的散漫心理。他同意由第二次代表大会草拟另一个宣言，来补充前一个文件的不足”④。

---

① 《陈独秀文章选编》（中），生活·读书·新知三联书店 1984 年版，第 188 页。

② 《陈独秀文章选编》（中），生活·读书·新知三联书店 1984 年版，第 187 页。

③ 《中共党史教学参考资料》（一），人民出版社 1979 年版，第 14 页。

④ 张国焘：《我的回忆》第 1 册，现代史料编刊社 1989 年版，第 235 页。

中国共产党第二次全国代表大会，是实现中国革命战略策略转变的重要会议。会议在陈独秀指导下通过了由陈独秀起草的《中国共产党第二次全国大会宣言》和《关于“民主的联合战线”的议决案》，正式制定了党的最高纲领——“建立劳农专政的政治，铲除私有财产制度，渐次达到一个共产主义的社会”；和民主革命纲领——反对帝国主义，反对封建军阀，以“达到中华民族完全独立”、“建设国内和平”，实现“真正民主共和国”。决定了与孙中山领导的国民党建立“民主联合战线”，实现国共合作。决议案指出，“在中国的政治经济现状之下，在中国的无产阶级现状之下，我们认定民主的革命固然是资产阶级的利益，而于无产阶级也是有利益的。因此我们共产党应该出来联合全国革新党派，组织民主的联合战线，以扫清封建军阀推翻帝国主义的压迫，建设真正民主政治的独立国家”。同时又指出，“无产阶级加入此种战争，不是为了民主派的利益，做他们的牺牲，乃是为了无产阶级自己眼前所必须的自由而加入此战争”，是“解除工人农民的痛苦使工人农民到权力之路的第一步”。认定了“目前中国革命不是什么工人阶级反对资产阶级，只是反对外力侵略和反对军阀”[①]。因此中国共产党的主要任务是联合革命力量打倒帝国主义和封建军阀势力。为实现民主联合战线，陈独秀及党中央提出了三项任务：一是邀请国民党及其有关方面开一代表会议，互商如何邀请其他革新党派及其他团体加入联合战线；二是运动倾向共产主义的议员在国会联络真正民主派的议员以及联合民主主义左派联盟；三是在全国各城市集合工会农民团体、商人团体、职教员联合会、学生妇女参政同盟团体、律师及新闻记者团体等，组织“民主主义大同盟”。此时中国共产党及其陈独秀的统一战线思想，不仅包含有联合国民党民主派，也含有较为广泛的多党派、多团体联合的战略思想。这比党的“一大”时有了很大的发展和进步。

---

① 张国焘：《我的回忆》第1册，现代史料编刊社1989年版，第212页。

如何实现民主革命纲领，如何建立及推进民主联合战线，完成中国革命的第一阶段任务，陈独秀又初步提出了无产阶级领导权思想。陈独秀认为中国工人阶级是“伟大势力”，“是革命领袖军”[①]，是“最勇敢急进的先锋”[②]。号召一切革命者“快聚集在共产党旗帜之下奋斗”[③]。这是最早提出无产阶级领导权思想的文件。

陈独秀及中国共产党制定的民主革命纲领和中国革命分两步走，以及与孙中山领导的国民党建立民主联合战线等战略方针，是中国共产党历史上最早的一次战略转变，具有极其重要的理论意义和实践意义。它突破了党的“一大”时的不成熟的设想，排除了一些人主张只作马克思主义理论宣传工作、研究工作的脱离现实斗争的干扰，转变为直接领导广大人民群众开展实际的革命斗争，并把一般的群众斗争很快的转变为政治斗争，直接目标是打倒帝国主义、打倒封建军阀；从一般资本主义国家革命程序，尤其是俄国革命模式和革命程序，转变为按照中国社会历史实际进行民主革命；从反对资产阶级，不与资产阶级及其政党联系，转变为必须联合资产阶级民主派，与国民党建立民主联合战线，实现国共合作。这确实是一次重大的战略步骤的转变，起了扭转时局发展的重大作用。这一战略思想、方针的转变，是与陈独秀在其中起的积极指导作用分不开的。通过这个战略转变，中国革命的历史进程就迈进了一个崭新的发展阶段，不久党的“三大”召开，确定共产党员以个人身份参加国民党，进而实现了国共两党的第一次合作，把中国革命推进了一个新的发展时期，则是这一战略方针转变的具体实践。

三、积极引导，促成战略方针的实现

自中国共产党提出建立民主联合战线之后，在党内外都作了积极的努力。但是，由于国共两党的阶级利益、政治主张、理论观点

---

① 《中共党史教学参考资料》（一），人民出版社 1979 年版，第 14 页。

② 《陈独秀文章选编》（中），生活·读书·新知三联书店 1984 年版，第 253 页。

③ 《中共党史教学参考资料》（一），人民出版社 1979 年版，第 16 页。

不同，因此，实现联合，建立合作并不容易。对此，无论在中国共产党内或国民党内都需要作大量的宣传、引导工作。就中共党内认识状况看，有不少党员对国共合作不理解。党的“一大”纲领明确规定“中国共产党彻底断绝与资产阶级的黄色知识分子及其类似的其他党派的任何联系”①。当时普遍认为国民党脱离群众，成分中官僚政客较多，鱼龙混杂，并多次与帝国主义、封建军阀妥协，因而不愿与之为伍。1923年初，社会传闻国民党要与曹锟联盟，这就更增加了联合国民党的复杂性和阻力。为此，陈独秀多次发表文章进行正面引导。

如何看待孙中山领导的国民党，陈独秀提出这样一个问题，即是否是“民主派”。他说民主派有两个条件，一是他的党纲和政策必须不违背民主主义原则；二是他的行动必须始终拥护民主主义与军阀斗争。以此衡量国民党，陈独秀说，“在这一点看起来，中国现存的各政党，只有国民党比较是革命的民主派”，尤其是国民党在广州时，“广州政府不禁阻劳动运动和废止治安警察条例、废止压迫罢工的刑律等事，都算是维护民主政治的表示”②。1922年9月，陈独秀又发表《国民党是什么》一文，从国民党的革命奋斗历史到纲领、主张等作了简要分析，以帮助人们全面认识国民党。

对于国民党人的自大，看不起年轻的中国共产党，陈独秀也作了理论上和现实状况的说明，他明确指出，中国共产党不同于国民党，它是“无产阶级的先锋军”，共产党党员也不同于国民党党员，“共产党党员自身若有利用劳动运动而做官而发财的行为，或当劳动运动危急时畏缩不前，共产党便应该立刻驱逐这种的败类的党员出党而毫不顾恤。必如此才算是真的共产党”③。正因为如此，“除中国共产党以外没有一个党派不徘徊于军阀政治与民主政治之间”④。

① 《中共党史教学参考资料》（一），人民出版社1979年版，第279页。
② 《中共党史教学参考资料》（一），人民出版社1979年版，第334页。
③ 《陈独秀文章选编》（中），生活·读书·新知三联书店1984年版，第182－183页。
④ 《陈独秀文章选编》（中），生活·读书·新知三联书店1984年版，第225页。

所以陈独秀劝说国民党人响应中国共产党建立民主联合战线的号召，“要打倒军阀，散漫的各个争斗是不济于事的，必须是各阶级各部分争自由争民权的各种势力，在一个统一的目标之下集中起来，成为一个有组织的广大的国民运动”①。针对国民党对军阀认识的模糊和妥协思想，陈独秀又明确提醒国民党人，在“革命与反革命的进化阶段上”，要“认清目前最反动的敌人是谁”②。“国民党若真与曹锟携手，那真是自杀了！我们始终不信有此怪事”。并指出，“所有国民党的忠实党员，都有痛辟此邪说的责任”③。他希望国民党“应该断然抛弃以前徘徊军阀之间”的做法，因为直、奉、皖、西南四派都是“拥兵称雄的军阀，哪一个能听中山先生的命令去革命?”④

为了进一步引导、推动国民党与中国共产党的联合，建立国共合作，贯彻党的“二大”决议，陈独秀发表了《资产阶级革命与革命的资产阶级》一文；又为了贯彻党的“三大”决议，他又发表了《中国国民党与社会各阶级》。这两篇文章尽管有诸多错误成分，但它的意图是积极的，且有不少论断、观点在当时起了推动建立统一战线，实现国共合作的作用。文章的主要精神在于，第一，说服中国共产党内的同志，进一步认识联合国民党的必要性、重要性。他指出，半殖民地半封建社会的中国无产阶级在国民革命中“固然是重要分子”，但又非常“幼稚”，而且“不是独立的革命势力”，国民革命的成功，必须要联合资产阶级，结成巩固的联合战线；第二，进一步说服国民党。指出，中国的资产阶级十分“幼稚”，“不能成为一个独立的革命势力”，完成不了国民革命的任务。认为国民党的唯一出路，在于必须抛弃与封建军阀的妥协和对无产阶级的偏见，实现两个阶级的联合，即国民党必须联合无产阶级，联合革

---

① 《陈独秀文章选编》（中），生活·读书·新知三联书店 1984 年版，第 247 页。
② 《陈独秀文章选编》（中），生活·读书·新知三联书店 1984 年版，第 224 页。
③ 《陈独秀文章选编》（中），生活·读书·新知三联书店 1984 年版，第 324 页。
④ 《陈独秀文章选编》（中），生活·读书·新知三联书店 1984 年版，第 320 页。

命的资产阶级。为指导国民党有一个正确的联合对象，除无产阶级工农大众外，陈独秀对中国的资产阶级作了一个大概的分析，提出了“革命的资产阶级”、“反革命的资产阶级”、“非革命的资产阶级”三分法说。这主要是从政治态度、政治立场上划分的，目的在于指导国民党不要迷失方向。因此陈独秀希望国民党“联合革命的资产阶级”，“提携中立”的“非革命的资产阶级”，“引他们上革命的路”，而不要去联合“反革命的资产阶级”。因为他们“依附帝国主义军阀官僚”，“反对革命”。陈独秀指出，国民党的出路在于克服与军阀、帝国主义妥协思想，要吸取辛亥革命多次失败的教训。当前“一条活路横在我们的眼前，就是与革命的无产阶级携手，打倒我们的共同敌人”①。

基于上述分析和意图，陈独秀提出了国民党的主要任务是响应中国共产党的号召，“统率革命的资产阶级，联合革命的无产阶级，实现资产阶级的民主革命”②。这个论断或“公式”是要国民党去“统率革命的资产阶级”，而不要去联合“反革命的资产阶级”；是要“联合无产阶级”，而不是反对无产阶级，更不是在实现民主联合战线中去“统率无产阶级”。在党派关系上，国民党与共产党的关系是联合关系，而非领导关系，国民党是“实现国民革命”，而不是单独领导国民革命。这个“公式”的意图在于要国民党认清敌友，不要看错了联合的对象，而不是要国民党独揽、统率国民革命。但是，不可否认，这个“公式”在无产阶级与资产阶级，共产党与国民党在民主联合战线内的关系上还不够清楚，没有讲清中国共产党的“先锋军”、“领袖军”的作用。陈独秀此时为什么没按他自己的观点、即党的“二大”决议提出“领导权”问题呢？这可能是出于策略上的考虑。如果在国共合作开始酝酿、形成过程中就把社会主义前途、共产党的领导权公开向国民党提出，不仅不会促成

① 《陈独秀文章选编》（中），生活·读书·新知三联书店 1984 年版，第 258 页。
② 《陈独秀文章选编》（中），生活·读书·新知三联书店 1984 年版，第 259 页。

国共合作的早日实现，而且会给一些右翼分子以藉口以阻止国共两党合作的形成，即使国共两党合作形成，也会增加国民党对共产党的猜疑、不和和摩擦。在一定历史条件下、一定时间内考虑这一策略是必要的、有利的。但问题在于当国共合作正式建立后，特别是国民党右派势力不断向共产党进攻情况下，陈独秀仍要按过去的策略处理两党关系，就不合时宜，表现为软弱和右倾。

总之，自中共成立后，便开始探索把马克思主义与中国实际初步结合起来，提出了革命两步走的思想，制定了反帝反封建的民主革命纲领，确定了与国民党建立民主联合战线，实现国共合作的方针。这是中国共产党在初创时期的重大战略步骤。对这一战略方针的提出、制定和实施，陈独秀起了关键的指导作用和积极的促进作用。在这一过程中虽有诸多不成熟的思想、认识，这主要是在探索中国革命进程中出现的问题。从总的情况看，中国共产党在这一探索中进步了，发展了，壮大了，从此开始了领导中国大革命运动的新时期。

第五编

国共关系研究

抗战初期国共两党的合作[①]

一

国共两党第二次合作，是在中国共产党的组织推动及其政策影响下，在国民党内爱国民主人士的配合下，在共同反抗日本帝国主义侵略下建立起来的。

自“九一八”事变后，日本帝国主义不断扩大对中国的侵略，我党多次向国民党当局提出停止内战，一致对外的主张。一九三五年华北事变发生，民族危机进一步加深。我党在长征途中发表“八一宣言”，号召全国人民团结起来，停止内战，一致抗日，并提出只要国民党军队停止进攻苏区行动，实行对日抗战，红军“愿意与之亲密携手共同救国”。同年十二月，党中央在陕北瓦窑堡召开政治局会议，确立了“最广泛的民族统一战线策略的总路线”。一九三六年五月，毛泽东、朱德发表了《停战议和一致抗日通电》。八月，中共中央发表《中国共产党致中国国民党书》，呼吁“集中国力，一致对外”，“结成一个坚固的革命统一战线”。指出，“现在全国人民盼望两党重新合作共同救国之心是迫切到了万分”，“只有国共重新合作”，“才能真正的救亡图存”[②]。我党在九月作出的《中央关于逼蒋抗日问题的指示》中提出，我们目前的中心口号仍然是“停止内战，一致抗日”。

---

① 原载于《安徽师范大学学报》（哲学社会科学版）1985 年第 3 期。

② 《中共党史参考资料》（三），人民出版社 1979 年版，第 209 页。

中国共产党为实现国共合作所作的努力，得到了全国各阶层的支持，一九三六年九月，东北军张学良、西北军杨虎城与我党签署了《抗日救国协定》，在西北首先建立了地方性合作。宋庆龄、柳亚子、陈树人、于右任等表示拥护团结抗日。何香凝曾把她的一条裙子并附诗一首寄给蒋介石，示以“巾帼裳”换来“出征衣”，战死沙场，报效祖国。在此之前，原国民党元老续范亭在南京哭陵，剖腹明志，誓以死震醒国人激励奋起抗日。这些壮举促进了全国抗日救亡运动的高涨和国民党内部民主势力的觉醒。一九三六年十二月“西安事变”发生，是这个觉醒的集中表现。我党以国家民族利益为重，提出和平解决西安事变的方针，经过多方努力，终于迫使国民党蒋介石接受了我党提出的停止内战、一致抗日、实现第二次国共合作的主张。

为促进国共合作的实现，中共中央于一九三七年二月十日发出《致国民党三中全会电》提出联合抗日的五项“国策”和四项保证。[①] 在国民党三中全会上，宋庆龄同何香凝、冯玉祥、孙科、李烈钧等十三人提出“恢复孙中山先生手订联俄、联共、拥护农工三大政策案”。经过一番斗争，全会在内外压力下通过了实际上接受我党主张的决议案。至此，“国民党政策上开始转变”[②]。

国民党三中全会后，我党即派出周恩来、秦邦宪、叶剑英同志与国民党代表顾祝同、贺衷寒、张冲于西安谈判两党合作的具体问题。我党代表坚持五项要求、四项保证的原则立场，并提出了实施的具体建议。由于国民党代表坚持己见，拒绝我党的正确主张，最后只达成在西安设立中共办事处的协议。三月下旬，周恩来赴杭州面会蒋介石。蒋介石表示原则上同意两党合作，并要求拟定合作的共同纲领和确认他的领袖地位。五月初，周恩来携共同纲领赴洛阳再会蒋介石，因故未谈，后约定在庐山继续会谈。

---

① 《毛泽东选集》第1卷，人民出版社1991年版，第258页。

② 《毛泽东选集》第2卷，人民出版社1991年版，第352页。

一九三七年四月五日清明节，林伯渠同志奉中共中央之命，前往陕西省黄陵县（原为中部县）祭扫黄陵，并带有毛泽东起草的祭文。祭文中云："敌寇未灭，何以家为，各党各界团结坚固；不论官民，不分贫富。民族阵线，救国良方；……"国民党也派出张继、顾祝同前往谒陵。他们共祭黄陵后，作了友好的交谈，一致认为，凡我黄帝子孙都应亲密团结，在国难当头之际，更应携手合作，以御外侮。

一九三七年五月，国民党政府派正式代表团到延安考察。一是以续约斋为首的国民党陕西省政府代表团访问延安；一是以涂思忠为首的国民党中央考察团访问延安。这是国共两党十年内战停止后的重大事件，因而受到党中央和毛泽东同志的重视，受到延安各界群众的热烈欢迎。《新中华报》发表社论对此予以高度评价。毛泽东同志在欢迎会上发表了讲话，希望通过南京使者的考察，能"使两党合作达到新的阶段"[①]。涂思忠在讲话中称赞"红军以抗日情绪与艰苦卓绝的作风，共产党领袖的诚恳为至所佩服"[②]，并表示国共两党要"彼此开诚布公，扫除误会矛盾"[③]。这次考察增进了相互了解，为国共合作创造了条件。同年六月初，国民党陕西省政府派专人到陕北我党管辖的十二个县发放赈灾款，每县大洋一千五百元。以后又给每县增发大洋六千元[④]。

"七七"事变爆发后，为尽快实现两党合作，共同抗日，我党发布《中共中央为公布国共合作宣言》，重申了我党的五项要求、四项保证。十七日派出了周恩来、秦邦宪、林伯渠等与蒋介石、陈立夫、王世杰、邵力子、张冲等再次谈判。一九三七年八月二十三日红军改名为国民革命军第八路军（后改称第十八集团军），十月二日，南方十三个地区的红军游击队改编为国民革命军新编第四

① 《解放》1937年第6期。

② 《解放》1937年第6期。

③ 《新中华报》1937年5月31日。

④ 《新中华报》1937年6月23日。

军。陕甘宁苏维埃政府改名为陕甘宁边区政府。国民党中央通讯社发表《中共中央为公布国共合作宣言》和蒋介石的《对中国共产党宣言的谈话》。谈话虽然抱有唯我独尊的“自大精神”[①]，但也不得不承认中国共产党人已“捐弃成见”。因此他保证“中国民族既已一致觉醒，绝对团结，自必坚守不偏不倚之国策，集中整民族力量，自卫自助，以抵暴政，挽救危亡”[②]。“共产党的这个宣言和蒋介石的这个谈话，宣布了两党合作的成立”[③]。

国共两党合作建立后，根据两党协议，国民政府军事委员会下设立政治部，陈诚为部长，周恩来为副部长，郭沫若为该部第三厅厅长。我党派出李克农、钱之光、李涛、边章五、廖似光等大批干部到武汉参加工作。并在国民党统治区的南京、太原、兰州、迪化、武汉以及桂林、重庆等先后设立了八路军办事处，代表我党开展抗日民族统一战线工作。

实现国共两党合作是历史赋予的任务，是实现民族团结，共同对付外来侵略的客观要求；要实现两党合作就要消除对立情绪，增进相互了解，双方进行谈判是实现合作的重要途径和有效方式。

二

我们党和毛泽东同志对抗战初期的国共两党合作，给予了高度的评价，寄以很大的希望，认为“这在中国革命史上开始了一个新纪元”。“这将给予中国革命以广大的深刻的影响，将对于打倒日本帝国主义发生决定的作用”[④]。因此，“国共两党的关系是决定的因素”[⑤]。这是整个第二次合作中较有生机、鼓舞人心的阶段。毛泽东

① 《毛泽东选集》第2卷，人民出版社1991年版，第364页。
② 《中共党史参考资料》第8册，中国人民解放军政治学院1979年编，第31页。
③ 《毛泽东选集》第2卷，人民出版社1991年版，第363页。
④ 《毛泽东选集》第2卷，人民出版社1991年版，第364页。
⑤ 《毛泽东选集》第2卷，人民出版社1991年版，第384页。

同志对这个时期的国民党曾有三句评论：对“抗战是比较努力的”；“同我党的关系也比较好”；对人民“也允许有比较多的自由”[①]。这个结论是完全符合历史事实的。

我党十分珍惜国共合作历史局面，努力在一切方面维护、巩固、发展这种合作，要求共产党员，“在和友党友军发生关系的时候，应该坚持团结抗日的立场，坚持统一战线的纲领”；“诚心诚意地和友党友军商量问题，协同工作，成为统一战线中各党相互关系的模范”[②]。中国共产党人是这样说的，也是这样做的。

我党的洛川会议指出，国民党实行片面抗战路线，必然存在着严重的失败危险，我党必须坚持独立自主原则，冲破一切障碍，使其发展成为全面的、全民族的抗战，以克服国民党的片面抗战路线。为此我党在国民党区域开展了组织群众、宣传群众、动员群众的抗日救亡活动，抗日群众团体如雨后春笋般的建立起来。著名的有山西省的牺盟会、全国各界救国会、中华全国文艺界抗敌协会、青年救国会、蚁社，以及各地抗敌后援会、抗敌服务团等。在一段时间里群众不仅有较多的集会结社的自由，而且也有较多的抗战言论自由。我党在国民党统治区创办的《群众》杂志和《新华日报》，也分别在一九三七年十二月十一日和一九三八年一月十一日在武汉出版发行。《新华日报》在发刊词中明确宣布，它的宗旨是巩固与扩大国共两党合作和抗日民族统一战线，推动全国抗日运动的发展。因此，它的创办得到了各党派、各阶层人士，上自一些国民党要员，下至一般群众的热烈拥护与支持。不少社会名流给《新华日报》题词、祝贺。国民党元老、监察院院长于右任写了“新华日报”报头，并题词“热爱祖国”；邵力子、孔祥熙、张治中、冯玉祥等也都题了词。这两个刊物在国民党区发表了毛泽东、周恩来、叶剑英等同志的重要讲话和文章，宣传了我党的抗日民族统一战线

① 《毛泽东选集》第2卷，人民出版社1991年版，第945页。
② 《毛泽东选集》第2卷，人民出版社1991年版，第522页。

政策，报道了八路军、新四军和根据地人民的抗日斗争和民主政治情况，对发展人民革命力量，争取、教育中间势力，扩大和巩固统一战线，起了巨大的作用。

我党对两党合作的诚意以及关于抗战的主张，对国民党发生了积极影响。一九三八年七月，毛泽东的《论持久战》发表后，周恩来向白崇禧较为详尽地介绍了这一重要著作的内容，后经国民党政府军事委员会讨论，将《论持久战》这一“战略巨著的基本精神：‘积小胜为大胜’，通令全军作为抗战的最高战略方针”①。

但是，由于国民党惧怕人民群众组织起来，武装起来，对开放言论自由、群众民主活动有很多的限制，不时的制造摩擦，甚至非法取缔和强令解散一些抗日群众团体，给两党的合作、抗战的发展带来了严重后果。

三

国共两党的紧密合作，是巩固和扩大抗日民族统一战线的基础，是战胜日本帝国主义及战后共同建国的基础。因此必须用“长期合作支持长期战争”②。根据这一原则，我党采取在政治上、组织上有原则地帮助国民党的政策，以巩固和发展两党合作，促使国民党克服消极倾向，积极进行抗战。

中国共产党人帮助国民党，是从两个方面考虑的。一方面，国民党在抗战上，特别是在初期，表现了一定程度的积极性，这种进步理应受到支持；另一方面，国民党推行了一条片面的抗战路线，其后果必然导致失败主义。对此我党我军有必要给予帮助，使之走上全民族的抗战路线上来，并以此扩大我党的影响。正如周恩来指出的，“要坚持帮助友党友军”，并使之感到“我们是可以合作的朋友”③。

---

① 《革命史资料》1982年第8辑。

② 《毛泽东选集》第2卷，人民出版社1991年版，第538页。

③ 《周恩来选集》（上），人民出版社1980年版，第105页。

但是帮助必须是有利于抗日、团结、进步。为此，我党在《中央关于帮助国民党及其军队工作原则的决定》中指出，“凡我们的帮助，能推动国民党及其军队之进步，有利于整个抗战者，应决心帮助之”。凡想“利用我们的知识、经验、干部，制造摩擦，而不利于整个抗战者，我们应拒绝帮助”。因此“帮助必须是有条件的、有限度的、有进展程度的。否则所谓大公无私、披诚相见，实际只是自己搬石头打自己脚，不但于我不利，且于整个抗战有害”[①]。

我党在各个方面帮助国民党抗战，尤其是在帮助训练抗日军政干部方面成绩显著。我们帮助国民党先后在湖南、湖北、安徽、江西、河南、山西、陕西等省办起了各种类型的训练班，爱国青年踊跃报名参加学习，“组织他们，动员他们，为贯彻抗战国策、争取独立自由幸福新中国的实现而奋争”[②]。在湖北，董必武通过国民党湖北省政府建设厅长石瑛，派陶剑寒（陶铸）在应城汤池办起了农村合作训练班，培养了一批抗日青年干部。在河南，河南省委通过著名的河南大学教授嵇文甫、范文澜等创办了抗敌工作训练班。新四军竹沟留守处马致远（刘子厚）等去训练班讲授“游击战术课”[③]。

一九三八年十月武汉失守后，国民党蒋介石于十一月二十五日在湖南衡山召开了南岳军事会议，我党代表周恩来、叶剑英等同志应邀出席。会议决定要加强抗日游击战争，国共两党合办南岳游击干部训练班，为各战区培训骨干。中共中央遂决定派八路军参谋长叶剑英同志为首的三十余人的代表团与国民党派出的白崇禧、汤恩伯、陈大庆等共同主持班务。叶剑英同志亲自讲授《游击原理》，其他共产党人，如薛子正讲授《游击战略》、边章五讲授《游击战术》、吴奚如讲授《游击政工》。周恩来总教官常驻重庆指导。一九三九年四月他曾到南岳督学，并讲授了《中日战争之政略与战略》，

① 《中共党史教学参考资料》（二），人民出版社1979年版，第232页。

② 《新华日报》1938年4月1日。

③ 《革命回忆录》1982年第5辑。

备受学员欢迎[①]。

一九三八年“七七”抗战一周年之际，中共与各党派、各界人士联合举行盛大的庆祝活动。武汉成立了各界抗敌建国周年纪念筹备会，开展了多方面的工作，“献金”活动就是其中之一。一方面，八路军总司令部朱德、彭德怀同志发出通电，呼吁各界捐献医药、器材、金钱以帮助晋陕军民解决因遭受日寇施放细菌毒气造成的种种困难。由于国民党区域爱国群众的热烈响应，一大批医药项款运往前线，有力地支援了八路军的抗战活动；另一方面，中国共产党人为支持、慰问国民党抗敌将士及其家属，联合武汉各界展开了“献金”活动。中共中央和八路军总部分别致函武汉各界筹备会，并各献金一千元，以示对国民党抗日爱国将士的关怀。我党中央“委托驻武汉代表团将党员六月份所缴党费项内拨出一千元以帮助抗战军人家属及受伤将士之用”[②]。周恩来、叶剑英、董必武、邓颖超、林伯渠、陈绍禹、秦邦宪、吴玉章等也各将一月薪金悉数捐出。共产党人带头捐献得到社会各界人士的好评，献金台下人们不断高呼“打倒日本帝国主义”，“中华民族解放万岁”等口号。国民党蒋介石对于我党的热心抗日、团结合作之诚意，也不得不表示赞赏。

四

抗战初期国共两党在军事上的相互配合、相互支持，是国共合作中的又一重要表观。

在山西，我党与阎锡山曾有过一段较好的合作，牺盟会和决死队的建立就是一例。它在薄一波等同志具体领导下，团结了很多进步分子，先后建立了五十个团，有四万余人，分别在晋西、晋西北、晋西南等地进行抗日活动，配合八路军作战，成绩显著。

---

① 《团结报》1983 年 12 月 31 日。

② 《新华日报》1938 年 7 月 10 日。

在湖北，陶铸同志通过国民党湖北省政府的石瑛、李范一与第五战区联系，于一九三八年十二月成立了以石毓灵、李范一为首的十三县鄂豫边抗敌工作委员会，建立了地方民主政权和各种群众抗日组织，并成立了两支抗日武装，在武汉失守后继续坚持对敌斗争。

在鄂东地区，方毅、刘西尧等同志与国民党廖磊合作建立了鄂东抗日挺进队，后编为国民党二十一集团军独立游击第五大队，由张体学同志任队长。这支人民抗日武装在斗争中不断发展壮大，后来成为新四军第五师的组成部分。

在豫南，中共河南省委争取团结了信阳县县长李德纯，成立了抗日武装信阳挺进队，李德纯任司令，共产党人朱大鹏①任副司令，王海山任参谋长，著名女共产党人危拱之任政治部主任，属第五战区管辖。这支爱国统一战线武装，经过艰苦斗争，开辟了以四望山为中心的豫南抗日根据地。

一九三九年元月，李先念同志率新四军独立支队由河南竹沟出发开赴抗日前线路过信阳，正遇上国民党六十八军与信阳县长闹矛盾，双方剑拔弩张，势不两立。经李先念从中调停，一场即将爆发的冲突始告平息。双方都为我党的团结合作、共赴国难的诚意所感动，一时传为佳话。

抗战初期，国共两党通过协商作了战略部署，即国民党军队在正面战场，以正规战、阵地战抗击敌人；八路军、新四军开辟敌后战场，以游击战和带游击性的运动战配合国民党军队的正面战场打击敌人。

一九三七年九月，日本帝国主义侵占华北后正积极向西侵犯，企图突破雁门关占领太原。我八路军根据中共中央指示，积极出师

---

① 朱大鹏是朱军在抗日战争时期的化名。朱军，河北省景县人，1927 年加入中国共产党，曾任上海、天津地下党组织保卫队、情报队队长。抗日战争时期，任新四军豫鄂挺进军第三团团长，军委一局第三处处长。解放战争时期，任热东军分区司令员、冀察热辽军区独立第八师师长。中华人民共和国成立后，任海军工程学院院长、海军学院院长。

配合国民党军队狙击敌人，保卫太原。我军与阎锡山商定，由国民党军队坚守平型关、雁门关一带防线；八路军一一五师出击五台、灵丘、蔚县一带，隐蔽集结于敌前进大道两侧，并从侧后夹击进攻平型关之敌；一二〇师深入晋西北从侧翼出击，进攻雁门关之敌。九月二十五日，当敌军占领灵丘并进攻平型关而进入我一一五师伏击圈后，我军奋起猛击敌第五师第二十一旅团一部，歼敌一千余人，取得了抗战以来第一个辉煌的胜利，沉重地打击了敌人的侵略气焰，鼓舞了全国人民抗战的斗志。

忻口战役是一九三七年十月继平型关战役之后又一个较大的战役。日本帝国主义沿同蒲铁路进攻忻口，国民党军队在卫立煌指挥下与日寇展开了激战。为配合忻口战斗，党中央和毛泽东同志致电周恩来、朱德、彭德怀等同志，命令八路军一一五师、一二〇师在敌人侧翼开展广泛的游击战争，袭击敌人，并发动群众破坏敌人的交通。一二九师一部沿正太线附近发动群众，配合娘子关守军巩固后方，打击敌人。同时一二九师另一部奇袭阳明堡日寇飞机场，烧毁敌机二十四架。在雁门关至大同间，八路军又烧毁日寇弹药数十车，并几次强占雁门关，有力地配合了国民党军队的战斗，沉重地打击了敌人，开创了国民党正面战场作战以来最有生气的局面。

一九三七年十一月至十二月，日寇占领上海、南京后，沿津浦线进攻徐州。一九三八年三月台儿庄战役开始。周恩来、叶剑英亲自与白崇禧商讨作战方案。命令刚成立的新四军一部“协同广西的第一集团军、二十一集团军在津浦线南段并肩作战，以游击战和运动战紧密配合，牵制北上日军”①。台儿庄附近我山东军民破坏敌人交通，开展游击战争，从各方面也给予有力配合。在南线与北线的支援、配合下，李宗仁指挥的国民党军队歼灭日寇精锐部队约六、七千人，取得了重大胜利。

不难看出，抗战初期国共两党在军事战略上的配合是比较好

① 《革命史资料》第8辑，文史资料出版社1982年版，第255页。

的，有成绩的。彭德怀曾指出："目前华北抗战，处于以广大的游击战与正规战配合行动的时候。这种游击战，在敌人的后方起了重要的作用，迟滞敌人前进，保持晋南现状，使友军得以休息整理补充的机会"。八路军也在配合国民党作战中，"收复了大块失地"[①]，这样才支援了国民党的正面战场，推动了全国的民主运动[②]。

台儿庄战役后，由于国民党战略指导思想的错误，一九三八年五月徐州失守，日本侵略者把矛头直指中原，武汉处于危急之中。国民党首脑机关惊慌失措。中国共产党为抵抗日寇的侵略，解除对武汉的威胁，一方面命令八路军、新四军发动对敌攻势，牵制敌人的兵力；一方面配合国民党在海、陆、空等各方面保卫武汉。但终因敌强我弱，武汉于一九三八年十月沦陷。

对于保卫武汉的问题，我们一方面要看到它体现了中国共产党人与国民党合作，共同反抗侵略、保卫祖国的诚意；一方面也应看到，在当时形势下，武汉与南京一样是难于确保的。保卫武汉作为一个策略口号，借以动员群众，组织群众，增强抗敌力量是可以的，但作为一个战略口号是有其片面性的。一九三八年五月，党中央关于徐州失守后华中工作的指示中就明确提出，要把工作重点放在农村，放在津浦路以东，陇海线以南，长江以北的广大地区，开展游击战争，而"武汉城市工作受到部分损失是不应该顾惜的"[③]。由于王明右倾投降主义的错误，党中央的这一指示未能很好贯彻执行。当时"着重在相信国民党的力量可以打胜仗，而轻视发展我们自己的力量，在战争上强调运动战，轻视游击战"[④]。这里有值得注意的经验教训。

① 《新华日报》1938年1月11日。
② 《周恩来选集》（上），人民出版社1980年版，第199页。
③ 《中共党史参考资料》（二），人民出版社1979年版，第178页。
④ 《周恩来选集》（上），人民出版社1980年版，第197页。

五

国民党在抗战初期所表现的一定程度的进步，国共两党合作的实现，给全国人民以很大鼓舞。中国共产党非常珍惜这种合作局面，同时更希望在此基础上进一步的发展。一九三八年三月，国民党召开了临时全国代表大会，我党中央曾两次致电大会，提出发展两党合作的建议，指出在“大敌当前，山河破碎之时，我们黄帝子孙，首先是我们国共两党同志能更加亲密携手，共御外侮”，以证实“我中华民族的伟大”，“显示我中华民族的复兴”。这是全国人民的“一致热望”[①]。并提出了发展两党合作的具体方案，建议国共两党共同组成“民族革命联盟”，或恢复“第一次国共合作的方式，或拟定其他的方法和方式”，制定两党合作的纲领。中共六届六中全会讨论了这一重大问题，会议及毛泽东分别致函蒋介石，重申了上述建议。周恩来未等六中全会结束，即赶赴武汉同蒋介石商谈。然而国民党蒋介石却故伎重演，坚持其“一个政党、一个主义、一个领袖”的顽固立场，“妄想把我们溶化”[②]，致使这一问题未能得到解决。

历史告诉我们，从一九三七年至一九三九年春，国共两党的合作基本上是好的，“从实际抗战到若干民主自由都是有的”[③]。在我党的推动下形成了“全国军民抗日战争的高潮，一时出现了生气蓬勃的新气象”[④]。但是自一九三九年春的国民党五届五中全会以后，国民党蒋介石就不断违背孙中山先生的遗教和国共两党合作的协定，食言无羁，言而无信，不肯改变其反共反人民的错误立场，不断破坏国共两党合作，致使自己在政治上日趋孤立，军事上不断溃

① 《中共党史参考资料》(四)，人民出版社 1979 年版，第 26 页。
② 《周恩来选集》(上)，人民出版社 1980 年版，第 198 页。
③ 《毛泽东书信选集》，人民出版社 1983 年版，第 121 页。
④ 《毛泽东选集》第 3 卷，人民出版社 1991 年版，第 1037 页。

败，失去了人民的支持。至此，“在华北，以国民党为主体的正规战争已经结束，以共产党为主体的游击战争进入主要地位”①。

历史是公正的界碑，抗日战争时期第二次国共合作，特别是初期的合作，是有成效和值得称道的。其历史经验值得我们认真研究、汲取、借鉴，以实现国共两党第三次合作。

① 《毛泽东选集》第2卷，人民出版社1991年版，第388页。

国共两党谈判期间的民族扫墓活动[①]

扫墓、祭典，自秦汉以来，一直是我国人民怀念先人、维系团结、继承和发扬民族精神的优良传统。西安事变后国共谈判期间，两党开展的民族扫墓活动，则开创了从民间到官方，从民俗民风到各党派、各阶级的政治合作。

1937 年初，全国各界知名人士基于团结抗日的愿望，积极倡导把清明节立为民族扫墓节，以激励全国民众抵御外侮的信心。国共两党都接受了这一倡议。

民族扫墓以祭典陕西黄帝陵为中心在全国各地开展扫墓活动。

1937 年 4 月 5 日，中国共产党祭陵代表林伯渠，携鲜花和由毛泽东起草的祭文同国民党中央祭陵代表张继等，及各界民众代表一起于黄帝陵前共祭黄陵。国民党代表顾祝同与民主人士代表杜斌丞等各界代表共祭于咸阳周陵及兴平茂陵。国民党政府主席林森及邵力子等在南京祭扫明孝陵。洛阳各界人士代表于孟津祭扫光武帝陵。在此前夕，河南省各界各军及民众于 3 月 27 日在汤阴县岳庙祭典岳飞诞辰。所有这些扫墓、祭典活动都组成了抗战初期民族团结、国共合作，全国上下共赴国难，抗战到底的画面。

民族扫墓，是以“那些有勋劳于我们民族的圣帝明王，如黄帝、汉武帝、唐太宗、明太祖等，名臣贤将如岳飞、戚继光等”为主要对象。其宗旨在于“唤起人民民族意识，发扬民族固有精神”，尤其在“国难严重，我中华民族要求御侮救国是非团结一致不可”

---

① 原载于《党史博览》1994 年第 4 期。

为目的。因此，抵抗外侮，保卫国土，我们做后辈的应如何努力继承他们的遗志，保持他们光荣历史，以期绵延我们民族生命就成为民族扫墓活动的中心思想。国共两党的祭文，特别是中国共产党的祭文充分体现了这一宗旨和要求。

中国共产党的祭文是：

维中华民国二十六年四月五日，苏维埃政府主席毛泽东，人民抗日红军总司令朱德恭遣代表林祖涵，以鲜花束帛之仪致祭于我中华民族始祖轩辕黄帝之陵：赫赫始祖，吾华肇造；胄衍祀绵，岳峨河浩。聪明睿智，光披遐荒；建此伟业，雄立东方。世变沧桑，中更蹉跌；越数千载，强邻蔑德。琉石不守，三韩为墟；辽海燕冀，汉奸何多。以地事敌，敌欲岂足；人执笞绳，我为奴辱。懿为我祖，命世之英；涿鹿奋战，区宇以宁。岂其苗裔，不武如斯；泱泱大国，认其沦胥。东等不才，剑屦俱备；万里崎岖，为国效命。频年苦斗，备历险夷；匈奴未灭，何以家为。各党各界，团结坚固；不论军民，不分贫富。民族阵线，救国良方；四万万众，坚决抵抗。民主共和，改革内政；亿兆一心，战则必胜。还我山河，卫我主权；以扬此志，永久勿谖。经武整军，昭告列祖；实鉴临临，皇天后土。尚飨。

国民党中央党部的祭文是：

维中华民国二十六年民族扫墓之期，中国国民党中央执行委员会追怀先民功烈，欲使来者知所绍述，以焕发我民族之精神，特派委员张继、顾祝同，驰抵陵寝，代表致于我开国始祖轩辕黄帝之陵前曰：粤稽遐古，世属洪荒；天造草昧，民乏典章。维我黄帝，受命于天；开国建极，临治黎元。始作制度，规矩百工；诸侯仗化，咸为宾从。置历纪时，造字纪事；宫室衣裳，文扬大备。丑虏蚩尤，梗化作乱；受诛不庭，华夷永判。仰维功业，广化万方；佑启后昆，恢廓发扬。追承绩猷，群情冈懈；保我族类，先灵攸赖。怀思春露，社典告成；陈斯俎豆，来格来歆。尚飨。

国民政府祭文：

中华民国二十六年国民政府主席林森特派陕西省政府主席孙蔚如，谨以香醴庶羞，致祭于桥陵，其辞曰：惟帝智周万物，泽被瀛寰。挈群生于涂炭，固国本于金汤。涿鹿徵诸侯之兵，幽野成一统之业。干戈以定祸余，制作以太平。盛德鸿规，于今攸赖。今值清明之良辰，爰修禁祀之旧典。园寝葱郁，如瞻弓剑之威仪；庭燎通明，恍即云门之雅奏。所冀在天之灵爽，鉴此精诚；默启邦人，同心一德。化灾寝为祥和，跻一世于人寿，亟凭鸿贶，以集丕功。备礼洁诚，伏维歆格。

国共两党的祭文，都追述了黄帝的开国业绩和炎黄子孙们为保卫祖国统一的神圣天职。

河南省汤阴县祭岳盛典也表达了全国军民，各党各界继承和发扬民族固有的精神，团结抗日的决心与信心。祭典由刘峙主祭，岳飞二十七世后裔岳佐臣等陪祭。各界民众二万多人参加，盛况空前。在祭典仪式上，刘峙的题词，吴佩孚的祭联引人注目。刘氏题词为："精忠不朽"，四个大字悬挂于祭堂中间；吴氏祭联为："都邑南迁，帝王北狩，痛靖康将相佥主和戎，君侯二字矢精忠，是大丈夫固宜若此；武官怕死，文官要钱，叹河朔山川至今胡虏，故里千秋崇庙貌，问中国人应当学谁"，挂于祭堂两侧。祭岳典礼，体现了各界民众和各党各军遵循岳飞"文官不要钱，武官不怕死，天下太平矣"的遗训，实现"中原地，尺寸不可失"的遗志，奋起抗敌的信念。

有关第二次国共合作的几则史实[①]

一、祭黄帝陵

一九三七年清明节（四月五日），林伯渠奉党中央和苏维埃政府之命，携祭文[②]与鲜花束帛之仪致祭于我中华民族始祖黄帝之陵。祭文曰："赫赫始祖，吾华肇造，胄衍社绵，岳峨河浩，聪明睿智，光被遐荒，建此伟业，雄立东方，世变沧桑，中更蹉跌，越数千年，强邻蔑德……泱泱大国，让其沦胥，东等不才，剑屦俱奋，万里崎岖，为国效命，频年苦斗，备历险夷，匈奴未灭，何以家为，各党各界，团结坚固，不论官民，不分贫富，民族阵线，救国良方，四万万众，坚决抵抗，民主共和，改革内政，亿兆一心，战则必胜……"与此同时，南京国民党最高当局也派出中央大员前来祭陵。林伯渠与国民党中央大员谒黄帝陵后同宿于陕西省中部县（现改为黄陵县）政府，并在友好的气氛中作了彻夜长谈。他们一致认为，凡我黄帝子孙都应亲密团结，尤其在国难当头、民族危急之际，更应携手合作，以御外敌。如若无视国家的破碎，民族的分裂，则上对不起轩辕黄帝开创的业绩，下对不起子孙后代。林伯渠和国民党中央祭陵代表之所以能开诚布公，共商国是，据当事者记载，一曰同为黄帝子孙，有同守大业之心；二曰都敬仰孙中山先生，并愿为实现其主义而奋斗到底；三曰又"全是曾经在一条道偕

---

① 原载于《党史研究资料》1985年第10期，后收入《党史研究资料》四川人民出版社1987年版。

② 祭文系由毛泽东起草，于1937年4月6日在《新中华报》全文发表。

同革命过的，不过因为政见的不相同，在中间分手走过几年。”现在他们“又携手共赴国难了”[①]。

二、国民党代表团赴延安访问

一九三七年五月，国民党派出两个代表团来延安考察、访问。一个是以续约斋为首的陕西省政府代表团，一个是以涂思忠为首的国民党中央的考察团。

为迎接国民党中央考察团的到来，延安各界作了充分的准备，大街小巷贴满了标语口号：“实现总理遗教”、“实现民主政治”、“驱除日本帝国主义出中国”、“拥护国共合作”等[②]。同时党中央机关报《新中华报》五月二十六日发表了《欢迎中央考察团》的社论。社论指出：“自中国共产党致国民党三中全会通电发出后三个月，遂有中央考察团到苏区之行，在中华民族团结抗日更推进一步之意义上，此实为颇堪庆贺之事”。因为“盖此公开使节之派遣，实足以证明十年来对立之局面可告最后之结束，今后经过国共两党的愈益接近与努力，中华民族之光明前途实可望其有更大进步之发展”。

考察团到来之前，陕甘宁特区政府（即苏维埃政府）特派出负责同志去甘泉迎接。延安各界群众列队于南城门外，从下午二时至四时欢迎中央考察团的到来。

为欢迎中央考察团，党中央在延安举行了晚会和群众欢迎大会。毛泽东、朱德、林伯渠等到会讲了话。毛泽东发表了关于国共两党合作的重要讲话。他指出，“今天这个欢迎会有伟大的历史意义”，因为“中央考察团此来，使两党团结进入新的阶段。”他还从两个方面论述了两党合作，指出，有人怀疑两党合作是否有诚意，“今天的事实，考察团之来，就说明了这一点”，即双方都是愿意合

---

① 《延安纪事》，东方出版社 1982 年版，第 133 页。

② 《延安纪事》，东方出版社 1982 年版，第 252 页。

作。又指出，有人怀疑两党合作，双方都是“临时的策略”，或“都存阴谋诡计”。这是没有根据的。“今天这个欢迎会，就是国共两党合作充分的表现”①。他提出：“我们希望的，是使两党合作达到新的阶段，这不是短期的合作，是长期的问题”②。考察团团长涂思忠也发表了讲话，他对国共两党能够实现第二次合作感到“万分庆幸”③。同时对延安的印象也极为深刻，他说“红军的抗日情绪与艰苦卓绝的作风，共产党领袖的诚恳为至所佩服”④。因此他希望国共两党能“彼此开诚布公，扫除误会矛盾”⑤。

国民党中央考察团的延安之行，对消除十年积怨，重新合作起了积极的作用，预示了两党的第二次合作即将正式开始。

三、赈　灾

一九三七年上半年西北发生灾荒，而“陕北灾情严重”。国民党陕西省政府在国民党中央授意下，派专人携带赈济款到陕北我党所属各县赈济。每县约大洋一千五百元。⑥ 由于灾情较重，后经“苏维埃政府与南京当局协商”，“赈灾委员会已决定拨款万元发放陕北各县”，即十二县，每县大洋六千元。⑦

赈灾款虽属微薄，但它却又预示了一个令人鼓舞的信号，即国共两党的对立情绪已逐渐消失，重新合作，携手抗日定能实现。

上述祭陵、考察、赈灾三件事，对于两党消除前怨，扫除对立情绪有着积极的意义。

---

① 《新中华报》1937 年 5 月 31 日。

② 《解放》1937 年第 6 期。

③ 《革命史资料》第 6 辑，文史资料出版社 1982 年版。

④ 《解放》1937 年第 6 期。

⑤ 《新中华报》1937 年 5 月 31 日。

⑥ 《新中华报》1937 年 6 月 6 日。

⑦ 《新中华报》1937 年 6 月 23 日。

略论孙中山的历史经验与国共合作[1]

国共两党第一次合作为什么采取党内合作的形式？有一种传统的观点，认为完全是共产国际代表马林把他去印尼的经验运用到中国的结果。这是不全面的。实际上，孙中山之所以能接受马林的意见，是有他的思想基础的，这除了孙中山对中国社会的发展，对中国共产党的认识之外，还有一个重要因素，就是从他和美洲洪门致公堂的合作与对其改造的自身经验中所得出的启示。

一

孙中山在初期领导革命斗争不断遭到失败后产生了寻找同盟者的思想。在广州之役、惠州之役、英国被难后，孙中山甚感势孤力单，因此，曾幻想与康有为、梁启超联合共同从事反对清王朝的斗争，但遭到康有为的拒绝。同时也曾幻想过与李鸿章联合搞边省独立反对清朝统治，以此掀起全国性运动，也同样是一场幻梦。1904年孙中山在美国报纸上发表了《中国问题之真解决》一文，指出，推翻"目前摇摇欲坠的满清王室"，它的"垮台只是一个时间问题"，"中国现今正处在一次伟大的民族运动的前夕，只要星星之火就能在政治上造成燎原之势。"因此他向美国各界呼吁，"为了确保我们的成功，便利我们的运动，避免不必要的牺牲，防止列强各国的误解与干涉，我们必须普遍地向文明世界的人民，特别是向美国

---

① 原载于《学术界》1987年第2期。

人民呼吁，要求你们在道义上与物质上给以同情和支持”[1]。但也得不到什么结果。他初期在华侨中的革命活动也有较大的阻力，响应他的人不多。1904 年在檀香山只有“邝华泰博士、陈翰芬牧师等六人加入”兴中会。所以当时是“筚路蓝缕，艰苦备尝，即一饭一宿亦常见拒于人”。艰苦历程可见一斑。

海外是孙中山开展革命活动的基地之一，只有争取、团结了广大华侨，才能有效的支持国内革命斗争。可是打开这个局面是不甚容易的。康、梁的扶清改良思想在华侨中有一定影响，连具有长期反清革命思想传统的洪门致公堂，也因“代远年湮，多已忘却本来面目，且渐染康、梁保皇邪说，受愚者颇不乏人”。因此，首先争取、团结具有反清思想传统的洪门致公堂，就成为孙中山革命斗争策略中的重要内容。

洪门是天地会、三合会等系统的总称，是江湖上秘密结社组织，有较深厚的反清思想，早年曾参加过太平天国的革命运动，后在海外广泛发展起来，对洪门会堂的认识，孙中山有一定的思想基础。一方面，他在青少年时代就接触了洪门人士，并有一定的关系。他“同洪门中人交往很多”[2]。他的大哥孙眉和好友皆为洪门人士。那时期就受到洪门思想的影响。另一方面，在广大华侨中，特别是在美洲的华侨中洪门势力较强，约占百分之八十以上。所以孙中山试图建立与洪门致公堂的联盟，以此打开革命的局面。

美洲洪门致公堂是带有浓厚封建意识的、较为落后的民间会党组织，它虽有较广大的群众基础和强烈的反对清朝统治的思想，但不能适应近代革命斗争的需要。要想动员洪门力量，必须改造洪门，把它引导到资产阶级革命道路上来。孙中山及其领导的兴中会，虽说具有中国资产阶级政党性质的因素。并领导过武装起义，在群众中有一定的威望，但要凌驾于洪门之上，并以此去改造洪

---

① 《孙中山选集》，人民出版社 1956 年版，第 63－64 页。

② 胡绳：《从鸦片战争到五四运动》（下），上海人民出版社 1981 年版，第 670 页。

门，是不可能的。如何改造洪门组织，孙中山虽有一个不断认识、不断提高的过程，但有两点他是明确的：一是必须尊重洪门，平等的对待洪门，在平等协商中改造洪门；二是用外力强制的、包办的方式改造是不可取的，必须加入洪门，成为其一员，用内部合作的形式改造洪门。这两个初步认识，就导致了孙中山新的革命策略的实行。

首先，由洪门致公堂领导人钟水养介绍、彭福主盟，孙中山加入洪门，取得了洪门人士的信任被封为“洪棍”（棍即元帅之意），称孙中山为大哥。其他兴中会领导人及其成员六十余人也相继加入。这就为整顿、改造洪门组织打下了基础。

其次，孙中山利用在洪门中的地位和影响，在与洪门人士协商后，着手改造、整顿洪门致公堂，统一组织，制定纲领。在组织方面洪门致公堂原来组织涣散、山头繁多，如檀香山就有广德堂、协议堂、丹山堂（合称三合堂），加拿大则有洪顺堂等。他们“散居各埠，人自为谋，无所统一”[①]。孙中山主张统一组织、统一领导、统一名称，统称美洲洪门致公堂，总部设旧金山，各埠设立公堂，“前有名目不同者，今概改正，名曰致公堂，以贻划一”。在思想方面，统一思想，制定纲领。洪门致公堂原指导思想是为反清复明，虽有爱国思想，但极其落后、狭隘。孙中山重订致公堂新章程八十条，规定了洪门致公堂三条义务、一个宗旨，作为纲领。义务是：“联合大群，团集大力，以捍御祸害，赈恤同人，实为本堂义务不可缺者一也”。这是身处异国的华侨民众团结自卫互济的重要一条；“联合大群、团集大力，以图光复祖国拯救同胞，实为本堂义务不可缺者二也”。这是把洪门致公堂的忠义斗争提高到光复祖国的爱国主义斗争上来；“联合大群，团集大力，以先清内奸，而后除异种，实为本堂义务之不可缺者三也”。因洪门内部组织不纯，前时有人“背盟负义，趋入歧途，倒戈相向者”，因此，清除异己、团

① 胡汉民编：《总理全集》第1集，民智书局1930年版，第1070页。

结内部实为重要。更重要的是孙中山把兴中会的纲领移植到洪门来，规定“驱除鞑虏、恢复中华、创立民国、平均地权为宗旨”①这是从思想上整顿了洪门组织。通过以上措施，孙中山把一个落后的、封建意识浓厚的会党，初步的改造成为新兴的革命团体，引上了资产阶级民主革命的轨道。

对洪门致公堂的整顿、改造虽取得一定的成绩，但与资产阶级民主革命的要求尚有差距，同盟会建立后，孙中山进行了第二步的改造。1911 年初，孙中山把在美国的同盟会与洪门致公堂合并，实现进一步的内部合作。于是在美国的同盟会主要成员黄芸苏、赵昱、张蔼、李是男、黄伯耀、刘鞠可等经孙中山介绍加入致公堂，其他“所有在美国的同盟会员都加入致公堂”②。同盟会与致公堂共同议决：一、致公堂“开特别会，删除繁文缛礼，以优待同盟会员入会”；二、“双方各在大同日报、少年中国晨报揭登联合布告，以示合作”③。

由于同盟会与致公堂是在反清复国的革命目标之下合作；是中国资产阶级民主派与带有封建色彩的会党合作；是在完全平等的基础上，相互信任、尊重对方的原则下的合作。因而它受到双方会员群众的热烈拥护。孙中山也十分珍惜这种合作。为了加强合作，他审时度势，谦恭俭让，求大同存小异，谨慎的处理与致公堂的合作关系。当时一般同盟会员基本上能做到以诚相见，宽容、互让。在不丧失根本原则下，对洪门的某些落后方面，不取干涉态度，目的在于“避免猜忌”和“联络感情”，“庶于大局进行有所裨补耳”④。

孙中山及其领导的同盟会对合作采取了真诚态度，迎来了致公堂的信任，对孙中山领导的革命事业无不“率先实行”，甚至“变产救国”。至此，孙中山基本上实现了对洪门致公堂的整顿、改造

① 胡汉民编：《总理全集》第 1 集，民智书局 1930 年版，第 1068 页。
② 赵昱：《辛亥革命与海外洪门》，民智书局 1930 年版。
③ 冯自由：《革命逸史》初集，中华书局 1981 年版，第 157 页。
④ 冯自由：《革命逸史》初集，中华书局 1981 年版，第 157、156 页。

工作，建立起来了较为巩固的，以“堂内合作”形式的会堂合作的统一战线，这对民主革命运动起了较大的推动作用。不仅进一步争取了广大华侨团结在以孙中山为首的民主革命派周围；同时也使同盟会、致公堂双方都得到了发展。因此“革命事业推进甚速”。致公堂后来发展成为具有现代政党性质的组织。与这次孙中山的帮助、改革关系甚大。所以“堂内合作”形式是中国革命历史发展进程中的一大经验，是孙中山策略思想的一大贡献。

“堂内合作”推动了反清革命的迅速发展。一方面，同盟会在美洲的革命运动发展起来，并在与康梁改良派斗争中扩大了组织，争取了华侨群众；一方面，洪门人士及广大华侨从思想到行动也都发动起来，因而能从人力、物力、财力等方面大力支援孙中山领导的国内革命斗争。孙中山前后领导了十次武装起义，前八次起义的经费主要来自洪门及华侨。第九、十两次起义基本上又是洪门的力量。黄花岗起义费用二十万元，洪门组织捐献一半以上；起义的领导人和参加者也基本上为洪门和华侨，“七十二烈士”中，洪门和华侨占四十六人。1911 年 3 月黄花岗起义失败后，同年 5 月同盟会与洪门致公堂共同组织了筹饷局，洪门人士黄三德为监督。朱三进为总办，同盟会成员黄伯耀、李是男等参加领导，在各地开展募捐活动，再次大力支持孙中山在国内发动武装起义。这次活动是历次募捐中规模最大、最有组织的一次运动，直至武昌起义胜利时还在进行，并用巨款四十万元支援了新建立的革命政府。

同盟会与洪门致公堂所建立的“堂内合作”形式深得孙中山及广大革命人士的赞赏，而洪门致公堂也因此更加积极的帮助孙中山开展革命活动，这对孙中山在政治上、精神上起了莫大的鼓舞作用。“中山先生缅怀往昔，不禁感慨系之”，“华侨乃革命之母也”[①]。所以孙中山在历次失败后总没陷入“气馁”，此是原因之一。他在军事斗争中虽失败了，但在思想上却获得了一定程度的鼓舞和安

① 赵昱：《辛亥革命与海外洪门》，民智书局 1930 年版。

慰。这是孙中山在与中国共产党合作前的一段最有历史价值的经验。这条历史经验后来在中国共产党的帮助、启发下发扬光大，成为他一生中伟大转变的历史因素之一。

二

辛亥革命后，孙中山领导的革命斗争又遭到一连串的失败，使孙中山处于一筹莫展的境地。特别是对孙中山打击最大的是陈炯明的叛变。陈炯明早年跟随孙中山从事革命活动，并深得孙中山的器重。但由于他的个人野心最后背叛孙中山，用大炮将孙中山轰出了广州，并欲置孙中山于死地。其他的一些国民党人士也因革命失败而丧失革命意志，对前途悲观失望，或背盟弃约，或徘徊观望，或纸醉金迷于花花世界。所以孙中山感慨的说，国民党“组织未备、训练未周”，“意志不明”[①]，“成了一盘散沙”，把从前的“革命精神都无形丧失了”[②]。这些人亦“不乐闻民生主义……”[③]，“总是想做大官”[④]，这是多么令人悲愤的情境呀！所以孙中山对此愤然指出，国民党犹如“一个就要死的人”[⑤]，此时此景，俨如当年孙中山与洪门致公堂合作前的情况。孙中山在困境中追忆了往事，开始考虑重新寻找合作者，以振兴中国革命。列宁指出，革命策略“决不能只根据革命情绪来制定”，除了客观的正确的估计阶级力量对比之外，“并且要估计到许多革命运动的经验”[⑥]。孙中山正是总结了他与洪门致公堂合作的历史经验后，开始考虑与中国共产党建立两党合作关系的。

中国共产党的成立，开辟了中国历史的新纪元。中国共产党是

① 《孙中山选集》（下），中华书局1956年版，第583页。
② 《国父全集》第3册，中央文物供应社1980年版，第509页。
③ 冯自由：《革命逸史》第3册，中华书局1981年版，第211页。
④ 《孙中山选集》（下），中华书局1956年版，第460页。
⑤ 《宋庆龄选集》，人民出版社1966年版，第462页。
⑥ 《列宁选集》第4卷，人民出版社1972年版，第231页。

以马克思主义理论作指导的无产阶级先锋队组织，从它成立那一天起，就不断的领导全国各地的革命斗争，并促进、领导了第一次全国劳动大会的召开，出现了全国第一次工人斗争的高潮。中国共产党的历史作用，此时对处于困境的孙中山起了较强烈的影响。同时孙中山对马克思主义、对共产党并不陌生，且具有较好的印象。他早年创办的《民报》曾不断介绍过马克思主义。在欧洲考察期间也曾接触过马克思主义和俄国共产党人，并共同商讨了革命经验。五四运动期间，他在时代的感召下创办了《建设》杂志以及《星期评论》、《民国日报》等，又不断的介绍、宣传了马克思主义和革命新思潮。在他的著作、演讲中也曾多次涉及马克思主义。所以列宁提出，“孙中山纲领的每一行都渗透了战斗的、真诚的民主主义”，这种民主主义是“对劳动群众生活状况的最真挚的同情和对他们的压迫者及剥削者的强烈憎恨为前提”，“因此必然产生中国民主派对社会主义的同情”[①]。俄国十月革命的胜利对孙中山又是一个鼓舞，并主动致电列宁表示祝贺[②]，此后多次与共产国际和苏俄代表接触，如马林、越飞等。因此孙中山对共产党人是较为亲近的。并认为“共产党之所以成功者，在其能合乎俄国大多数人心。所以俄国人民莫不赞成他、拥护他”[③]。孙中山初步认识到共产党领导革命成功的根本原因和历史必然性。

中国共产党成立后的第二年发布了第一次对于时局的主张，一方面称颂了孙中山领导的革命斗争有其巨大的历史意义，即“一个是反对满洲帝政之民主运动，一个是反对外力压迫之自强运动”。一方面总结了孙中山在革命斗争中不断失败的原因，给予善意帮助，指出，“所以未能成功之主要原因，是因为民主派屡次与封建的旧势力妥协”[④]。同时指出“民主派若永远不能用革命的手段从反

---

① 《列宁选集》第2卷，人民出版社1972年版，第424、426页。

② 《孙中山年谱》，中华书局1980年版，第230页。

③ 《孙中山选集》（下），中华书局1956年版，第481页。

④ 《中共党史参考资料》（一），人民出版社1979年版，第332页。

动派代表军阀首领手里夺得政权，必然是永远失败”。真正的出路在什么地方呢？中国共产党提出来了愿与孙中山领导的国民党“共同建立一个民主主义的联合战线，向封建式的军阀继续战争”①。同时陈独秀在广州又公开发表文章，提出“中国共产党应该本诸党义”，与国民党“互相提携，结成一个联合战线”②，“这才是目前扶危定乱的唯一方法”③。与此同时，共产国际派来中国的代表也不断与孙中山接触，促使国共两党合作的建立。这时孙中山决心接受中国共产党的帮助，改组国民党，建立国共合作。他的结论是：“吾党此次改组，乃以苏俄为模范”④。

国共两党合作以什么形式呢？孙中山接受马林在印尼改造伊斯兰教联盟的经验，有一个重要的因素，就是从他当年与洪门致公堂合作的经验中所得到启示的。一九二一年底，马林与陈独秀协商后同张太雷一起抵达桂林访问孙中山，讨论国共合作问题，马林曾把他在印尼时把印尼社会民主党以个人身份加入伊斯兰教联盟、推动印尼革命运动的经验作了介绍；孙中山也向马林介绍了“国民党的策略，它的历史，袁世凯时期在国外的非法活动与太平洋各国同华侨的联系，和他们对国民党的帮助”⑤。其中不少涉及了孙中山在美洲改造洪门致公堂的经验。这样，马林的“斯内夫利特战略”与孙中山的“改造洪门的战略”在特定的历史条件下结合起来，促进了新的革命战略的产生。因此，马林在向共产国际报告时兴奋的说：“我在南方才发现工作大有可为，而且能够成功”⑥。在党的西湖会议上，他又“很有信心的指出，孙先生赞成中共党员加入国民党”⑦。而孙中山也以此经验要求共产党员以个人身份参加国民党，

---

① 《中共党史参考资料》（一），人民出版社 1979 年版，第 341 页。

② 《广东群报》1922 年 5 月 23 日。

③ 《东方杂志》第 19 卷 15 号。

④ 《孙中山选集》（下），中华书局 1956 年版，第 484 页。

⑤ 《马林在中国的有关资料》，人民出版社 1980 年版，第 25 页。

⑥ 《马林在中国的有关资料》，人民出版社 1980 年版，第 15 页。

⑦ 张国焘：《我的回忆》第 1 册，现代史料编刊社 1980 年版，第 247 页。

在组织上、思想上改组国民党，使在“堕落中死亡”的国民党“输进新血液”[①]。因此他在共产党人的帮助下制定了新的反帝反封建的革命纲领，重新解释了三民主义，确立了“联俄、联共、扶助农工”的基本国策、中国共产党已“决定劝说全体党员加入国民党”，“振兴国民党以振兴中国”[②]。

国民党第一次全国代表大会的召开，标志着国共两党合作的正式形成。这次合作是从组织上、思想上、纲领上的全面合作，合作的形式是共产党人以个人身份参加国民党的“党内合作”。这是孙中山改造洪门致公堂实行“堂内合作”形式在新的历史条件下的新发展，是孙中山一生奋斗中一次最有历史意义的宝贵经验，是探索从中国的国情出发，实现国共两党长期合作的一次大胆创造。

三

在孙中山的历史经验中，从兴中会、同盟会与洪门致公堂的合作，到国共两党的合作，这是一个伟大的转变。合作的形式，因历史原因，虽有相似之处，但中国共产党绝非是落后的会党，而是以马克思主义武装起来的无产阶级先锋队，对此孙中山十分明确。因此实现国共两党合作，改组国民党要“以俄为师”。孙中山的伟大之处是能认清潮流“与时俱进”。随着时间、条件的变化而在与中国共产党合作时，既继承了“会堂”合作的好的经验，又在接受共产党帮助下把合作形式向前发展，并把它提高到一个新的历史水平。在合作中，一方面中国共产党保持了在组织上、思想上、政治上的独立改造上大力给予帮助。使得国民党统一了广东革命根据地，发展了和建立了各省、县等的地方组织，并把中国革命推进到一个新的历史发展阶段。所以合作与改组、改组与联共密不可分，

① 宋庆龄：《为新中国而奋斗》，人民出版社 1952 年版，第 87 页。
② 《李大钊文集》（下），人民出版社 1980 年版，第 890 页。

不联共，共产党员不参加国民党就不能实现“输进新血液”，因此也就难以实现改组以拯救将要“死亡”的国民党；而不改组国民党，也难以实现联共。所以联共是前提，改组是内容，二者又以党内合作形式表现出来。孙中山从历史经验、从现实斗争中深深知道它的重要作用和相互关系。他曾很有感慨的对共产党人李大钊说，你尽管一面作第三国际党员，一面加入本党帮助我。这是历史经验的总结。

基于此，他对共产党人十分信任，大胆放手的让他们去做改组国民党的工作，从组织上、思想上巩固了国共两党的合作；对国民党中持怀疑态度的人、反对国共合作的人作耐心的说服教育工作，直至无情的批驳。他指出，对两党合作，“切不可疑神疑鬼”，强调国民党必须“随时改良”。对反对国共合作的右派，孙中山毫不留情的批斥他们，“你们愿意跟着我革命的就来，不愿革命的就走，我不能强拉你们来革命，你们也不能强拉我不革命”[①]。孙中山把是否坚持同共产党合作作为革命与不革命的分界线，由此看出他的坚定性和远见性。

国共合作将是推动中国革命发展、革命成功的关键，对此他非常自信，他认为“吾党奋斗之成功，将系乎此”[②]。他十分珍惜他与中国共产党共同建立起来的两党合作。在他临终前曾多次嘱咐国民党人，一定要坚持联俄、联共、扶助农工三大政策，坚持共产主义是三民主义的好朋友信念[③]，坚持国共两党合作的基础——《国民党第一次全国代表大会宣言》，认为“宣言为本党思想的结晶，同时也是改组后新精神之所寄”，所以要“继续努力以求贯彻”[④]。此后不久的历史证明了他的伟大远见。北伐战争的胜利进行，工农运动的蓬勃发展，和后来的第二次国共合作期间的抗日民族解放战争

① 《包惠僧回忆录》，人民出版社 1983 年版，第 136 页。

② 《孙中山选集》（下），中华书局 1956 年版，第 473 页。

③ 《孙中山选集》（下），中华书局 1956 年版，第 797、921 页。

④ 《孙中山选集》（下），中华书局 1956 年版，第 797、921 页。

的胜利，证明了“成功将系乎此”的历史结论。但由于国民党破裂了孙中山缔造的国共合作和抛弃了三大政策，只有中国共产党单独领导革命而最后彻底的完成了反帝反封建的民主革命，取得了伟大的胜利。

孙中山的历史经验，导致了第一次国共合作。国共合作的形成，又极大的丰富、发展了原有的历史经验。当时国共两党毅然采取了“党内合作”的形式。它充分体现了孙中山对中国共产党人的信任，而中国共产党也因此成为国共合作的中流砥柱。孙中山的这一历史伟绩将铭刻史册，成为推动中国历史发展、实现祖国和平统一的积极因素。

略论国共两党组建联合政府谈判的历史经验[①]

抗战后期和战后初期，为了争取抗战的胜利和战后的国家统一、和平建设，中国共产党提出了与国民党一起组建联合政府。由于国民党当政者思想僵化和政治偏见而未能同中国共产党一道完成这一历史任务，失去了使国家统一、民族团结的大好时机，阻碍了中国的历史进程。中国共产党只有联合民主党派、民主势力，采取武力的方式来解决中国的统一问题。嗣后国民党败走台湾，使海峡两岸长期处于不统一状态。五十年后的今天，重新翻开这段历史，不能不使人回味，从中吸取点历史的经验教训。

历史的机遇与阻力

八年抗日战争和十年的国共合作，给人们的最大历史启示是：中国的社会进步，经济繁荣，必须有一个民主的、统一的中央政府，才能担当此一重任。而组建这样的新政府，在抗战后期和战后初期曾两次出现在国共两党面前，考验着对中国历史命运负有特殊使命的国共两党。

1944 年世界反法西斯战争在欧洲战场已取得决定性胜利。而在中国战场上，无论是军事还是政治等方面，却出现了两个反差。中国共产党领导的抗日武装在对日作战中不断取得胜利，根据地不断

① 原载于《安徽师范大学建校七十周年论文集》（A 辑），安徽人民出版社 1998 年版。

扩大、巩固，并在抗日根据地不断发展、完善“三三制”民主体制，出现了人民当家作主，经济繁荣的一派兴旺景象。而国民党战场则在日本帝国主义发动的豫湘桂战役中一溃千里；国民党统治区处于军事危机、政治危机、经济危机之中。政治腐败是这些危机的根本原因。

国民党政治腐败导致的这种危机，引起了国际的关注。美国总统罗斯福认为，克服危机、坚持抗日到底的关键是加强国共合作，组建包括国共两党在内的联合政府。为此，美国新闻机关公开指出，“中国形势甚为严重，亟需成立联合政府”①。早在1943年开罗会议中，罗斯福就向蒋介石提出这一问题。1944年又派副总统华莱士来华，说服蒋介石，不久又派赫尔利为特使来华促使这项动议。

国民党的政治腐败更引起国内各界人士的不满与反对，一致要求结束国民党的独裁专制统治，实行民主政治。为此在国民党统治区出现了两次大规模的宪政运动。民盟主席张澜于1943年发表了《中国需真正民主政治》一文，揭露国民党的专制独裁，1944年初，民盟再次发起民主宪政问题座谈会。同年3月1日，中共中央为推动全国宪政运动的开展，发出了《关于宪政问题的指示》，周恩来公开发表演讲，为宪政运动指明道路。全国宪政运动猛烈而迅速地在国统区及解放区开展起来。

结束国民党的一党专政，成立民主联合政府，已形成国际、国内基本一致的共识。这种共识又形成一股强大的政治力量冲击着国民党蒋介石的独裁统治。这种共识和力量是抗战后期出现的新情况，是难得的新局面。它确实是中国走向民主、统一，结束国民党独裁统治的大好时机，而且是从来没有过的好时机。

基于这一形势和机遇，中国共产党经过慎重研究，决定联合一切民主党派、民主爱国人士共同努力为结束国民党一党独裁专制，成立民主联合政府而努力。

---

① 中共中央文献研究室编：《周恩来年谱》，中央文献出版社1989年版，第584页。

1944年9月4日周恩来根据毛泽东的意见致电在重庆的林伯渠，“目前我党向国民党及国内外提出改组政府主张时机已经成熟，其方案为要求国民党政府立即召集各党各派各军各地方政府、各民众团体代表开国事会议，改组中央政府，废除一党统治”①。林伯渠在征求了民主同盟意见并取得共识后，于1944年9月15日在三届三次国民参政会上正式提出了“国民党立即结束一党统治的局面，由国民政府召集各党各派、各抗日部队、各地方政府、各人民团体的代表，开国事会议，组织各抗日党派联合政府”②。中国共产党的这一政治主张立刻得到了各党派、各阶层人士的热烈响应与拥护。他们纷纷通过各种方式、途径发表意见，强烈要求改组国民政府，结束一党专制，成立民主联合政府，以挽救民族危机，争取抗战胜利。国民党蒋介石在国内外舆论压力下，也不得不表示要“还政于民”。

中国共产党为早日实现国家的统一，成立民主联合政府，一方面派周恩来两次赴重庆与国民党当局进行谈判，并提出了实现联合政府的方针、步骤和谈判的程序。另一方面又适时地召开了党的第七次全国代表大会，毛泽东作了《论联合政府》的报告，全面地、系统地阐述了中国共产党关于成立民主联合政府的政治主张。但是，由于国民党的顽固立场，拒绝了中国共产党的主张和努力，致使国民党丧失了这一良好时机。

抗战胜利后，国共两党组建联合政府的时机和条件再次出现，并形成一股强大的政治冲击力，迫使国民党当局被迫接受这一挑战。

战后的时局与以前大不相同。毛泽东指出，战后的形势是民主与和平为一大潮流。因此，中国共产党提出了“和平、民主、团结”三大口号作为党的行动方针。这是适应国内外形势而制定的。

---

① 《中共中央文件选集》(14)，中共中央党校出版社1987年版，第323页。
② 《中共中央文件选集》(14)，中共中央党校出版社1987年版，第323页。

毛泽东说，“现在苏美英三国均不赞成中国内战”，国民党“在内外压力下，可能在谈判后，有条件地承认我党地位，我党亦有条件地承认国民党的地位，造成两党合作（加上民主同盟等）、和平发展的新阶段”①。根据这一估计，战后中国有可能走上和平、民主、统一的道路。并在这一基础上建设新国家，内战危机虽依然存在，但主流是和平、民主。用主流去战胜、克服逆流是可能的。

根据战后的形势，国共两党举行了重庆谈判，并签订了避免内战、和平建国的协定。为落实这一协定，又召开了由各党派和各界人士参加的政协会议，通过了改组国民党一党专制政府等五项协议。中国共产党认为，中国将从此进入“和平民主发展的新阶段”，新的国家建设将从此开始。但是，又由于国民党当局的阻挠、破坏、撕毁了政协协议，以内战代替了和平建设，以独裁代替了民主，建立民主联合政府的一切方案均被国民党一手撕毁。大好时机再次被国民党破坏而丧失。

两次组建民主联合政府，完成国家统一任务的时机丧失，阻力均来自国民党顽固势力。在这个问题上，国民党不仅失去了历史机遇，更失去了人心。人心向背是历史的走向，时代潮流的定位，这是最重要的历史教训。

历史的误导与分歧

实现中国和平、民主、建国的两次谈判，最后归于失败，除国民党对国家民族不负责任，坚持顽固的反共立场外，还有其他方面的诸多因素使国民党蒋介石存有相当程度的虚幻心理而施展其两面手法。

国际的影响与干预是蒋介石政治变态的重要因素。抗战后期，与中国共产党提出结束国民党一党专制，成立民主联合政府的同

---

① 《毛泽东选集》第4卷，人民出版社1991年版，第1153页。

时，美国总统罗斯福也派赫尔利来华，以调处国共两党关系，促成成立联合政府，最后打败日本帝国主义。赫尔利到达重庆后，立刻把他来华的目的和盘托出，他告诉蒋介石，“罗斯福总统派我来华的任务是援助中国早日战胜日本，维护国民政府的巩固，拥护蒋委员长是中国领袖”[①]。有了这样一张底牌，蒋介石在与中共谈判中，虽不甚情愿，但他十分明白，不论国共两党谈判成功与否，美国都不会抛弃他，而只能维护他的统治地位。按蒋介石自己的话说，在谈判中，共产党“放弃武力，改走合法的道路”；或通过战争来消灭中共武装，他认为“这两条道路，任取其一都足以解决中共问题”，美国人都是支持的。[②] 蒋介石敢于拒绝中国共产党的提议，就是出于他摸清了美国的底牌。战后马歇尔来华代替赫尔利调处国共两党关系，虽召开了政协会议，通过了五项协议，签订了停战协定，最后还是被蒋介石撕毁，也还是蒋介石摸清了美国的意图而敢于冒天下之大不韪。

苏联也出于自身的安全利益与美国联手支持蒋介石，而不支持中国共产党。这是国民党蒋介石敢于破坏联合政府谈判的又一原因。苏联在二次大战中遭受了巨大的创伤，经济和军事实力不如美国。为了与美国在欧洲抗衡，它期望在亚洲既防止美国势力扩张，又与美国达成某种妥协。在雅尔塔会议上，苏联以出兵中国东北为交换条件，谋求在东北取得军事港口、贸易港口和铁路交通等特权。而美国则运用“一种利用苏联在华谋求利益的欲望去削弱共产党的政策”[③]，促使苏联支持国民党政权。1945 年 8 月 14 日国民党政府与苏联签订了《中苏友好同盟条约》，9 月赫尔利来华途经莫斯科与苏联外长莫洛托夫及斯大林会面，并得到了苏联不支持中国共产党而支持国民党蒋介石的意向，随后告诉了蒋介石。蒋介石又摸清了苏联对国共两党态度的底牌。1949 年南京解放前夕，唯一一个

---

① 迈克尔·沙勒:《美国十字军在中国》，商务印书馆 1982 年版，第 132、189 页。
② 蒋介石:《苏俄在中国》，（台湾）中正书店 1975 年发行，第 156 页。
③ 迈克尔·沙勒:《美国十字军在中国》，商务印书馆 1982 年版，第 132、189 页。

外国大使馆跟随国民党迁往广州的就是苏联。

影响国民党蒋介石集团政治变态的另一因素是二战后出现的“联合政府”现象。

1945 年 5 月德军投降，世界反法西斯战争在欧洲战场取得伟大胜利。在这一形势推动下，欧洲各国共产党与其他反法西斯政党组建联合政府，出现了两种情况：一种以波兰、捷克、保加利亚、南斯拉夫等国为代表，一些资产阶级进步党派与共产党一起组建了以共产党为领导核心的联合政府。对于这一新形势，《解放日报》发表社论指出，“波兰是共产党、社会党、农民党等民主党派组成联合政府的”。波兰、捷克、南斯拉夫等“这些国家都成立联合政府，代表广大人民阶层利益的共产党都参加政府，并在各国政治生活中成为决定力量之一”①；另一种以法国、意大利、希腊等国为代表，共产党与其他政党组建了以资产阶级为领导核心的联合政府。他们把自己的武装、政权全部的交给了资产阶级而谋得了一些政府中的职位。前者发展成为共产党领导的社会主义国家，后者，共产党人逐渐从政府中被赶了出来，成为完全的资产阶级专政的国家。对于后者中国共产党保持了高度的警觉性。

共产党人与资产阶级组建联合政府，引起了英美对中国局势的关注。英国保守党的约克郡邮报指出，中国“共产党与重庆的合作是有着迫切的必要性，这无论从当前的军事需要上说，也无论从促进一个强大团结的、有能力在列强中获有合理的地位的中国之发展上说，都是如此”②。美国外交政策协会公报发表署名罗辛格的、题为“重庆与共产党的联合是中国的进步所必需”文章，也认为必须促进国共两党组成联合政府，说，国民党“重庆所面对决定全局的问题”，是“或者是扩大政府，大大的增加它；或者是削弱它。无论从内部或是对日关系上来说都一样”。并指出，美国十分“关心

---

① 《解放日报》1944 年 5 月 10 日。

② 《解放日报》1945 年 2 月 4 日。

这个问题”，“因为不民主的狭隘的统治是内战的可靠请帖”①。

对于欧洲共产党人参加组建联合政府，美国决策者有很大兴趣，并希望中国的政局能在欧洲联合政府现象中按照美国的意图发展。因此，这一问题对美国的对华政策产生了较大的影响力，对国民党蒋介石长期期望的“你交出军队，我给你民主”的反共、溶共、限共政策又注入了新的活力。他们过高地估计了自己的力量，过低地估计了共产党的力量；过高地估计了美国的影响力，过低地估计了共产党的警觉性。他们幻想依靠美国的干预，苏联的影响，按照法国、意大利的模式如法炮制。这是国民党蒋介石主观幻想在新的形势下的发展。

在这新形势下产生的美国对华政策，赫尔利对蒋介石讲得非常露骨、坦诚，他说，“要共产党交出军队，必须让共产党参加政府，作为交换条件”。并着重指出，“最重要的是引诱共产党交出军队，无论付出什么代价如能做到这一点，就算成功了”。美国的如意算盘，蒋介石的两面手法，和中国共产党的清醒头脑，坚定、灵活的斗争策略，相持在谈判桌上，始终没有使国民党蒋介石集团阴谋得逞。

国际力量的误导和诱发，助长了国民党蒋介石集团在谈判中的阴谋心理。在抗战后期和战后初期，确实存在着结束国民党一党专制，成立民主联合政府，使中国走上和平、民主、统一的大好时机。只要国际力量真正能从和平民主的立场出发，与国内的民主力量相互配合，共同压迫蒋介石接受成立联合政府的主张，改组国民党政府是有可能的。所以中国共产党认为，时机和条件“已经成熟”。当时赫尔利在向罗斯福报告国共两党谈判时说国民党的顽固立场“无法证明他的观点是对的”②，罗斯福回电指示赫尔利要他再次向蒋介石施加压力，“尽快与中共达成协议”③。但最终还是赫尔

① 《解放日报》1945 年 2 月 3 日。

② 《陆军少将赫尔利致电罗斯福总统》，1944 年 11 月 16 日。

③ 《罗斯福总统致电赫尔利》，1994 年 11 月 18 日。

利让步，蒋介石得逞，致使关于联合政府的谈判失败。战后赫尔利再次调处国共两党关系，在国民党与苏联签订《中苏友好同盟条约》后，赫尔利当即建议蒋介石邀请毛泽东赴重庆谈判，抓着这个千载难逢的时机，苏联也给予配合要毛泽东去重庆与国民党谈判。中苏条约签订，美国终于最后完成了长期策划的在国际上孤立和限制中国共产党的计划，使苏联支持国民党政权的保证以条约的形式确定下来，从而形成对中国共产党的巨大政治压力，而且苏联也确实履行了条约的义务，要求中国共产党派毛泽东“赴重庆谈判，寻求维护国内和平的协议”[①]。他们试图威迫中国共产党就范，走“你交出军队，我给你民主”的道路，按照他们的设计建立“联合政府”。

但是，中国共产党是一个伟大的马克思主义政党，是久经考验的、有以毛泽东为领导核心的、政治上成熟的无产阶级政党，是以国家、民族利益为根本出发点的政党。因此，绝不会跟着国际国内的、以损害国家主权、人民根本利益的政治诱发势力跳舞。中国共产党一方面调整了关于“联合政府”的政策，不再提要建立以工人阶级为领导的新民主主义国家制度[②]，而提出“立即召开各党派和无党派代表人士的会议”，“成立举国一致的民主的联合政府”[③]。甚至同意了按英美民主框架建立议会式民主联合政府。这样的联合政府虽“与我们的新民主主义还有很长的距离”，但要真正去做，“则是向新民主主义的方向发展”[④] 的。另一方面，中国共产党联合了各民主党派、民主人士，在与国民党谈判和平建国、成立民主联合政府中坚持了原则性与灵活性的高度统一，坚持了在民主基础上的国家统一方针，反对了国民党的“你交出军队，我给你民主”的一党独揽政权的圈套；坚持了平等协商，召开党派会议的原则，反对

---

① 《中共党史大事年表》，人民出版社 1981 年版，第 78 页。

② 《毛泽东选集》第 3 卷，人民出版社 1991 年版，第 1031 页。

③ 《中共党史参考资料》（六），人民出版社 1979 年版，第 2 页。

④ 《周恩来选集》（上），人民出版社 1980 年版，第 256、205 页。

了你吃掉我，但我也不吃掉你的方针。

由于中国共产党联合民主党派及一切爱国人士，坚持了上述原则，挫败了国内外的图谋，寻找出了按中国国情和时局需要的新方案。经过协商，国民党被迫同意了中国共产党的合理主张。这是一个共识，也是一个进步。在此基础上，形成了重庆谈判纪要，通过了政协五项协议。中国历史将要揭开新的一页。

国共两党在组建联合政府问题上，有共识，也有分歧。在当时历史条件下，分歧多于共识，加之国民党蒋介石心术不正，又扩大了分歧。这种分歧在美国的支持下形成了破坏力，最后国民党撕毁了一切协议，分歧转变为内战。

历史的结局与走向

国共两党关于组建民主联合政府，统一中国的谈判有两大特点。其一，两次谈判都有美国插手。这在当时特定历史条件下是不可避免的，并在一定程度上起了促进作用。但是，其后果是不好的。其二，中国共产党联合了民主党派和爱国民主人士，共同结成了统一战线，无论在谈判桌上或是桌外，都互相配合、诚意合作，有力地推动了关于成立联合政府的进程。两个特点，反映了两种实力的较量，也决定了历史的发展方向。

在第一次关于成立联合政府谈判中，毛泽东、周恩来与美国特使赫尔利几经周折，最后达成并签署了关于成立联合政府的“五点协议”。其主要精神是：“为共同打败日本强盗建设新中国，要在联合政府下统一起来；成立各党各派、无党无派的联合政府，及所有抗战力量的联合统帅部；要给人民自由，实行民主改革；承认所有抗日力量，承认所有党派的合法地位”[①]。五点协议基本上反映了中国共产党的立场和原则，因此，毛泽东在致罗斯福信中明确指出，

① 《周恩来选集》（上），人民出版社1980年版，第256、205页。

这个协议的精神是中国共产党和中国人民在八年抗日统一战线中所力争的。中共中央一致接受此协议的全部条款，并努力使其付诸实施。[①] 赫尔利也认为五点协议是公平合理的[②]。他在给罗斯福报告中说，五点协议中“几乎所有的基本原则都是我们的”[③]。就是这个赫尔利满意的五点协议却遭到蒋介石的强烈反对。而赫尔利开始还不太理解，也不以为然。认为蒋介石反对“联合政府”一词，只要把“联合”改为“多党”或“两党”就可以了[④]。结果还是被蒋介石所拒绝。蒋介石敢于拒绝由赫尔利签署的五点协议，就是由于美国扶蒋反共的方针所决定的。正因为如此，赫尔利马上来个一百八十度的大转弯而支持国民党蒋介石。这是美国对华政策本质的大暴露。

抗战胜利后的新形势，给中国走上和平、民主、统一的道路提供了机遇，中国共产党抓着了这个机遇。为不失去这个机遇，中国共产党两次与国民党坐下来认真谈判。双十协定的签订，停战协定的签订，政协会议五项协议的通过，凡此等都是中国共产党力争在战后统一国家，和平建设国家的举措。战后关于联合政府的谈判，国共两党的共识虽多于战前关于组建联合政府。美国特使马歇尔虽与赫尔利相比也有较大的变化，但他们在本质上都是一样的，都是美国政府对华政策的执行者。这次关于联合政府的谈判，虽有了具体结果，较战前大有进步，但其结果仍然一样，给历史留下来的仍是遗憾。

国共两党两次关于联合政府的谈判，都因国民党蒋介石疑共、惧共、自私、无诚意而失败，从而使中国在抗战胜利前后两次失去了在国家统一、民主团结的前提下建设新中国的大好时机。其结局，一是导致了国民党政权很快在中国共产党领导下的革命力量打

① 《毛泽东致罗斯福总统》，1944 年 11 月 10 日。

② 包瑞德：《难对付的谈判者》，《人物》1983 年第 2 期。

③ 《陆军少将赫尔利致电罗斯福总统》，1944 年 11 月 16 日。

④ 《陆军少将赫尔利致电罗斯福总统》，1944 年 11 月 16 日。

击下失败，不得不败退台湾，造成了海峡两岸的长期隔绝；二是人民力量在中国共产党领导下，团结其他民主党派和各界，迅速建立起了中华人民共和国，宣告了新中国的新生。并在此基础上开始了改革开放，走上了建设有中国特色社会主义现代化的道路。

这个结局的历史经验说明，国民党蒋介石集团不愿从中华民族的根本利益出发来解决中国的统一、民主、团结问题，而是顽固地坚持其独裁统治立场和固守僵化的、保守的观念，及根深蒂固的政治偏见。这是造成国共两党关于成立民主联合政府、统一中国谈判失败的根本原因。只有以中华民族的根本利益为最高原则，与共产党坦诚相见，互相合作，才能完成国家的民主、富强、统一的历史使命，以共同振兴中华民族；同时也说明，在国共两党谈判中，吸收其他民主政党、团体、人士参加，排除外国反华势力的介入、干扰、影响，才能真正做到有利于人民，有利于祖国统一。这里需要说明的是，在中国革命和建设进程中，我们得到了不少外国朋友们的援助、支持、同情。中国人民永远不会忘记。我们还将继续欢迎外国友好人士们的支持与合作。但是，我们坚决反对外国反华势力支持中国的分裂势力，反对干涉中国的内政。美国在国共两党谈判成立民主联合政府，完成国家统一问题上施展了两面手法，支持国民党蒋介石集团反对中国共产党，这是造成战后组建联合政府，完成国家统一失败的又一原因。半个世纪过去了，我们认真总结这段历史经验教训，警惕和排除外国反华反共势力插手台湾问题，反对支持“两个中国”、“一中一台”和“台湾独立”的图谋。我们必须坚持一个中国的原则不动摇。台湾当局只有在这一原则下，尽早与大陆进行政治谈判，改善两岸关系，完成祖国的统一，实现“一国两制”，这是总结历史经验的关键所在，是五十年前国共两党关于组建联合政府、统一中国时机丧失后的真正历史走向。对历史负责的政治家应该有这一历史观念。

第六编

两岸关系研究

略论周恩来对台工作要义[①]

周恩来在20世纪50年代中期曾说："我们久经忧患的伟大民族，一定能够依靠我们自己的努力，实现祖国的完全统一"[②]。基于这一信念，他始终把争取台湾同胞的工作放在重要地位，呕心沥血，坚持至生命垂危之际。总结其经验要点，对促进两岸关系的发展有其现实的指导意义。

一

以"一个中国"为原则，努力争取海峡两岸携手，共同维护国家的领土主权完整，反对制造"两个中国"、"一中一台"。

在20世纪五六十年代，国际上以美国为首不断制造"两个中国"，图谋促使台湾从祖国版图中分离出去。中国共产党虽郑重提出和平解决台湾问题的方针，但由于上述原因，两岸关系始终处于紧张对立状态。1958年、1962年两次海峡两岸风波，就是美国插手的结果。在1958年两岸风波中，美国施展了两种手段，一方面逼迫台湾当局从金门、马祖撤军，企图割断台湾与大陆之间的联系；另一方面在中美大使级会谈中提出"谈判停火"问题，企图使美国干涉中国内政合法化。这两个手段的目的都是为了实现台湾脱离中国而独立。

周恩来以敏锐的眼光看清了美国的政治谋略。为了维护国家主

---

① 原载于《台湾研究》2000年第2期。

② 《周恩来选集》（下），人民出版社1984年版，第202页。

权独立和领土完整，反对制造“两个中国”，他与毛泽东研究后决定采取以下斗争策略以击败美国的图谋。

其一，开展广泛的外交活动，阐述中国的原则立场，揭露和孤立美国。

周恩来多次与外国使节谈话、接触，指出美国必须从台湾撤走一切武装力量，解决台湾问题完全是中国的内政，反对美国插手台湾，“中国和美国在台湾海峡地区的国际争端和中国人民解放自己领土的内政问题，是性质完全不同的两件事”。并指出，“美国一贯企图把这两件事混淆起来，以掩盖它对中国的侵略和干涉，这是绝对不能容许的”①。同时又着重阐述了中国在台湾问题上的立场和政策。他明确地指出，在与美国谈判中，“我们不能因为只谈金马，而换来一个美国占领台湾的合法化，换来所谓‘两个中国’的存在”②。为此，周恩来亲自指导《人民日报》并经他修改、审定而发表了《休谈停火，走为上策》的社论。周恩来又指示外交部发表谈话，驳斥美国“永久停火”的要求。与此同时，周恩来又同美国《纽约时报》、《每日新闻》、《华尔街日报》等记者谈话，明确指出，“蒋介石也反对制造两个中国，也反对制造一个中国另外加一个台湾独立实体，也就是‘一中一台’。在这个问题上，我们同台湾当局有共同性”③。这一谈话，既警告了美国，也鼓励了台湾当局坚持“一个中国”原则。

其二，实施炮击金门中的“直接对蒋、间接对美”，“联蒋抵美”的策略。

美国逼迫台湾当局撤退金门、马祖驻军，是以牺牲中国人的根本利益为出发点的，因而它也危害了台湾当局者的地位。所以台湾当局持反对态度，这就给大陆与台湾在维护祖国领土完整、主权独立问题上相互配合客观的可能性，并有可能不断促使这种可能性成

---

① 《人民日报》1958年9月7日。

② 《周恩来外交文选》，中央文献出版社1990年版，第264页。

③ 《周恩来外交文选》，中央文献出版社1990年版，第478－479页。

为现实性。

金门炮战后不久，周恩来传信给蒋介石四句话：“台湾金门、唇齿相依，遥望南方，诸希珍重”。暗示蒋坚持金门不撤军。在周恩来的推动下，台湾当局坚持了不从马金撤军，并大着胆子与美国“对抗”，陈诚甚至不点名的指责美国，说“谁也无法叫我们把这些岛屿非军事化”，而蒋介石更公开发表谈话，说“须知台湾和大陆本属一体，骨肉相关，休戚与共”①。台湾各大报纸也纷纷发表文章阐述台湾与大陆不可分离的关系，以回击美国的图谋。台《公论报》指出，“大陆是台湾同胞所自而来的故土，大家祖先庐墓所在，彼此的关系血浓于水”，台《新生报》指出，“有一部分国际人士的确常常在中国与台湾之间划出一条界线，甚至在盟邦美国的一般书刊之中，我们也会发现把‘中国人’与‘台湾人’分成两个名词，以致引起种种不正确的观念”②。台《联合报》更严正指出，“台湾毕竟是中国的台湾”，“一切罔顾事实的认定与报道，在我们看来全都只觉得毫无意义”③。

周恩来所做的工作，收到了成效，在客观上出现了海峡两岸共同维护“一个中国”原则的局面。海峡两岸的微妙关系引起美国的不安，美国国务卿杜勒斯匆匆跑到台湾进一步逼迫蒋介石从金门撤军，但成效甚微。虽表面上发表了联合声明，而矛盾并没有解决。为此，周恩来指示《人民日报》发表《评蒋杜会谈》社论，揭露美国的阴谋，鼓励台湾当局坚持“一个中国”原则不动摇。指出，“我们相信全体中国人团结起来一致对外，美国分裂中国、制造两个中国的阴谋必然会遭致彻底的失败”④。

其三，隔岸喊话，相互声援。

20世纪70年代初，美日协议把钓鱼岛与琉球群岛一并“归还

① 《人民日报》1958年10月30日。
② 《人民日报》1958年10月30日。
③ 《人民日报》1958年10月30日。
④ 《人民日报》1958年10月30日。

日本”，因而引起海峡两岸共同维护祖国神圣领土完整、相互声援的“保钓运动”。台湾当局坚持了原则立场，并向美国提出交涉，台湾各阶层也行动起来维护中国的领土完整。在大陆，周恩来指示新华社、《人民日报》发表电讯，反对制造“两个中国”、企图侵占钓鱼岛的图谋。《人民日报》发表《中国领土主权不容侵犯》的专文。同时周恩来又指示我外交部发表声明，指出美国把钓鱼岛列入“归还区域”，是对中国领土主权的明目张胆的侵犯。这是非法的，“中国人民绝对不能容忍”①。

炮击金门事件和“保钓运动”，显示了海峡两岸在对峙状态下背后一致的民族之根情和在共同维护祖国领土主权完整中超越了政见之争和历史恩怨。这是海峡两岸沟通、合作，实现祖国“和平统一、一国两制”的基石。而这个“基石”运行了二十年之后又发生了新的变化。所以江泽民总书记提出，两岸的谈判，“作为第一步，双方可先就在一个中国的原则下，正式结束两岸敌对状态进行谈判，并达成协议。在此基础上，共同承担义务，维护中国的主权和领土完整，并对今后两岸关系的发展进行规划”②。由于历史上曾经在客观上出现过这种局面，今天在新的历史条件下，通过政治谈判，这一局面会较完整的出现。

二

坚定国家民族利益原则，以情促信，以信缓解对立情绪，促进两岸关系的发展。

在疏解两岸关系中，周恩来十分重视台湾的特殊历史地位和情面。根据他的丰富对台工作经验，深知除作好台湾各阶层同胞工作外，对于争取台湾上层人士的工作尤为重要。针对美国插手台湾问

---

① 《人民日报》1958年10月31日。
② 《人民日报》1958年10月31日。

题和美蒋之间存在的矛盾，他十分强调我们和国民党蒋介石的关系是“内政问题”①。其解决办法就是通过双方的平等谈判。1956年他代表党和国家正式提出和平解决台湾问题的方针，并正式发出信息，邀请台湾当局蒋介石与大陆进行“和平谈判”。周恩来说，即是内政，就要同蒋介石坐在一起谈判。如何谈判，他明确提出：一、“同蒋介石本人坐在一起会谈”；二、“同蒋介石派的代表”谈。谈判的地点，“或者是他派人到北京来，或者是我们派人到台北去”② 都可以。周恩来对与台湾当局的政治谈判在人员、地点、时间上都给台湾当局以灵活的、可选择的余地。这充分体现出他对台湾当局的期望、诚意与尊重。

关心台湾的前途，鼓励台湾当局坚持民族自尊精神，以维护中华民族的完整性。周恩来很诚恳的告诫台湾当局，美国“决不是什么可以指靠的力量”，“只有实现祖国的和平统一，才是他们的唯一出路”③。并又告诫台湾当局，外有美国的控制，时时图谋把台湾从祖国版图中分离出去，或弃蒋换马；内有“台独”分子的捣乱，制造事端。这种局面，时时、处处危机着蒋氏父子的统治地位和民族尊严。在这种特定历史环境中，周恩来的忠告、提醒特别能产生积极的效应。在经历了1958年的海峡两岸的“炮战”这一特殊联系方式和后来的“保钓运动”之后，周恩来更感到要进一步的作好台湾上层工作，更需要鼓励他们继续保持民族自尊精神，维护中国领土主权完整的必要。他说，“他们要求提高民族自尊心，维护民族尊严，摆脱美国控制，并且要以独立自主的精神处理自己的内部问题，我们欢迎他们的这种爱国主张”。并强调指出，“只要大家以民族和国家的利益为重，我们仍然可以重新携手团结起来”④。周恩来对台湾当局在一些事件上的表现，高度评价为“民族自尊”、“爱

① 《周恩来外交文选》，中央文献出版社1990年版，第256页。
② 《周恩来外交文选》，中央文献出版社1990年版，第257页。
③ 《周恩来统一战线文选》，人民出版社1984年版，第319页。
④ 《周恩来选集》（下），人民出版社1984年版，第201－202页。

国”、维护“民族和国家利益”，充分体现出对台湾当局的诚意与尊重，这就为建立、发展两岸间的互信、缓解对立情绪奠定了基础。

为了给两岸政治谈判创造条件，周恩来提出首先要开放两岸关系，解除禁令，经过交往，消除几十年隔绝状态，促进相互了解，建立互信基础。为此，他提出，第一，开放两岸探亲会友。“凡是愿意回到大陆省亲会友的可以回到大陆上来”。第二，实现两岸交流交往。“凡是愿意到大陆参观学习的也都可以到大陆上来”。第三，鼓励走和平的道路。“凡是愿意走和平道路的，不管什么人，也不管他们过去犯过多大罪过”，一概“不咎既往”。第四，爱国光荣，凡维护一个中国原则，走和平解决台湾问题道路的就是爱国。周恩来号召台湾当局“站到爱国主义旗帜下来，同祖国人民一起，为争取和平解放台湾，实现祖国的完全统一而奋斗”①。

周恩来不仅首先提出了开放两岸交流交往问题，而且还提出了把台湾放在蒋氏父子手里问题。在维护一个中国问题上，对蒋氏父子有较大的信心。20 世纪 60 年代中期，周恩来在同毛泽东商量后决定，“台湾宁可放在蒋氏父子手里，不能落到美国人手中”。只要台湾当局继续坚守一个中国原则，“对蒋我们可以支持”。并提出了对台工作的新方针。周恩来把这一方针概括为“一纲四目”。“一纲”，即台湾回归祖国实现统一。“四目”，即一是台湾回归祖国后，除外交必须统一于中央外，所有军政大权，人事安排等均由蒋氏父子处理；二是所有军政建设费用不足之数，均由中央拨付；三是台湾的社会改革可以从缓，一俟条件成熟并取得蒋介石同意后进行（此内容后在“一国两制”中不再提）；四是双方互约不派人进行破坏对方团结之事。②

上述意见，周恩来通过各种渠道传递给台湾当局的蒋氏父子及陈诚。首先是委托张治中、傅作义传递，后又通过在台的国民党元

① 《人民日报》1956 年 6 月 25 日。

② 《共和国重大决策来龙去脉》，江苏人民出版社 1995 年版，第 318 页。

老于右任的女婿屈武和邵力子传递。并又着重指出，台湾回归祖国后，可行使更大的自治权利，除外交外，军队、人事均由台湾朋友管理，又指出，过去传递的信件虽系个人写的，但却是政府的意见，是不会改变的。与此同时，周恩来又请与国民党关系密切的章士钊两次赴香港传递信息，请香港文化名人曹聚仁传递信息，并作于右任的工作，周恩来备足了礼品请有关人士转交，又指示统战部门照顾好居住在西安的于的前妻的工作。

周恩来在托人传递信息的同时，又特别关心着蒋氏父子及其他台湾同胞在大陆的亲朋好友，故乡旧舍，祖先坟庐等事。他多次指示有关部门维护好蒋氏的祖籍地及坟墓，建设好奉化溪口，并将“奉化庐墓依旧，溪口花草无恙”题词照片托人送往台湾交到蒋氏父子手中。同时又指示统战部门安排好住在上海的蒋介石的内兄毛懋卿任浙江省政协委员，照顾、安排好浙江青田陈诚的姐姐和祖坟。

周恩来对台工作的突出特点是以情促政；以民族利益维护国家的统一；以虚怀若谷的气质，去熔消对立情绪。因而收到了较好的效果。鉴于海峡两岸关系出现的微妙转机，美国再次担心会阻碍他长期预谋的“两个中国”的实现，于是试图采取“拉陈抑蒋”策略，邀请陈诚访美，以扭转局势。周恩来看穿了美国的用心，遂决定采取促使“蒋陈合作”，以击败美国的图谋。他通过各种关系、渠道传信给台湾，“我们希望蒋介石、陈诚、蒋经国团结起来反对美帝国主义”[①]，并说，陈诚“还有些民族气节，看来不会被美国牵着鼻子走”[②]。信息传到台湾后反响很好，当陈诚访美时，美国主动拿出有关中美大使级会谈纪录给他看，以示美国对陈诚的“信任与厚爱”。陈诚事后对人说，“中共拒绝美国一切建议，而坚持美舰队及武装力量退出台湾的做法，不受奸诈，不图近利，是泱泱大国风

① 《周恩来统一战线文选》，人民出版社1984年版，第397页。

② 《共和国重大决策来龙去脉》，江苏人民出版社1995年版，第319页。

度”，并表示他们也要向历史作交代。与此同时，台湾当局也传来信息，他们表示今后不再派人到大陆扰乱，破坏地方秩序，同时也表示派人到大陆谈判是不可避免的，也是必要的。1965年陈诚去世后，留下遗言时劝蒋，对中共不能反潮流，不能为外国动用台湾兵力，不能信任美国，不能受日本愚弄。当有人提出陈诚遗言未提“反共反攻”，而扬言要修改遗言时，蒋介石不同意修改，耐人寻味。1975年春节前后，蒋介石病重，他叫陈立夫通过秘密管道向中共中央传信，邀请毛泽东或周恩来访问台湾，共商国是。① 但由于种种原因访台谈判未能实现。但台湾当局基本上遵守了不派人到大陆破坏的传言。

周恩来对台工作，使两岸关系出现了转机，由过去的军事对峙转变为政治对峙。两岸的紧张关系有所松动。这一局面的出现，为台湾在20世纪60年代中期后的经济起飞创造了良好的环境。由于祖国大陆开展的“文化大革命”运动，而丧失了这一松动的历史环境和机遇。但是，它却为后来两岸关系的发展奠定了基础。

① 《蒋介石生命尽头的秘密邀请》，《党史信息报》1997年12月16日。

略论近年来海峡两岸关系的发展[①]

海峡两岸关系，实质上是国共两党关系的外在形式。近年来，由于经贸关系的发展，推动了其它方面的交流交往，海峡两岸关系出现了突破性进展，进入一个新阶段。

世界局势的挑战

当前世界形势有两个机遇、两种挑战，迫使两岸的和平统一进程必须加快步伐。

其一，1997 年、1999 年我国将分别对香港、澳门恢复行使主权，实行“一国两制”。这就为台湾的和平统一创造了条件，提供了机遇。

其二，当今世界已由军事对抗转向经济竞争。而经济竞争中又倡言具有排他性、地区保护主义的区域整合。欧洲共同体将建立统一市场。在统一市场各国间实行进口货物免税，资金、人员大流动，对统一市场外的商品进口，则实行统一的保护关税。美国一向标榜自己是“自由、多边、无差别”贸易原则的盟主，但在欧共体之后，它也建立了以美国为中心的由加拿大、墨西哥参加的北美自由贸易区。新加坡、马来西亚、泰国等东盟六国也已组成自由贸易区。中亚的一些国家也开始组建穆斯林经济区，最终有可能导致伊斯兰共同市场的成立。

---

① 原载于《中央社会主义学院学报》1994 年第 3 期，后收入《国共关系与两岸关系研究》，湖北人民出版社 1994 年版。

国际间区域集团化经济贸易圈的出现，无论是大陆还是台湾当局，都必须认真考虑而采取对策。以大陆的丰富资源、人才、物力、科技和台湾（加上香港、澳门）管理经验、资金等进行合作，加强海峡两岸的经济、贸易交流交往，开放“三通”，实现和平统一，这是唯一避免被孤立、受排斥、遭损害，而又更好发展自己，振兴中华的选择。当前台、港有识之士大都已认清了这一形势，因而大声疾呼当政者要“先把政治上的歧异搁在一边，尽快地在经济上团结起来”。台原新闻局局长、现台政治大学教授邰玉铭为此建议，两岸要“良性互动，尽快建立中华共同市场，互补互利”。也有人提出建立“大中华经济圈”的构想。台《中国时报》发表文章提议建立两岸“经济共同体”。台《中央日报》载文建议组建“南中国经济区”。这些设想都是对目前国际间出现的区域性集团化经济现象提出的对策。台湾经济要想在国际竞争空前激烈中立于不败之地，唯一的出路是与大陆和平统一，以便在经济上联合起来。“合则两利，互补互惠，可共同因应全球的经济竞赛”①。

海峡两岸高层次交往的出现

随着海峡两岸交流交往的不断发展，出现了高层次交往的新特点。这一现象，预示着两岸关系可能出现新的突破。台“立法委员”、台“中国统一联盟”名誉主席胡秋原辗转美国回大陆访问一个多月，就是一个例证。在海峡两岸交往中首先在高层次中引起重视的是“三通”。“三通”是海峡两岸沟通的最基本形式，也是发展两岸经济、互惠互利的渠道。有“三通”才有国共两党的谈判，有谈判，才能实现和平统一。因此，“三通”就成为台湾高层次人士呼吁的突出问题之一。台“两岸发展研究基金会”举办了名为“为两岸通航借箸代筹”座谈会，讨论两岸通航的有关问题，呼吁台湾

---

① 《团结报》1992 年 10 月 7 日。

当局尽快取消有关禁航规定，开放两岸直航。台湾“经济部长”、“国策顾问”赵耀东在访问大陆时曾考察了在大陆投资的20多家台商企业，得出的结论是：早日实行“三通”，可使台商减少5%—10%的成本，对台湾十分有利。台“司法院院长”林洋港也认为直航对台湾有利，应加快进行。其他各界呼吁更为强烈。

对于中国共产党提出的实现国共两党的对等谈判的建议，不少台湾上层人士表示赞同，并促其进行。台“国统会”委员、“国策顾问”陶百川提议，海峡两岸相关人员“应尽快接触，打开党对党谈判的僵局”①。并认为“目前双方急需的是接触、商讨、沟通和妥协”②。当时任台湾“行政院院长”的郝柏村在“立法院”也表示，“中国只有一个，台湾是中国的一部分”，“中国的统一对台湾两千万同胞与大陆同胞都是有利无害的”③。台“国安会”秘书长蒋纬国也认为，海峡两岸应“化敌为友”，台湾当局要主动“沟通、谈判”。台湾“国是会”召集人、原“总统府秘书长”蒋彦士也指出，两岸谈判，“应由两岸的执政党对执政党来谈”④。台“立法院院长”梁肃戎也认为，“我赞同国共两党以党对党方式接触谈判”。并说，“如以政府对政府谈判，无异于宣布台湾独立”⑤。这些认识代表不了少数台湾高层人士的观点。

基于上述认识，他们或组团，或以个人名义赴大陆考察、访问，促进国共两党的正式接触谈判。

台“中华黄埔同心会”名誉会长邓文仪于1991年清明节前夕率祭黄帝陵代表团来大陆，受到中共中央总书记江泽民的亲切接见。1993年2月，李登辉宗亲组团来大陆祭祖。台湾其他高层人士，如吴大猷、赵耀东、于宗先、刘泰英、邵玉铭等先后访问大

---

① 《联合时报》（上海）1991年7月6日。

② 《团结报》1991年7月24日。

③ 《团结报》1991年1月2日。

④ 《大公报》（香港）1990年6月30日。

⑤ 《团结报》1990年6月27日。

陆。台原“经济部部长”、“总统府国策顾问”赵耀东在北京参加“海峡两岸经贸发展回顾及合作前景研讨会”上发言时说，“今后两岸经济合作发展方向要以诚信做基础，要取务实态度，不应将政治色彩加入经济交流之中，造成政经连环套，环环相扣，解不开、打不破”①。这是十分有见地的见解。

台湾国民党高官子弟来大陆访问，推进两岸关系，已成为目前台岛热点。台前“行政院长”李焕之子李庆华、前“行政院长”郝柏村长子郝龙斌、台“国民党中常委”谷正纲长子谷家泰、台“总统府资政”邱创焕之子邱哲颖、台“立法委员”王志雄及其父“国民党中央委员”王玉云等多次来大陆访问、交流。

台湾这些高层人士的呼吁和不寻常的举动，对台湾当局的“三不政策”起了冲击作用。

台湾和平统一活动趋向组织化

近几年在中国共产党和平统一方针影响和推动下，及有关组织、个人促进下，台湾各界推动两岸和平统一活动逐渐由分散向集中，自由发展向有组织方向发展，出现了以促进和平统一为目的的各种民间团体。如海峡两岸事务交流基金会、中国统一联盟、中华和平统一大同盟、中国文化统一促进会、中华全民爱国会、中华民族反台独联盟、两岸工业协会、中华黄埔同心会、和平统一祖国促进会、两岸发展研究基金会、海峡两岸和平促进会、和平统一中国促进会、爱国同心会、爱国阵线、爱台湾爱中华运动等。这些组织的特点是：

第一，上层人士居多，影响力较大。台湾最早成立的中国统一联盟（1988 年）就是一些有影响的“立法委员”、学者和教授发起组建起来的。中华黄埔同心会，更是军政界老人中具有较大影响力

① 《文汇报》（香港）1990 年 10 月 7 日。

的人物组建的，它的名誉主席为邓文仪。邓在促进第二次国共合作中就作过重要贡献。这些组织的成立，必然影响台湾当局的大陆政策。

第二，出现了新一代促进祖国和平统一的力量，并且已形成了组织，开展了活动。不少高等院校师生组织起来反对“台独”。高雄的医学院、师范大学、工专、中山大学等10余所台南大专院校学生联合起来，开展反“台独”、要和平统一的“签名活动”，并发表了《一群台湾学生宣言——拒绝‘台湾共和国’统治》的声明，驳斥了“台独”的种种谬论，力主和平统一。台湾青年企业家也行动起来反对“台独”，要求和平统一。他们组建了“工商建设研究会”、“中小企业协会”、“中国青年创业协会”，并发表联合声明。决定全力反对“台独”，促进海峡两岸的和平统一。台湾青年学者王晓波联合海峡两岸及海外学者联合发表反对国际势力干涉中国和平统一的声明。声明指责前美国驻华大使李洁明公然宣称的“台湾是中国的一部分，是‘落伍’的主权观念”的谬论。指出，这是企图否定中国对台湾的主权。“他们的言论迹近代表美国霸权主义干涉中国内政和破坏中国领土主权完整”。声明还指出，“统一祖国、复兴中华，是海峡两岸同胞责无旁贷的时代使命，任何政治主张之争议必须力求通过协商方式和平解决，不得依附国际霸权主义阻挠祖国统一和破坏民族复兴”。声明最后指出，在“一个中国”的原则下，以互惠、平等的和平方式，进行中国的统一谈判。在举行统一谈判之前，双方放弃一切敌视对方之政策，立即实行两岸“三通”①。

第三，强烈反对“台独”。近几年由于台湾当局对“台独”势力反对不力，助长了“台独”势力的公开猖獗，严重地阻碍了海峡两岸关系的发展，也威胁了台湾的经济发展和安全。因而引起各界的不满和强烈反对。各民间社团、各政党都纷纷参与并组织了反

① 《团结报》1991年9月17日。

“台独”活动。中国统一联盟发表声明，明确指出，任何妄图倒退两岸和解情势，使中国分裂长期化、固定化的分离主义阴谋都要严办。台湾爱国同心会、荣民爱国协会、爱国阵线等联合发起组织了声势浩大的反“台独”、要和平统一的游行示威。同时还出现了有253个机关、团体联合发表声明，反对“台独”，并组织民众签名活动。据台有关方面调查，台湾民间社团的负责人有92%反对、或非常反对“台独”。

在促进和平统一中，台湾各在野党也是一支重要的力量。自1986年台湾当局开放党禁后，各界人物纷纷组建政党。据统计，目前台湾有65个在野党，除民进党等极少数党内有“台独”骨干分子外，绝大多数（即63个）反对“台独”，主张海峡两岸“三通”，实现和平统一。1991年这63个政党联合起来发表声明，呼吁台湾当局对民进党内的“台独”分子采取断然措施，依法严办。声明还指出，为了台湾两千万人民福祉，坚决反对任何分裂国土危害人民及妨碍社会经济发展的行为或主张。认为“台独”分子是一群数典忘祖的叛乱分子。① 台湾中华社会民主党、工党等还单独发表声明，反对“台独”，主张海峡两岸尽早实行“三通”，进行和平谈判，尽快结束海峡两岸分裂的状态。这些在野党目前虽说力量还小，还不能发挥更大的作用，但他们采取的联合行动，发动和组织群众反对“台独”，促进祖国和平统一的活动，却是当前海峡两岸关系发展中的新因素、新特点，也是影响台湾当局改进大陆政策的不可忽视的力量。

由“间接对话”到“汪辜会谈”

由于两岸人民交往交流的迅猛发展，和两岸人民的迫切要求实行“三通”，以及台湾自身经济、政治利益关系的制约，台湾当局

---

① 《团结报》1991年11月20日。

不得不逐渐改变对大陆的政策，不断放宽尺度，由经济上的“间接贸易”，发展成投资；再发展到带有政治性的“间接对话”，或叫“隔岸喊话”；进而开辟建立起了由大陆“海协会”、台湾“海基会”的接触、谈判的正常渠道，从而在一定程度上沟通了两岸执政党的关系，为国共两党谈判奠定了基础。

自1979年中国共产党及其领导人正式的、多次的提议要与台湾当局进行党对党的对等谈判，实现祖国的和平统一。但台湾当局始终抱着“三不政策”不予回答。1990年5月，李登辉当政，于就职演说中公开回答了中共的建议，他说，“台湾和大陆是不可分割的领土”。“中国的统一和富强是所有中国人共同的期望”。并说台湾当局将“研究国家统一事宜”等。这是国民党十多年来对中共和平统一方针的第一次正面回答。6月11日，中共中央总书记江泽民就台湾问题发表重要讲话，严正批评了台湾当局提出的“一国两府”的主张。明确指出，“一国两府实质是两个中国、一中一台，是走向分裂，不是迈向统一”。江泽民重申，“我们主张由中国共产党和中国国民党对等商谈”。江泽民的重要讲话在台湾反响极大，受到台湾朝野及各界人士的赞同。

台湾当局为呼应中共提出的沟通能代表两岸直接谈判的渠道，1990年成立了“国家统一委员会”、“大陆委员会”，着手制定海峡两岸关系的基本对策，提出了“统一纲领”的发展阶段。并授权成立了“中介”团体的“民间机构”“海峡交流基金会”（简称海基会）。任命国民党中常委、台湾五大财团巨头之一、并与李登辉有密切关系的辜振甫为董事长，邱进益为第四任副董事长兼秘书长。邱原为台“总统府”副秘书长兼发言人，积极主张推进两岸关系，西方称他是李登辉的“白手套”和推进两岸关系的“先锋”[①]。1991年大陆成立了“海峡两岸关系协会”（简称海协会)。汪道涵（原上海市市长）为会长，唐树备为副会长。海峡两岸两会的成立，从

① 《大公报》（香港）1993年4月3日。

此开始了两岸接触、谈判的正常途径。

1993年4月初，台湾海基会由副董事长兼秘书长邱进益率团来大陆与海协会常务副会长唐树备磋商，商讨有关汪道涵、辜振甫会谈问题。唐邱磋商进展顺利，气氛和谐，达成了8点共识，决定在新加坡举行“汪辜会谈”。这次磋商是海峡两岸打开实质性会谈的前奏，为两岸各界人士所欣慰。台《联合报》对此发表《汪辜会谈、两岸直航被赋予乐观期待》文章。各方都在为直航创造条件，并认为首先接受直航而荣耀。台桃园中正机场、高雄小巷机场、基隆港、高雄港、新竹渔港、台中港、云林县西港、台南市安平港等当地政府均自认是最佳的直航机场、港，纷纷透过关系暗中运作力争，希望两岸一旦直航能为他人先。日本《每日新闻》发表文章，认为即将开始的“汪辜会谈”，“虽然是民间团体高层首脑的会晤，但这事实上将是1949年新中国成立以来国共最高级别的接触”。并认为，两岸关系已经到了在不断进行实际事务性协商的同时，开始摸索进行正式接触的阶段。[①] 这个认识是有预见性的。

1993年5月27日至29日“汪辜会谈”在新加坡举行。双方在互让、诚意和坚持一个中国的原则下达成了共识，签订了《汪辜会谈共同协议》、《两岸公证书使用查证协议》、《两岸挂号函件查询、补偿事宜协议》、《两岸联系与会谈事宜协议》。这四项协议的签订是“汪辜会谈”成功的标志。会谈之所以成功，有其诸多原因，而香港、澳门报纸则评论认为：一是“体现了求同存异、互让、‘双赢’的原则”（香港《文汇报》）；二是“双方决策人士的诚意，而这种诚意是由各自的整体利益和两岸的共同利益产生的”（香港《成报》）；三是“双方具有的真诚愿望与务实精神”（香港《大公报》）造成的。因此《澳门时报》评论说，“汪辜会谈”的成功，是“一个中国的理念赢了”。这是合乎实际的结论。

“汪辜会谈”江泽民给予高度评价，指出它“标志两岸关系迈

① 《文汇报》（香港）1993年4月13日。

出历史性重要一步”[1]。两岸会谈使两岸关系的发展、接触、谈判开始进入了制度化、正常化，为“三通”、国共两党谈判创造了有利条件。

大陆与台湾当局的“间接对话”、“隔岸喊话”，到民间团体的最高层正式接触、会谈，实际上是“海峡两岸政治关系的启动”[2]和“三不政策”破裂的扩大。

总之，当前海峡两岸关系发展较快，出现了前所未有的情况和特点，在客观上已冲破了台湾当局的“三不政策”和其他限制，以及规定的统一进程时间表。以“汪辜会谈”为转机，海峡两岸关系将会发展到一个新阶段。

---

① 《人民日报》1993年5月7日。

② 《团结报》1991年1月12日。

历史上解决台湾问题的两种方式[①]

台湾历来都是中国领土不可分割的一部分。自郑成功收复台湾后，由于在台湾的郑氏政权继续打着“反清复明”的旗帜，遂与清朝政权形成了武力对峙局面。郑氏政权便沦为地方割据。清政府的历史任务是实现国家的统一，以便集中力量发展社会经济，使之国富民强。为此，清政府对解决台湾问题提上了日程，并经分析商讨，采取了先礼后兵的灵活方式。

在郑氏集团治台21年间，清政府曾多次与之接触，商谈和平统一问题。其中在康熙帝执政期间突出的就有三次。第一次和谈，是1662年，清政府数次派人“招抚”郑经（郑成功收复台湾后三个月病逝，长子郑经继位）。郑经出于稳定偏安的台湾局势，对清政府的和谈采取了虚与周旋的手段。一方面在谈判中缴出了明朝所赐敕命、印信和“海上军民土地清册”等，以取得清政府的信任，另一方面又不断扩充实力，待局势稳定后，又借口“人众登岸，安插难周”为由，拒绝履行和谈条件。由于郑氏集团对和平统一缺乏诚意、善意而夭折。第二次和谈是1666年，清政府派河南候补道礼元章赴台，此次和谈亦未获结果。第三次和谈是1668年，康熙帝为使和谈成功，亲下诏书，对郑氏集团晓以大义，明以方针，并派大臣将诏书送至台湾，双方进行了又一次的和平谈判。在谈判中，清政府答应开放沿海对台湾贸易、清朝官兵也不进驻台湾，台湾仍有郑经继续治理。郑经也表示愿意奉清纳税。但郑经提出前提条件要以

---

① 原载于《团结报》2000年10月3日。

朝鲜为例，不削发、不易服。康熙帝认为，不削发、不易服可以，但不能以朝鲜为例解决台湾问题。朝鲜乃是一个国家，只是受清王朝的保护，是属国，而台湾是中国的领土，不是一个国家，且郑经又是中国人，不能与朝鲜相提并论。因此，康熙帝未能同意郑经的错误要求，和谈再次破裂。

三次和谈的失败，皆由于郑氏集团支持错误立场所致。郑氏集团自恃兵强马壮，又隔海远离大陆，故千方百计阻挠和平统一，并又不断地扩军备战，侵扰福建沿海岛屿。为了完成祖国统一大业，清政府不能再允许郑氏集团无限期拖延、阻挠统一进程。康熙帝不得不下决心武力解决台湾问题。1683 年 6 月命水师提督率战舰出征台湾，8 月郑氏集团在强大兵力进攻下表示归顺。仅两个月台湾问题解决，实现了祖国的统一大业。清政府解决台湾问题的两种方式说明了什么问题？这是令人当思醒悟的课题。

其一，从主观愿望上，清政府是力争和平统一的。这种统一方式即不伤害双方感情，也不破坏双方的财产、设施，最为理想。为实现这一方式，清政府付出了巨大的耐心与努力，前后三次，即每两年或三、四年与台湾方面举行一次和平谈判。但关键还是要看对方的诚意和态度。三次谈判受挫，皆由于台湾郑氏集团无诚意所致。

其二，武力解决是在和平谈判失败而且无望的情况下作出的最后决断，即不得已而为之的方针。清政府在三次和谈失败后又耐心等待了 15 年，无望后才下决心武力解决台湾问题。足见这是最后的果断措施。

其三，坚持一个中国原则，是解决台湾问题的核心。不管和平方式也好，武力解决也罢，都是为了实现祖国的统一大业。台湾郑氏集团试图以朝鲜为榜样，这不是统一，而是继续分裂，理所当然的被康熙帝所拒绝，从而导致了武力解决。所以，分裂与武力是紧密相连的因果关系。

总之，两种方式的使用，其目的都是为了祖国统一，但哪种方式有效，关键不在大陆一方，而在台湾一方。无限期拖延，千方百计阻挠统一进程，或玩弄“朝鲜模式”等，最后结果必然导致武力解决。这就是历史经验。

台湾同胞反“皇民化”斗争[①]

“皇民化”是日本帝国主义者在台湾统治时期实施的一种奴化政策。值得注意的是，近年来台湾岛内“台独”活动趋于猖獗，某些外国势力进一步插手台湾问题，阻碍中国的和平统一，一些别有用心的政治野心家，在某些外国势力的策动下，制造种种借口妄图实现其“台湾独立”的梦想。而日本帝国主义统治台湾时期推行的“皇民化”思潮，近来又有所萌发、抬头。从研究历史与现实发现，“台独”势力和“分离”倾向大都根源于“皇民化”思潮。

台湾不仅是中国领土，而且台湾文化也属于整个中华民族文化的组成部分。日本统治时期，台湾同胞与大陆同胞一起共同进行了反抗外来侵略者的斗争，维护了国家民族在思想文化、政治上的统一性，表现了中华民族的崇高气节。

日本殖民统治者在统治台湾期间，为巩固统治地位，除军事外，还在思想、文化上进行“皇民化”统治，妄图彻底消灭中华民族的意识。日本统治台湾五十年间禁用中国文字，禁穿中国式衣服，禁用汉民族姓氏，强制灌输日本文化思想意识。但有着强烈民族意识和爱国主义传统的台湾同胞，在日本殖民主义者强制奴化教育下进行了长期的、顽强的抵制和反抗。他们冲破禁令，照穿汉衣，照用汉字，照使汉姓。据《台湾大事纪要》记载，在日本统治的四十五年间（一八九五至一九四〇年），易姓者寥寥无几，不足千人。由此说明，台湾同胞反抗“皇民化”的斗争是十分勇敢、坚

① 原载于《团结报》1995年6月21日。

定的。在坚持民族文化观念斗争中最勇敢、最突出的要算南投、竹山等地区的台湾同胞，仅一九四二年由于拒绝按日本礼俗生存，坚持民族传统而被逮捕者达数百人，全部被日本统治者残酷地拷打致死。然而台湾同胞并没有被这种暴行所吓倒，他们在大甲、新竹等地掀起了更大规模的、公开的反抗“皇民化”的示威游行活动。

在反对日本统治者的“皇民化”运动中，起带头、中坚力量的是台胞中的知识分子。他们坚定民族气节，坚持大统一的中华民族观念，誓死不与日本统治者合作。在生活方式、礼俗、观念上抵制“皇民化”。因而在广大台胞中有很高的威望和号召力。著名的爱国主义作家杨逵，把自己耕种的土地起名为“首阳农场”，以示“不食日粟”。在反抗殖民思潮的斗争中，凤山郡医师、台湾文化协会发起人吴海水，台南律师欧清石等知识分子二百多人，被日本统治者以图谋“变革日本国体”宣传“台湾脱离日本统治”的“罪名”逮捕杀害。台湾同胞在反“皇民化”斗争中表现出了可歌可泣的英雄气概。

抗日战争胜利后的五十年，一些日本右翼势力不甘心在台湾的失败，总梦想卷土重来控制台湾，因而使用各种方式进行心理渗透、政治引诱，“皇民化”思潮再次沉渣泛起。而这一“皇民化”思潮又主要集中在“台独”分子队伍中。他们利用日本在经济、贸易方面在台湾的优势地位，利用台湾同胞当家作主的愿望和与日本的历史关系，利用国民党政治上腐败给台湾同胞在心理上造成的失望情绪，公开鼓吹“台湾独立”，散布“皇民”思想，重新制造“日本情结”，妄图实现分裂祖国，阻碍和平统一。

对于台湾岛内出现的新“皇民化”倾向，已引起台湾同胞的高度关注，并进行了揭露和批判。蒋纬国先生在最近出版的《胜利、旧痛、今忧》一书中，对日本右翼分子、“台独”分子相互勾结、互相配合，在文化、心理上对台湾的渗透作了具体的剖析。一九九四年台湾岛内自北至南出现了十八个地下电台（现已被台当局取缔），不断播放有关“皇民化”的节目，扬言要对台湾同胞“洗脑”，实现“台湾独立”。可见当前“皇民化”已达到不容忽视的猖狂程度。因此该书指出，目前“台独”，正在发挥“恋日情结”。“台独”制作的所谓“台湾共和国”“国旗”，采用的八瓣菊花图案，就足以说明其“恋日心态”。因为日本皇家标帜是十六瓣菊花，而“八瓣”就是“十六瓣”的附庸显而易见。有人说“台独”分子想当日本天皇的“儿皇帝”是有根据的。除“台独”分子公开鼓吹、散布“皇民化”外，在台湾党政要人中也不乏“恋日情结”者，他们的“皇民化”倾向经常在新闻媒体中流露出来，又不断的与民进党中的“台独”分子配合默契。

反对“皇民化”与反对任何形式的“台湾独立”是统一的。一九九五年是《马关条约》签订一百周年，抗日战争胜利五十周年，台湾回归祖国五十周年。我们在总结历史经验教训的时候，要特别珍惜台湾同胞在反“皇民化”斗争中用鲜血换来的胜利成果，继承和发扬中华民族的文化传统，在江泽民总书记关于台湾问题讲话的八点方针指引下，坚决反对任何“皇民化”的倾向，反对任何外国势力插手台湾问题，全力推动海峡两岸关系的发展，促进祖国和平统一的早日实现。

评台湾当局的“南向”政策[①]

“南向”政策，是台湾当局因应形势变化和为制约“西进”政策而制定的一项对外投资政策，并且是在经贸关系掩盖下的具有鲜明政治目的特殊政策。它的推行，将对海峡两岸带来不利因素，因而引起两岸各界人士的不满与批评，特别是台湾工商人士的批评。

“南向”政策的制定与台湾各界的反响

“汪辜会谈”以来，海峡两岸关系的发展，特别是经贸关系的发展成绩喜人，进展较快，给两岸经济的发展和相互了解、相互信任奠定了基础，创造了条件。但是，台湾当局出于某种目的，在两岸关系发展中不断提出对祖国大陆的“降温”，以至发展到制定出“南向”政策。1993 年 8 月，台“经济部”首先提出要推动台湾产业界向东南亚国家发展。同年 10 月，又在台“立法院”表示，“经济部”已拟定了“南向投资政策”。11 月正式发布“南向投资政策说贴”。不久又拟定了《加强对东南亚地区经贸工作纲领》草案，作为台推行“南向”政策的具体工作计划。同时又把“南向”政策分为两个阶段推进，第一阶段以印尼、菲律宾、越南三国为重点；第二阶段以泰国、新加坡、马来西亚为主要对象。这是台湾当局整个“南向”政策的基本框架。

台湾当局为推进“南向”政策，不惜冒制造“两个中国”或

① 原载于《邓小平理论与祖国统一》，陕西人民出版社 1995 年版。

“一中一台”的政治风险，在东南亚各国四处活动。李登辉、连战利用元旦、春节假日以“度假外交”方式推行“南向”政策。他们先后访问了除文莱以外的东盟五国。同时又不断派出经贸访问考察团，频繁往来。台政、经、贸界重要人物萧万长（台“经建会”主任)、江丙坤（台“经济部”部长)、李树久（台“经济部”常务次长)、刘泰英（台“党营管理委员会”主任）等先后访问东盟各国及越南，为台商投资铺路开道。台湾当局制定了在菲律宾开发建立苏比克湾工业区；在印尼开发巴淡岛工业区；在越南建立河内工业区、胡志明市台资工业区、新顺工业区等计划。

“南向”政策，是台湾当局以行政指令代替市场经济规律的一种具有强烈政治色彩的经贸政策。它与“西进”政策（投资大陆）发生了矛盾，并给台商带来了严重的利益损害，也不利于两岸关系的发展，因此在台湾各界产生了强烈的反响。台“总统府”国策顾问赵耀东指出，“南向”与“西进”不应该互相抵触。台湾经济的发展升级“不能忽略大陆广大腹地及大陆所拥有的潜力”。如果不能做到“西进”，而单谈“南向”政策，“无疑是舍本逐末”。赵耀东并从世界经济关系发展角度论述了投资大陆的必要性和重要性，说：“现在全世界已进入反向工业革命时代，新兴工业国家利用廉价的劳工大力争取外资”，而台湾的企业到“大陆投资是与世界工业发展相一致的，是不可抗拒的潮流，就像‘天要下雨，娘要嫁人’一样”，“任谁也挡不住”。若“想以南向抗拒或制衡西进，根本就是舍本逐末”。

由于“南向”政策纯属台湾当局的行政指令，并不能给台商带来大的利益，因而台企业界热情不高，反响冷淡，并时时发出不满情绪和不合作舆论。这就使台湾当局的“南向”政策受阻，计划几乎胎死腹中。台《新闻周刊》总主管南方朔撰文指出：东南亚各国无论政经文化均与台湾有较大隔阂，尽管台资一度大量投入，但铩羽者比比皆是。因而台资投入东南亚各国“其前途未必乐观”。台《中国时报》为此发表社论，认为“南向政策与大陆政策相互背离”，祖国大陆不仅是世界经济成长最快速的地区，同时也成为香港、台湾、日本、韩国，以至美国、西欧争相前往投资及开发市场的重要地区。而毗邻祖国大陆地区的东南亚各国在寻求经济合作对象时，首先考虑的也是祖国大陆。而台商不仅在祖国大陆投资是单打独往，且金额极小，仅占台对外投资的5%左右。因此台舆论界大声疾呼，台湾当局应以积极态度，扩大两岸经贸发展。台《中国时报》又指出，台的新大陆政策不能再拖延，1994年应成为台湾的“大陆政策关键年”。

对于台湾各界的批评舆论，李登辉作了辩解，他说，台湾“增加国际贸易与扩大国外投资，将是我们要努力的方向。在对外投资方面，台当局的立场与态度是全方位的，绝不是狭隘地只有‘南向’或‘西进’”。这种辩解并不能平息台湾各界关心海峡两岸经贸发展的疑窦。

“南向”政策运作中的困境及其矛盾

台湾当局以行政指令硬性推行的“南向”政策，由于不是从台湾民众的福祉、经济的发展升级和推进海峡两岸经贸交往合作的愿望考虑的，因而引起台湾各界的不满，其结果并未产生台湾当局主观意念中的“南向热”。相反，在东南亚各国都出现了投资的种种困难，使其无法有效的继续下去。以越南为第一推动重点的“南向”政策最为突出。在台商大量投资越南，开发建立工业区的同时，越南政府于1993年修改了土地法，造成土地补偿费飞涨，致使台厂商因无地可用，而面临停摆状态。根据越南修改后的土地法，将以50年地上物的价值征收群众土地。结果使得厂商承租土地的费用大增。据在越南的台商估计，土地补偿费与过去相比增加了约50倍。由于土地补偿费用增加，不仅台商负担不起，连越南当地政府也陷入重重困难之中。台商在河内投资开发的柴油工业区，占地40公顷，河内当局负担区内土地补偿和区外公共设施的费用约2200万美元。由于越南政府财政困难，无法负担这一费用，因而也就无法征得土地。而台商在当地的投资计划也就因土地无着而落空。台商在越南投资建立的高尔夫球场的命运也因遇同样的问题而作罢。

在越南遇到的问题，除土地涨价外，还有诸多其他困难，如劳工素质较差，政策朝令夕改，官僚主义严重，审批时间过长，以及在越南贷款、取得融资都十分困难等。

台“南向”政策中的所谓第一示范点的菲律宾苏比克湾工业区，也遇到相当的困难，致使台商私下发出“根本投资不下去”的感叹；台商在印尼开发巴淡岛的计划，也由于经济因素而未见多大的成效。

台当局的“南向”政策实施进程中的结果证明它是不明智的举措。台青创会理事长施敏龙就此事曾公开指出，经济的开放，一定会造成部分土地、劳力以及物价的成本上涨，势将严重影响厂商赴越南的投资意愿，可见投资环境并不理想。因而台舆论界提出疑问，“越南等东南亚国家是不是好的投资环境?”而台商也“不是光凭官员刻意倡导就能马上造成南向投资热的”。

现实的困难使台商投资在南亚各国资金大为下降。据台湾《经济日报》报道，1994 年第一季度，台“投审会”核准台商对外投资共 111 件，金额达 5.3 亿美元，比去年同期增加 66%，而其中对越南投资却减少 77%，对菲律宾减少 73%，对印尼投资减少 43%，对泰国投资减少 66%，对马来西亚减少 50%。

台湾当局的“南向”政策是一种主观主义的单相思。李登辉、连战利用“度假”方式与无邦交国家发展“首脑外交”、“务实外交”，并以经贸关系扩展外交关系，企图制造“两个中国”或“一中一台”。须知，这些国家都一再声明坚持“一个中国”的原则不变，与台湾只发展经贸关系。因此，台湾当局推行的“南向”政策不仅达不到政治上的预期目的，也达不到经济上的预期效果。最后吃亏的还是台湾工商界。其结果必然是“空忙一阵而告终”。

第七编

中日关系研究

文明与正义的历史记录[①]

——远东国际军事法庭对日本战犯的审判与启示

中国抗日战争和世界反法西斯战争的胜利，使得人类历史上空前惨重的战祸得到了制止，人类的文明得到了拯救，人民以巨大的牺牲换来了世界的进步与发展。在经历了过去50年的沧桑变化之后，我们中国人民同世界人民，也包括日本人民在内，一起来隆重纪念这个伟大胜利的历史节日，对人类的进步、友好、和平、合作是大有意义的。值得注意的是，正如胡乔木前几年指出的，“有些当年的侵略者和他们的同情者，在近年千方百计地企图推翻远东国际军事法庭的庄严审判，歪曲这次战争的性质，竭力粉饰和隐瞒这次战争的罪恶，美化甚至崇拜在中国进行‘三光政策’和细菌战，制造南京大屠杀和无数万人坑的战争罪犯为‘民族英雄’，力图使日本现代青年和将来的人民不知道这次战争的真相”[②]。因此，在纪念抗日战争和世界反法西斯战争胜利50周年之际，重温远东国际军事法庭对日本战犯的审判并研究其经验教训，是十分有现实意义的。

远东国际军事法庭的建立及审理

早在抗日战争后期，一些抗击德、意、日法西斯侵略的盟国对战后如何处置这些侵略国家，如何处置战争罪犯等问题，曾进行了

---

① 原载于《党史研究与教学》1995年第3期。

② 《人民日报》(海外版) 1988年6月20日。

若干协商和准备。1945年8月8日，苏、美、英、法4国在伦敦签定了关于设置国际军事法庭的协定，同时颁布了纽伦堡国际军事法庭宪章（即组织法）。与此同时，日本法西斯侵略者被打败，9月2日在投降书上签字。为审理日本战犯，1946年1月19日，东京盟军最高统帅部颁布了设置远东国际军事法庭的告令，同时也颁布了根据纽伦堡国际军事法庭宪章而制定的远东国际军事法庭组织宪章。宪章规定国际法庭有权审理三种犯罪：（甲）破坏和平罪；（乙）违反战争法规及惯例罪；（丙）违反人道罪。[①] 这三种战犯的首犯为甲级战犯。其乙级战犯、丙级战犯由被侵略国家另设法庭审理和处理。

1946年12月11日，联合国大会全体一致通过了认可纽伦堡国际军事法庭宪章和判决所体现的原则为国际法准则。而远东国际军事法庭宪章则又完全根据纽伦堡国际法庭原则所制定。因此，远东国际军事法庭宪章就成为合法的审判日本战犯的准绳。

远东国际军事法庭于1946年2月组成，其成员国为中国、苏联、美国、英国、法国、荷兰、加拿大、澳大利亚、新西兰、印度、菲律宾等11国。中国法官为梅汝璈、检察官为向哲濬、秘书为杨寿林，首席检察官为美国人季南，审判长为澳大利亚人韦伯。

远东国际军事法庭审讯日本战犯自1946年5月3日开始，至1948年11月12日结束，历时两年半。国际军事法庭对东条英机等28名日本首要（即甲级）战犯进行了审判，先后共开庭818次，记录48000余页，出庭作证的人达419名，书面作证的779名，受理证据约4300余种，判决书长达1213页。这是历史上审讯时间最长，开庭次数最多，审讯首要战犯最多，堪称人类历史上规模最大的一次国际大审判。

远东国际军事法庭的设立及其对日本首要战犯的审判，是第二次世界大战反法西斯斗争的继续，是国际和平力量在战后合作成效

---

① 魏白：《东京大审判》，黄河出版社1995年版，第124页。

的标志。虽然由于冷战格局的出现，这种合作的影响力逐渐被冲淡，历史将从这里吸取教训。但是，历史总归为历史，是任何力量也改变不了的。它对后人的启示、警戒也是永存的。

审判是对日本军国主义罪行的大揭露

远东国际军事法庭对日本28个甲级战争罪犯的审判内容和范围为：日本军部的支配情形和战争准备，日本对中国的侵略，日本对苏联、对东南亚、对太平洋地区的侵略，以及日本在发动侵略战争中违反战争法规、惯例的罪行等。其范围从1928年1月1日至1945年9月2日，将近20年之间的破坏和平罪、违反战争法规惯例罪和违反人道罪。远东国际军事法庭对日本28名甲级战犯的起诉书，列举了他们55项重大罪状，其主要罪状是：

第1项：控告全体被告“在一九二八年一月一日至一九四五年九月二日这一期间，以领导者、组织者、教唆者或同谋者的资格，参与共同计划或阴谋，欲为日本取得对东亚、太平洋、印度洋以及其接壤各国或邻近岛屿上之军事、政治、经济的控制地位，为达此目的，使日本单独或与其他国家合作，对任何一个或一个以上之反对此项目的国家从事侵略战争”①。

第3项：控告全体被告，“在同上期间，参与共同计划或阴谋，欲为日本取得对中国的整个控制地区，为达到此目的，使日本对华从事侵略战争”②。

第45项至50项：控告个别被告在南京（第45项罪状）、广州（第46项罪状）、汉口（第47项罪状）、长沙（第48项罪状）、衡阳（第49项罪状）、桂林与柳州（第50项罪状）“非法杀害已解除武装的军队和平民”③。

---

① 张效林译：《远东国际军事法庭判决书》，五十年代出版社1953年版，第4页。
② 张效林译：《远东国际军事法庭判决书》，五十年代出版社1953年版，第4页。
③ 张效林译：《远东国际军事法庭判决书》，五十年代出版社1953年版，第5页。

远东国际军事法庭对起诉书完全认可。起诉书用大量的事实揭露了日本对中国和对东南亚各国的侵略战争是早有预谋、早有计划、早有准备的，指出，从1895年的中日甲午战争起，日本在近40余年的历史中对中国就产生了侵略野心。起诉书揭露了日本军国主义者为了在日本国内制造战争准备，煽动日本国民向外扩张的心理，把教育纳入了战争的轨道。日本文部省曾经发出通令，说要"充分了解教育必须服务于政府的目的"①，规定以灌输扩张主义的《国体的主义》一书分发给所有的教师、学生及一般国民；决定成立"教育审议会"，"把战争说成了光荣的、生产的、并且是为了日本的前途所必要的东西"②。为此，日本军国主义者篡改历史，鼓吹日本是"大东亚的主人"，要"解放有色人种和主张世界的道德统一"③；同时还散布"满洲是日本的生命线，日本必须进入满洲"④等。远东国际军事法庭还揭露了日本军国主义者在1936年8月10日五相会议通过的所谓"基本国策"及其主要内容，即"日本不仅决心要掌握东亚的支配权，并且还要向南方扩充它的势力"⑤。可谓野心勃勃，不可一世，妄图霸占、奴役整个亚洲及太平洋地区。

法庭通过对日本首要战犯的起诉和审判，最后形成了一套较为完整的《远东国际军事法庭判决书》（以下简称《判决书》）。《判决书》公布了日本军国主义对中国及其对苏联、东南亚、太平洋地区发动侵略战争的罪行，是一部铁证如山的罪证录。它以大量的事实揭露了日本军国主义者为实现其独霸、奴役亚洲的狂妄野心，首先扩大对中国发动侵略战争的罪行。其中从"九一八事变"，到"七七事变"对中国的侵略，都"是在陆军本身的倡议下，计划、煽动和实行了的"⑥。判决书指出，在战争爆发前1个月，"东条中

① 张效林译：《远东国际军事法庭判决书》，五十年代出版社1953年版，第118页。
② 张效林译：《远东国际军事法庭判决书》，五十年代出版社1953年版，第86页。
③ 张效林译：《远东国际军事法庭判决书》，五十年代出版社1953年版，第86页。
④ 张效林译：《远东国际军事法庭判决书》，五十年代出版社1953年版，第59页。
⑤ 张效林译：《远东国际军事法庭判决书》，五十年代出版社1953年版，第420页。
⑥ 张效林译：《远东国际军事法庭判决书》，五十年代出版社1953年版，第279页。

将曾直接向陆军参谋本部进言，他以关东军参谋长的地位，相信进攻中国政府军队的时机业已成熟”[①]。因此，日本军国主义者作出决策：“我们的方针是彻底击灭抗日的中国，一直到它放下武器不能再起为止”[②]。可见，日本侵略者在中国犯下的种种滔天罪行，都是在“彻底击灭抗日的中国”这一反动方针下进行的。

日本帝国主义在中国所犯下的罪行罄竹难书。《判决书》除引用大量的文献资料外，还引用了许多中外证人揭露日本帝国主义侵略罪行的种种证词。

关于南京大屠杀，《判决书》是这样记载的：“1937 年 12 月初，当松井所指挥的华中派遣军接近了南京市的时候，百万居民的半数以上及全体中立国的国民——其中除少数留下来以便组织国际安全地区以外——都逃出了南京”[③]。也就是说，当时南京城内至少还有近 50 万人留下未走。1937 年 12 月 13 日早晨日军进入南京城内时，“完全没有遭遇抵抗”。前几年日本文部省说什么日本军队进城杀人是在“混乱的情况下”发生的，这完全是为法西斯侵略者开脱罪责、洗刷战争罪行编造的谎言。

据远东国际军事法庭调查后指出，“日本兵云集在市内并且犯下种种暴行”。“据目睹者之一说：日本兵完全像一群被放纵的野蛮人似地来污辱这个城市”[④]。又据目睹者说，“南京市像被捕获的饵食似地落到了日本人的手中”，“日军单独地或者以二三人为一个小集团在全市游荡，实行杀人、强奸、抢劫、放火，当时是任何纪律也没有的”；“日军毫无缘由，不分青红皂白的屠杀中国的男女小孩，终至在大街小巷都横陈着被害者的尸体”[⑤]。一些外国目睹者又证明，在日军占领南京的最初两三天内，“至少有一万二千人的非

① 张效林译：《远东国际军事法庭判决书》，五十年代出版社 1953 年版，第 339 页。
② 张效林译：《远东国际军事法庭判决书》，五十年代出版社 1953 年版，第 343 页。
③ 张效林译：《远东国际军事法庭判决书》，五十年代出版社 1953 年版，第 455 页。
④ 张效林译：《远东国际军事法庭判决书》，五十年代出版社 1953 年版，第 455 页。
⑤ 张效林译：《远东国际军事法庭判决书》，五十年代出版社 1953 年版，第 455 页。

战斗员的中国男女和儿童被害了”①。

《判决书》指出，“据后来估计，在日军占领后最初六个星期内，南京及其附近被屠杀的平民和俘虏，总数达二十万人以上”②。并说，“这种估计并不夸张，这由掩埋队及其他团体所埋尸体达十五万五千人的事就可以证明了”的。根据这些团体的报告，《判决书》指出，“这个数字还没有将被日军所烧弃了的尸体、投入长江、或以其他方法处分的人们计算在内”（1946年2月中国南京军事法庭查证：日军集体大屠杀28案19万人，日军零散屠杀858案15万人，合计34万余人。1985年出版的《侵华日军南京大屠杀史料》及军事科学院编著的《日本侵略者在中国的暴行》二书，都再次提供了大量确凿的人证、物证资料及被屠杀者30余万人的统计数字)。

灭绝人性的日本侵略者在占领南京之后，肆无忌惮地杀人、放火并在光天化日之下奸淫虐杀中国妇女。《判决书》指出，日军在南京制造的“强奸事件很多”，“全城中无论幼年的少女或老年的妇人，多数都被奸污了”，“许多妇女在被强奸后杀掉，还将他们的躯体加以斩断”③。残暴之程度始为人类文明史上之罕见。

《判决书》还揭露：“日本兵向老百姓抢劫他们所想要的任何东西”。“在日本兵抢劫了店铺和仓库以后，经常是放一把火烧掉它。最重要的商店街的太平路被火烧掉，并且市内的商业区一块一块的，一个接着一个的被烧掉了”。而且还“毫无一点理由的就把平民的住宅也烧掉”。《判决书》最后得出结论说，“这类的放火在数天以后，就像按照预定的计划似的继续了六个礼拜之久。因此，全市三分之一都被毁了”④。

据巴兹博士在东京审判作证时说，“南京失陷后，在两礼拜到

① 张效林译：《远东国际军事法庭判决书》，五十年代出版社1953年版，第455页。
② 张效林译：《远东国际军事法庭判决书》，五十年代出版社1953年版，第457页。
③ 张效林译：《远东国际军事法庭判决书》，五十年代出版社1953年版，第456页。
④ 张效林译：《远东国际军事法庭判决书》，五十年代出版社1953年版，第456页。

三礼拜的期间恐怖达于极点，从第六礼拜到第七礼拜的期间恐怖是严重的"[①]。又据南京当时成立的国际安全地区委员会干事麦斯之作证说，"在最初的六个礼拜中，曾每天提出两次抗议"[②]。由此可见，这种抗议根本不起作用，日本侵略者的暴行到了十分放肆和疯狂的程度。

远东国际军事法庭的起诉书和判决书，所依据的都是日本御前会议记录、内阁会议记录、五相会议记录；伪"满洲国"的秘密文件，纳粹德国外交部文件，以及历史当事人如伪"满洲国"溥仪等千余名证人的证词。这些材料是最有权威性的、最直接的罪行记录。这些记录正如《判决书》中引用日本的盟友德国驻南京大使馆给德国外交部的报告材料中写的："这不是个人的而是整个陆军，即日军本身的残暴和犯罪行为"，并认为日军是"兽类的集团"[③]。德国法西斯在屠杀犹太人和欧洲各国人民方面就够残酷的了，而在他们眼中的日军则比他们更为残暴、凶狠和更无人性。

日本帝国主义者在侵占上海、广州、汉口、长沙等地后也同南京一样对中国人民实行残暴的烧杀淫掠。《判决书》指出，"上海附近的许多居民，也和南京及其他华北地方的居民一样遭到了相同的杀害"[④]。苏州是 1937 年 11 月被日军侵占的，"在日军进攻中，未能避开的许多居民，都被杀死了"。在广东，日本侵略者"任性的对中国平民加以屠杀，不管老幼男女，都用刺刀刺死"。日军竟一次"屠杀了六百余名中国人"[⑤]。在广东台山县，日军"烧掉了五百五十家店铺，杀死了七百名以上的中国平民"[⑥]。日军在占领长沙、桂林等地后也同样进行了屠杀、抢劫，仅在桂林，"日军编组了放

---

① 张效林译：《远东国际军事法庭判决书》，五十年代出版社 1953 年版，第 457 页。
② 张效林译：《远东国际军事法庭判决书》，五十年代出版社 1953 年版，第 457 页。
③ 张效林译：《远东国际军事法庭判决书》，五十年代出版社 1953 年版，第 456 页。
④ 张效林译：《远东国际军事法庭判决书》，五十年代出版社 1953 年版，第 459 页。
⑤ 张效林译：《远东国际军事法庭判决书》，五十年代出版社 1953 年版，第 460 页。
⑥ 张效林译：《远东国际军事法庭判决书》，五十年代出版社 1953 年版，第 460 页。

火班，将桂林整个商业区的建筑物放火烧毁”[1]。

日本帝国主义者在侵略中国的战争中所犯下的种种罪行，给中国人民带来了史无前例的大灾难，使我庐舍变成废墟，田园化为焦土，无人区、万人坑到处可见。他们施行的杀光、烧光、抢光的“三光”政策遍及整个中国沦陷区，使2000多万无辜的中华儿女为之丧生，上千亿元的财产遭到毁灭。日本侵略军的野蛮、残暴是世界一切侵略战争史上所罕见的。据日本侵略军士兵归国后反省时说，“如果将参加过战争的军人一一加以调查，大概全是杀人、强盗、强奸的犯人”[2]。

历史的宣判和历史的警示

日本侵略者为什么能这样肆无忌惮地、疯狂地大肆屠杀和抢劫中国平民呢？远东国际军事法庭的判决书作了说明，《判决书》指出，“屠杀是依照命令实行的”，并且“是由高级将领所命令的；许多时候，军官实际上在执行时还监视、指挥和进行了实际的杀害”[3]。这就是经过大量调查以后得出的结论。

在远东国际军事法庭开庭审判期间，当年在南京大屠杀时的幸存者伍长德老人带着伤疤于1946年出庭作证，他无情地控诉了日本侵略者屠杀中国人民的滔天罪行。在大量铁一般的事实面前，日本战犯不得不在法庭上低下了头，远东国际军事法庭对这一群灭绝人性的战犯进行了庄严的宣判。判处荒木贞夫、桥本欣五郎、烟俊六等16人为无期徒刑；判处土肥原贤二、广田弘毅、板垣征四郎、木村兵太郎、东条英机、松井石根、武藤章（后2人为南京大屠杀指挥者）等7人为绞刑；判处东乡茂德20年有期徒刑等。

这是历史的审判，是正义、民主、和平、自由对侵略、野蛮、

① 张效林译：《远东国际军事法庭判决书》，五十年代出版社1953年版，第461页。

② 张效林译：《远东国际军事法庭判决书》，五十年代出版社1953年版，第461页。

③ 张效林译：《远东国际军事法庭判决书》，五十年代出版社1953年版，第474页。

法西斯的判决。远东国际军事法庭对日本28名甲级战犯的审判，从起诉、审讯、到宣判，都是以发动侵略战争，并在侵略战争中犯下的种种罪行为依据而进行的。

当年担任远东国际军事法庭检察官、现任上海财经学院教授（已退休）的向哲濬，当年任中国法官秘书、现任上海外语教育出版社副总编辑（已退休）的杨寿林对此很有感慨地指出，“日本军国主义分子曾对中国人民犯下滔天大罪”，对他们的判决是完全正确的，“这是真实的历史；是举世公认的历史；是任何人都无法否认、篡改的历史”[①]。

远东国际军事法庭对日本战犯的审判，具有重大的历史和现实的意义，它留给了后人许多重要的警示：第一，它确定了侵略战争是犯罪的。根据国际军事法庭的判决，侵略战争“不仅是一个国际性犯罪，它是最大的国际性犯罪。”它与其他犯罪的区别，“仅在于它里面聚积了全部罪恶”[②]。对犯罪，国际法庭不仅确定了发动及执行侵略战争是犯罪的，而且还确定了凡计划和准备侵略战争也是犯罪的，其领导、指挥侵略战争的成员应负刑事责任。因此，这就警戒了侵略战争的预谋继起者，宣告了正义与和平任何时候都不允许破坏；第二，确定了违反人道罪，即将“战时或战前对于非武装人民的屠杀、灭种、奴役、放逐，以及其他不人道的行为，或基于政治的人种的或宗教的理由而施行的虐害”，规定为战争犯罪[③]，对于这些犯罪行为，都应受到国际正义的裁判；第三，国际联合、合作，是制裁战争犯罪，维护和平与正义的有力武器。从纽伦堡国际军事法庭对德国战犯的审判，到东京远东国际军事法庭对日本战犯的审判，都是第二次世界反法西斯战争和中国抗日战争胜利的记录。中国抗日战争是在国际反法西斯战争中取得胜利的，最后对于日本战犯的惩治，也是在国际合作的情况下得以实行的。因此，国

① 笔者对杨寿林的访问笔记。

② 张效林译：《远东国际军事法庭判决书》，五十年代出版社1953年版，第2页。

③ 张效林译：《远东国际军事法庭判决书》，五十年代出版社1953年版，第2页。

际间的平等合作、和平的维护，是人类正义事业发展的可靠保障。这一合作什么时候遭到干扰、破坏，世界和平与经济的发展就有可能遭受破坏。

但是我们也应当看到，远东国际军事法庭系由美国起主导作用，对日本首要战争罪犯作出了正义的判决，符合人们的要求。但法庭又从美国的利益出发，袒护了一些日本战犯，以致未能对他们作出应有的公正的判决，给历史留下了阴影和教训。更为严重的是，法庭未对日本侵略者在中国犯下的灭绝人性的化学战、细菌战，即臭名昭著的731部队及其分支机构1644部队，在中国制造的严重罪行未作任何起诉和审判。1946年4月一位原日本1644部队士兵在反省后写了一份《日军罪行证明书》向远东国际检察局提出证明，检察局特地派美国法官莫罗与中国检察官向哲濬一起到中国作实地调查，收集到了大量的日本在中国实施细菌战的罪证。但最终还是未向国际法庭提出起诉。其阻力在什么地方呢？主要是“美国参谋长联席会议指示盟军最高统帅部采取免究的方针”[①]。美国常以人权卫道者的面目指责别国的所谓“不人道”，而对日本军国主义的最大不人道的细菌战，为何默不作声，并且加以袒护呢？日本731部队仅在中国东北一地就对3000多名中国人和其他国家的俘虏进行鼠疫、霍乱菌等细菌感染实验、活体解剖以及在中国战场上实施细菌战。在浙江省的金华、温州、宁波以及广东的一些地方，日军散布了大量的霍乱、伤寒、鼠疫、赤痢等传染细菌，使中国成千上万的人民丧生、致残，并留下了长期的后患，对于日本侵略者这一严重罪行不公正、不体面的袒护，引起了世界舆论的指责。在1983年东京审判问题国际讨论会上，不少专家学者，如日本的粟屋宪太郎、荷兰的B. V. A. 雷林克（原远东国际军事法庭荷兰法官）等都对此提出批评和质问。

对于东京远东国际军事法庭审判中存在的问题，中国人民和中

---

① 粟屋宪太郎：《东京审判秘史》，世界知识出版社1987年版，第27页。

国共产党早已表明了态度和看法。1948 年 11 月 20 日，延安权威方面就十分明确地、严肃地指出，“对于这次审判的结果是绝对不满意的”[①]。但从大的方面看，远东国际军事法庭的判决，是中国、亚洲、太平洋地区人民反抗日本帝国主义侵略者的胜利记录。它洗雪了中国自 19 世纪 40 年代以来不断受外邦侵略的耻辱，给后人留下了一份珍贵的历史遗产。前事不忘，后事之师。中日两国人民都是侵略战争的受害者。我们应共同总结历史经验教训，为加强中日友好，以及中国与世界各国的友好、合作而努力。

① 《东北日报》1948 年 11 月 21 日。

抗日战争胜利的历史记录[①]

——东京审判及其价值

抗日战争和世界反法西斯战争的胜利，是人类历史上正义战胜邪恶、文明战胜野蛮、和平战胜侵略的伟大胜利。远东国际军事法庭对日本战犯的审判则是这一伟大胜利的历史记录。经受惨重战祸牺牲的中国人民和世界人民，也包括日本人民在内，一起隆重纪念这个伟大胜利的60周年纪念日，总结经验，反思教训，开拓未来，是有其深远的历史与现实意义的。

从纽伦堡到东京

审判战争罪犯是对发动战争、破坏人类文明者的历史的、法律的定位，同时也是正义的胜利者的历史定位。因此，在第二次世界大战期间，同盟国对德、意、日等轴心国战犯的审判问题多次进行了协商。1943 年在英国伦敦成立了包括中国在内的 12 国参加的“战罪调查委员会”。1943 年 11 月 1 日苏、美、英三国莫斯科会议发表了“关于暴行的宣言”，重申战犯必须严惩，以“法律去审判治罪”，强调应该由同盟国共同组织的国际法庭审判。

1945 年 5 月德国投降。同年 7 月 17 日，英、美、苏三国举行柏林会议，签订了著名的“波茨坦议定书” （亦称“波茨坦协定”），规定“认为尽速开始审判此等主要战犯乃极其重要之事”[②]。

---

① 原载于《安徽师范大学学报》（哲学社会科学版）2005 年第 4 期，后收入《民族的觉醒·历史的转折》（下），新华出版社 2005 年版。

② 到 1945 年底，参加四国协定的还有澳大利亚、比利时、捷克、丹麦、埃塞俄比亚、希腊、海地、洪都拉斯、印度、卢森堡、荷兰、新西兰、挪威、巴拿马、巴拉圭、波兰、乌拉圭、委内瑞拉、南斯拉夫。

据此，英美苏法四国代表在伦敦召开会议，讨论组织国际法庭审判纳粹主要战犯问题，并于1945年8月8日签订了关于设立国际军事法庭的四国协定和作为协定附件的纽伦堡国际军事法庭宪章。宪章规定了法庭的组织、职权和审判程序的基本原则。经过两个月的筹备，法庭组织工作结束，纽伦堡国际军事法庭于1945年10月18日接受了对戈林、赫斯等22名首要纳粹战犯的起诉，并于10月20日开始审判。

远东国际军事法庭是根据一系列国际文件，即“波茨坦协定”、“日本投降文书”、莫斯科外长会议的决议等设立的。波茨坦协定规定，“欺骗及错误领导日本人民使其妄欲征服世界者之威胁及势力，必须永远剔除；盖我人坚持非将不负责之黩武主义驱出世界，则和平及正义之新秩序势不可能”。同时指出“吾人无意奴役日本民族或消灭其国家，但对于战犯，包括虐待吾人俘虏者在内，将处以严厉之法律制裁”①。1945年12月在莫斯科召开的苏、美、英三国外长会议通过决议规定“盟国驻日最高统帅应采取一切必要措施，以使日本投降及占领和管制日本各条款一一实现”。莫斯科外长会议决议，中国政府也表示同意。因而成为对日作战及惩治战犯的四大同盟国的一致决议。

根据莫斯科外长会议决议，远东盟国最高统帅（麦克阿瑟）经过同受降各盟国的外交磋商，于1946年1月19日颁布“设置远东国际军事法庭的特别通告”。其通告之主要点为：“由于美国及其同盟共同反抗轴心国所进行非法侵略战争的各国曾多次发表宣言，申明它们决意对战争罪犯要加以法律制裁”，以“作为日本投降条件之一”。因而决定以下各条：

第一条：设立远东国际军事法庭，负责审判被控以个人身份或团体成员身份，或同时以个人身份兼团体成员身份，犯有任何足以构成破坏和平之罪行者。

① 《国际条约集（1945—1947年）》，世界知识出版社1957年版，第77－78页。

第二条：法庭的组织、管辖权和职权详载于本日经我核准的“远东国际军事法庭宪章”中。

第三条：本命令丝毫不妨碍为审判战犯而在日本或在某一与日本处于战争状态的联合国家内任何地区所建立或必须建立的任何国际法庭、国内法庭、占领区法庭或委员会或其他法庭之管辖权①。依据纽伦堡国际军事法庭宪章而制定的远东国际军事法庭组织宪章，有权审理三种战犯罪犯：（甲）破坏和平罪；（乙）违反战争法规及惯例罪；（丙）违反人道罪②。这三种战犯首犯统称甲级战犯。甲级战犯是远东国际军事法庭审理的对象。其乙级战犯、丙级战犯则由各被侵略国政府组织法庭审理。

1946 年 2 月远东国际军事法庭正式组建，各国提名后由盟军最高统帅部任命 11 名远东国际军事法庭法官和 11 名检察官，即中国、美国、英国、苏联、澳大利亚、加拿大、法国、新西兰、荷兰、印度、菲律宾 11 国，各国 1 名。盟军最高统帅部国际检察局是远东国际军事法庭的起诉机关，代表 11 个起诉国家担任原告。中国法官为梅汝璈，中国检察官为向哲濬。首席检察官为美国人季南，审判长为澳大利亚人韦伯。

1946 年 12 月 11 日，联合国大会一致通过了认可纽伦堡国际军事法庭宪章和判决所体现的原理为国际法准则。而远东国际军事法庭宪章则又完全依据纽伦堡国际法庭宪章原则所制定。因此，远东国际军事法庭宪章就成为合法的审判日本战犯的准绳。

国际检察局依据各国报提的甲级战犯名单，立即予以逮捕，经审理，最后确定 28 名甲级战犯的审判名单。审判工作于 1946 年 5 月 3 日开始。

---

① 梅汝璈：《远东国际军事法庭》，法律出版社 1988 年版，第 31 页。

② 张效林译：《远东国际军事法庭判决书》，五十年代出版社 1953 年版，第 3 页。

从起诉到审判

罪证是起诉的内容，也是审判的主要依据。在东京审判过程中，由于国民党政府的腐败和忙于发动内战，没有收集充分的人证、物证材料。如国民党政府军事部次长秦德纯在法庭上只会说日军在中国“杀人放火、无恶不作”的空洞话，拿不出实际证据。中国组成的法官、检察官队伍整齐。敬业精神、民族自尊精神和爱国精神极强。他们是：中国法官梅汝璈博士，当时系国民政府立法委员兼外交委员会主席。东京审判结束后，国民党政府任命他为司法部长，他毅然拒绝到任，并冒险从香港回到北京参加新中国建设。由于他的爱国精神而受到党和国家领导人的高度称赞，周恩来总理赞扬说：“他为人民办了一件大好事，为国增了光”[①]。中国检察官向哲濬，当时系上海特区法院首席检察官。东京审判后，国民党政府任命他为最高检察长，他也拒绝到任。还有检察官首席顾问倪征燠、中国法官秘书杨寿林及其鄂霖、桂裕、裘绍恒等。他们当时多数人只是以民族的独立、尊严、爱国为准绳刻苦工作，收集大量的日本侵略者在中国犯下的滔天罪行，严厉的制裁了日本侵略者。

在起诉、审判进程中，一些国家、甚至是日本战犯，总想轻视、欺负中国。中国法官们坚决维护民族尊严。在法官的座位排序上，有些国家的法官总想压中国。中国法官据理力争，提出座位排序应参考两个原则，一是参加雅尔塔会议和波茨坦会议的国家为先；二是参照日本投降书上各受降国签字顺序为准。中国法官的合理合情意见无可争辩，受到尊重。因而座位排序是美、中、英、苏、加、法、澳、荷兰、新、印度、菲律宾。

为了伸张正义，严惩日本战犯，中国的检察官们千方百计、日夜不停的收集、查阅各种资料、文件、档案，访问各类证人。为了

① 梅汝璈：《远东国际军事法庭》，法律出版社 1988 年版，第 5 页。

收集南京大屠杀有力证据，他们还说服国际法庭首席检察官季南（美国人）借调一架盟军总部的专用飞机，在中国检察官向哲濬的陪同下率领六七名检察人员来中国实地调查取证。他们访问了不少官方机构、中外慈善团体，收集了大量有关南京大屠杀的证据和统计数字。也访问了一些亲历目睹的中外人士及其受害者，取得了许多第一手可贵资料书面证言，并预约了十多位证人到东京法庭去出庭作证。同时对1937年卢沟桥事变中日军队谁首先开火的问题，也做了一些调查、取证，预约了几位关键人物（如当时的宛平县县长、第29军副军长兼北平市长）去东京出庭作证。他们的努力在法庭审判中起到了非常重要的作用。

盟军国际检察局送交远东国际军事法庭的起诉书，控告日本对中国、苏联、东南亚、对太平洋地区的侵略，以及在发动侵略战争中违反战争法规等罪行，其范围从1928年1月1日至1945年9月2日，将近20年之间的破坏和平罪，违反战争法规、惯例罪和违反人道罪。起诉书控告日本战犯55项罪状。其主要点为：

第1项，控告全体被告在“一九二八年一月一日至一九四五年九月二日这一时期，以领导者、组织者、教唆者或同谋者的资格，参与共同计划或阴谋，欲为日本取得对东亚、太平洋、印度洋以及其接壤各国或邻近岛屿上之军事、政治、经济的控制地位，为达此目的，使日本单独或与其他国家合作，对任何一个或一个以上之反对此项目的国家从事侵略战争”①。

第3项，控告全体被告，“在同上期间，参与共同计划或阴谋，欲为日本取得对中国的整个控制地区，为达此目的，使日本对华从事侵略战争”②。

第45项至50项，控告个别被告在南京、广州、汉口、长沙、衡阳、桂林、柳州等地“非法杀害已解除武装的军队和平民”③。

---

① 张效林译：《远东国际军事法庭判决书》，五十年代出版社1953年版，第3－4页。
② 张效林译：《远东国际军事法庭判决书》，五十年代出版社1953年版，第4页。
③ 张效林译：《远东国际军事法庭判决书》，五十年代出版社1953年版，第5页。

起诉书是在检察官收集大量日本侵略罪证基础上形成的，其特点是：第一，内容翔实。起诉书用大量的文献资料，实证揭露了日本对中国、对东南亚等国家的侵略战争的罪状55项，项项带血带肉，是其无可争辩的铁证。第二，揭露深刻。起诉书用大量文献资料揭露日本军国主义者发动侵略战争是早有预谋、早有计划、早有准备。指出，从1895年中日甲午战争起，日本在近40年的历史中对中国就产生了侵略野心。尤其是揭露了日本政府为发动侵略战争在国内灌输奴役亚洲其他国家的教育，使其为侵略战争服务。日本文部省曾发出通令，说要“充分了解教育必须服务于政府的目的”，为此，把扩张主义的《国体的主义》一书发给所有的教师、学生及一般国民，并成立“教育审议会”，把侵略战争说成是“光荣的、生产的，并且是为了日本的前途所必需的东西”[①]。1936年8月日本五相会议通过的所谓“基本国策”，即“日本不仅决心要掌握东亚的支配权，并且还要向南方扩充它的势力”。一针见血的揭露了日本军国主义者侵略、奴役亚洲及太平洋地区勃勃野心。第三，定性准确。起诉书指出，日本军国主义者所发动的战争是“侵略战争”，是“杀人战争”，而非“大东亚的主人”，更不是要“解放有色人种和主张世界的道德统一”[②]。起诉书的定性准确，为法庭审判奠定了基础。

法庭审判，是对日本战犯判决的关键。中国法官们为取得有利地位，不仅要有铁证，而且也要有斗争策略和坚定的原则立场。由于审判使用的是西方法律，中国法官们还要研究、运用美、英等国法律使其在法庭上立于有利地位。为了防范日本侍者的窃听，中国法官、检察官们在互相交谈中，对受审的日本战犯分别编号，并冠以“绰号”。为了准确惩治战犯，中国法官还主动与首席检察官季南协商，把原由菲律宾检察官审理的板垣征四郎，争取到由中国检

---

① 张效林译：《远东国际军事法庭判决书》，五十年代出版社1953年版，第118页。

② 张效林译：《远东国际军事法庭判决书》，五十年代出版社1953年版，第72页。

察官审理。在审讯板垣征四郎时，为他出庭辩护的律师和证人多达15人，并准备了大量的材料，企图为板垣征四郎开脱罪责。在中国法官的据理驳斥下，板垣征四郎得到了应有的惩治。

板垣征四郎是发动“九一八”事变的罪魁祸首。法庭上他的第一个证人是“九一八”当天晚上指挥日军的联队长岛本。他胡说他没接到进攻的命令，当天晚上他在朋友家喝酒、喝醉了，回到家后才知道“九一八”事变发生的报告。中国检察官当即指出，“一个糊涂的酒鬼能证明什么？又怎能出庭作证人？”这句有力的发问，使岛本傻了眼，法庭当即决定驱除岛本出法庭。板垣征四郎任日本陆相时的次官山胁又说什么板垣征四郎如何整治军队，如何主张撤退在华日军以结束战争等。中国检察官首席顾问倪征燠问他：“你身为次官，所办之事想必都是陆相认可的了”？山胁说“是”，倪征燠又问：“那么1939年2月，山胁次官签发的《限制自支那返日军人言论》的命令，也是按照板垣征四郎的意旨承办的吧！”山胁回答说“是”。倪征燠当即指出：“这个文件中列举了回国日军对亲友谈话的内容，如‘作战军队，经侦查后，无一不犯杀人，强盗或强奸罪’；‘强奸后，或者给予金钱遣去，或者杀之灭口’；‘有时候将中国战俘排列到成行，然后用机枪扫射之，以测验军火之效力’等，都反映了日军在侵华战争中所犯罪行的实况。日本陆军省怕这些谈话在群众中广泛传播，暴露其罪恶，才下达了《限制自支那返日军人言论》的命令。这个命令“本身正说明板垣征四郎等所犯罪行是确凿无疑的”[①]。

中国检察官、法官们的不畏艰险，并运用自己精通的法律知识和斗争策略，剥去了战犯们的伪装和为战犯开脱罪行的不义之举，取得了其他国家法官们的赞同。

远东国际军事法庭对东条英机等28名（实际审判25名，因1人死亡、2人装疯免予起诉）战犯的审判，从1946年5月3日开

① 魏白：《东京大审判》，黄河出版社1995年版，第262页。

始，至1948年11月12日结束，历时两年半。先后开庭818次，记录48000页，出庭作证人达419名，书面作证人779名，受理证据约4300余件。起诉书宣读2天，判决书长达1213页，宣读了8天之久。判决荒木贞夫、桥本欣五郎、烟俊六等16人为无期徒刑；判决土肥原贤二、广田弘毅、板垣征四郎、木村兵太郎、东条英机、松井石根、武藤章（后2人为南京大屠杀指挥者）等7人为绞刑；判决东乡茂德20年有期徒刑等。

东京审判，是历史上审判时间最长，开庭次数最多，审讯首要战犯最多，堪称人类历史上规模最大的一次国际大审判；是国际和平力量在战后合作的标志。此后虽受冷战格局的影响，这种合作的影响力逐渐被冲淡，但历史将从这里吸取教训，它将永远为人类所称赞。

日本侵略者在中国犯下的罪行罄竹难书。《远东国际军事法庭判决书》（以下简称《判决书》），除引用了大量文献资料外，还引用了许多中外证人揭露日本军国主义者在中国的种种罪行。

关于南京大屠杀，《判决书》载明，“1937年12月初，当松井所指挥的华中派遣军接近了南京市的时候，百万居民的半数以上及全体中立国的国民——其中除少数留下来以便组织国际安全地区以外——都逃出了南京”。也就是说，当时南京城内至少还有近50万人留下未走。同年12月13日早晨日军进入南京城内时，在“完全没有遭遇抵抗”的情况下。“日军单独的或者以二、三人为一个小集团在全市游荡，实行杀人、强奸、抢劫、放火”，“不分青红皂白的屠杀中国人的男女和小孩，终至在大街小巷都横陈着被害者的尸体”。《判决书》指出，“据后来估计，在日军占领最初六个星期内，南京及其附近被屠杀的平民和俘虏，总数达二十万人以上”。“这个数字还没有将被日军所烧弃了的尸体、投入长江或以其他方法处分的人计算在内”[①]。据1946年2月中国南京军事法庭查证，日军集

① 张效林译：《远东国际军事法庭判决书》，五十年代出版社1953年版，第455页。

体大屠杀28案19万人，日军零散屠杀858案15万人，合计34万余人。1985年出版的《侵华日本南京大屠杀史料》及军事科学院编著的《日本侵略者在中国的暴行》两书，都再次提供了大量确凿的人证、物证资料及被屠杀者达30余万人的统计数字。

《判决书》对日本侵略者在南京强奸妇女罪行作了深刻揭露，指出在“全城中无论幼年的少女或者老年的妇人，多数都被奸污了”，“许多妇女在被强奸后杀掉，还将他们的躯体加以斩断”。强暴之程度始为人类文明史上罕见。不仅如此，《判决书》还揭露日军“向老百姓抢劫他们所想要的任何东西”。“在日本兵抢劫了店铺和仓库以后，经常是放一把火烧掉它。最重要的商店街太平路放火烧掉，并且市内的商业区一块一块的，一个接着一个的被烧掉了”。而且还“毫无理由的就把平民的住宅也烧掉”。《判决书》的结论是：“这类的放火在数天以后，就像按照预定的计划似的继续了六个礼拜之久。因此，全市三分之一都被毁了”①。

除南京外，《判决书》对日军在中国上海、广州、汉口、长沙、桂林等地的暴行也作了深刻揭露，指出，“上海附近的许多居民，也和南京及其他华北地方的居民一样遭到了相同的杀害”。在广东，日本侵略者“任性的对中国平民加以屠杀，不管老幼男女，都用刺刀刺死”。日军一次竟“屠杀了六百余名中国人”。在广东台山县，日军“烧掉了五百五十家店铺，杀死了七百名以上的中国平民”。在长沙、桂林等地都进行了大屠杀、火烧、大抢，“日军编组了放火班，将桂林整个商业区的建筑物放火烧毁”。野蛮、残忍如同“兽类的集团”②。

日本侵略者对中国人民所犯下的滔天罪行，带来的史无前例的灾难，罄竹难书，难以弥补。使我庐舍变成废墟，田园化为焦土，无人区，万人坑到处可见。他们实行的杀光、烧光、抢光的“三光

① 张效林译：《远东国际军事法庭判决书》，五十年代出版社1953年版，第455页。

② 张效林译：《远东国际军事法庭判决书》，五十年代出版社1953年版，第455页。

政策”遍及整个中国沦陷区，使2000多万无辜的中华儿女为之丧生，上千亿元的财产遭到毁灭。日本侵略者的野蛮、残暴是世界侵略战争史上所罕见的。据日本侵略军士兵归国后反省时所说：“如果将参加过战争的军人一一加以调查，大概全是杀人、强盗、强奸的犯人”①。

从历史到现实

东京审判，是对日本侵略者的正义制裁，是中国抗日战争和第二次世界反法西斯战争胜利的最终标志，是维护世界和亚太地区和平与稳定的历史基础。它向世界宣示，任何妄图发动侵略战争、欺凌、奴役别国人民的军国主义者都将受到国际和平力量和国际法律的无情制裁。远东国际军事法庭的判决是客观的、公正的，具有极大的国际权威性。它的公平、客观的判决不容挑战，它的国际性权威不容挑战。尽管在东京审判中，由于正处于冷战即将到来之际，美国从其自身国际战略格局考虑，在很多方面偏袒日本战犯，如不起诉日本天皇，不起诉日本财阀，不惩办在中国制造的化学细菌战战犯并单方面释放了未审判的17名甲级战犯等。这是东京审判的严重错误。正是由于美国的偏袒和扶植，使日本右翼势力逐渐壮大、发展。

否定东京审判是日本在20世纪80年代中期后出现的反动思潮。这种思潮随着日本经济的发展，经济大国地位的确立而日趋严重。正如日本历史学家粟屋宪太郎所说的：“近年来在日本讨论东京审判时，仍旧严重存在着……主张全盘否定审判”，“要把东京审判这个处于战后日本起点的‘耻辱’洗清，这种情感与日俱增”②。否定东京审判主要集中在两点上，即第一，否定日本对中国和东南亚各

① 张效林译：《远东国际军事法庭判决书》，五十年代出版社1953年版，第455页。
② 粟屋宪太郎：《东京审判秘史书》，世界知识出版社1987年版，第5页。

国的战争为侵略战争，而把它歪曲为“解放战争”，日本“进军”目的是“将这些国家和人民从欧美殖民主义者手中解放出来的解放战争”①；第二，否定南京大屠杀，胡说什么这都是“中国人编造的”，只是日军“占领南京，平民也有不少伤亡”，“东京审判认定了日军1937年占领南京杀害了不少中国平民，这个事件的资料实际上疑点很多，对此还有各种各样的见解，到今天还在争论不休”②。日本右翼势力，多次修改在20世纪50年代依据“东京审判”确定的基调编写的中学教科书；参拜“靖国神社”。不仅一般右翼参拜，而且一些国会议员、甚至首相也多次参拜。把侵略中国与东南亚国家，满手沾满中国人民鲜血的，并在东京审判处死刑的甲级战犯当作日本的神灵供奉，五体参拜。参拜就是敬仰、崇拜，就是与中国人民与亚洲人民为敌。

日本右翼势力否定“东京审判”的法定权威，其目的就是妄图推翻远东国际军事法庭对日本战犯的审判，对日本侵略者罪行性质的认定。这不能不引起中国人民和亚洲各国人民的疑虑与不安。历史就是历史，中国人民不想与日本纠缠历史旧账，只想向前看，着眼现在与未来。但是历史又是现在与未来的基础，不承认历史，甚至歪曲历史、否定历史，妄图推翻历史的结论，其目的性何在？这是任何国家和人民都必须认真思考的现实问题。正如胡乔木指出的：“日本投降前后在日本发生的种种事件，都早已过去，我们很不愿意重提。只是事与愿违，现在日本确有一些人正在故意装作忘却和妄图改变这些不可忘却、不可改变的历史事实。有些人歌颂这次侵略战争和发动侵略战争的罪犯，有些人正在制造否定东京审判的舆论。这些动向，理所当然地引起日本爱好和平的广大人民的不安，也理所当然引起曾经遭受日本侵略的中国和亚洲其他国家和地区的不安”③。邓小平早在20世纪80年就曾告诫国人，要“警惕日

① 《环球时报》2004年9月6日。

② 《环球时报》2005年1月10日。

③ 《胡乔木文集》第2卷，人民出版社1994年版，第241页。

本极少数人复活军国主义”，他指出：“如果中日关系有点问题，那就是中国人民担心日本有很少一部分人，其中可能有的是有政治影响的人，存在复活军国主义的倾向。我们只担心这么一点”①。这“一点”就是日本右翼势力直到今天，对造成中国军民至少2000万伤亡的罪恶毫无反省忏悔之意的再次表现和日后的发展趋势的说明。在纪念中国抗日战争胜利和世界反法西斯战争胜利60周年的今天，我们总结这段历史，牢记远东国际军事法庭的庄严宣判，警惕一切妄图否定，推翻东京审判的企图。就是“有些当年的侵略者和他们的同情者，在近年千方百计地企图推翻远东国际军事法庭的庄严审判，歪曲这次战争的性质，竭力粉饰和隐瞒这次战争的罪恶，美化甚至崇拜在中国进行‘三光政策’和细菌战，制造南京大屠杀和无数万人坑的战争罪犯为‘民族英雄’，力图使日本现代青年和将来的人民不知道这次战争的真相”②。中日两国人民世代友好，永不再战；日本必须尊重历史，忏悔罪行，永不翻案。这是历史与现实的必然结论。

① 《邓小平文选》第3卷，人民出版社1993年版，第230页。

② 胡乔木：《历史的教训》，《人民日报》（海外版），1988年6月20日。

“东京审判”不容否定[①]

今年是抗日战争胜利50周年。对于50年前日本军国主义者发动的那场战争历史早已作出了结论，而这个结论又集中记录在远东国际军事法庭对日本主要战争罪犯进行审判的《远东国际军事法庭判决书》（以下简称《判决书》）中。

世界反法西斯战争胜利后，组建了两个国际军事法庭。对德国、日本主要战争罪犯进行审判。审判德国主要战犯的是纽伦堡国际军事法庭；审判日本主要战犯的是远东国际军事法庭。远东国际军事法庭于1946年2月由中国、苏联、美国、英国、法国、荷兰、加拿大、澳大利亚、新西兰、印度和菲律宾11国组成，审判地点设在东京，故又称“东京审判”。

“东京审判”，主要审讯、判决东条英机等28名主要战争罪犯，即甲级战犯（乙级和丙级战犯由各战胜国审判），审判从1946年5月3日开始，至1948年11月12日结束，历时2年半；开庭818次，记录48000余页，出庭作证419人，书面作证779人，受理证据约4300余件，《判决书》长达1213页，宣读《判决书》达8天之久。这是历史上审判时间最长、开庭次数最多、审判主要战犯最多（纽伦堡国际军事法庭审判德国主要战犯22人），堪称人类历史上规模最大的一次国际大审判。

远东国际军事法庭收集了大量日本军国主义者的罪行，特别是日本的御前会议记录、内阁会议记录、五相会议记录，以及伪“满

---

① 原载于《光明日报》1995年8月28日。

洲国”秘密文件、纳粹德国外交部文件和参加者如伪“满洲国”溥仪等千余证人的证词。这些都是最有权威、最有价值的铁证资料。国际军事法庭认定，日本帝国主义发动的战争是有预谋、有计划的侵略战争，并在战争中犯下了滔天罪行。在审理日本发动的侵略战争中，特别突出了日本对中国发动的侵略战争，尤其是在中国实行的“杀光、烧光、抢光”的“三光政策”，以及震惊世界的“南京大屠杀”罪行。《判决书》明确指出，日本在中国的罪行，都是遵循“彻底击灭抗日的中国”这一方针进行的。《判决书》在谈到“南京大屠杀”时指出，“日军毫无缘由，不分青红皂白地屠杀中国的男女小孩，终至在大街小巷都横陈着被害者的尸体”。对于这一野蛮暴行，《判决书》又指出，“据后来估计，在日军占领后的最初六个星期内，南京及其附近被屠杀的平民和俘虏，总数达二十万人以上。”而“这个数字还没有将日军烧弃了的尸体、投入长江，或以其他方法处分的人们计算在内。”日军在中国强奸妇女更是惨无人道，《判决书》指出，仅南京一地，“全城中无论幼年的少女或老年的妇人，多数都被奸污了”，“许多妇女在强奸后被杀，还将她们的躯体加以斩断”。对于这种暴行，《判决书》认为，“屠杀是依照命令实行的”，并且“是由高级将领所命令的；许多时候，军官实际上在执行时还监视、指挥和进行了实际的杀害”。“南京大屠杀”“按照预定的计划”，“继续了六个礼拜之久”。对于这种灭绝人性的奸淫、屠杀，就连当年法西斯德国驻南京大使馆人员也认为，日军是“兽类的集团”。

基于日本军国主义者的罪行，远东国际军事法庭判决东条英机、土肥原贤二、板垣征四郎、木村兵太郎、广田弘毅（上述人均系侵华日军主犯）、松井石根、武滕章（此 2 人为南京大屠杀指挥者）为绞刑；其余分别判为无期徒刑、有期徒刑。

“东京审判”，宣判了日本军国主义罪行。其主要内容为：第一，日本发动的对中国、亚洲、太平洋地区的战争为侵略战争；第二，日本军国主义者在战争中所犯下的罪行主要是破坏和平罪、违反战争法规、惯例罪及违反人道罪；第三，判处东条英机等28名主要战犯。这是人类正义的大伸张，国际和平力量的大胜利。

然而，时至今日，日本的一些政客、右翼势力公然掀起了一股歪曲历史、篡改历史、否定侵略、否定“东京审判”的逆流。日本历届政府领导人对过去的战争历史总是遮遮盖盖，不敢正视和承担责任，并接连不断地发生政府阁员公开否认侵略战争历史的事件。他们把当年日本的侵略战争，美化为把亚洲国家从“西方殖民主义统治下解放出来”，“实现大东亚共荣”的“善举”。把“南京大屠杀”说成是“虚构”，是“中国人编造的谎言”，是美国“藉以投下原子弹的理由”等。这些荒谬的论调不仅没有得到应有的批判，而且在教科书中也抹去了“侵略”的词句。这股逆流长期严重影响着日本社会。

日本右翼势力否定侵略、否定“东京审判”逆流沉渣泛起，早已引起世界尤其是中国及亚洲各国的关注和警惕。“东京审判”的正义性、正确性已为国际所共认。它是任何包藏祸心的人所否定不了、歪曲不了的。

正确对待历史是发展中日关系的基础

中日关系源远流长，但它是在曲折中发展的。1945年8月15日以前的中日关系，尤其是近代时期，日本总是以欺凌、侵略中国为历史定位；中国抗日战争的伟大胜利，远东国际军事法庭对日本战犯的审判，宣判了日本军国主义的失败及其罪状。这是中日关系历史的又一定位。历史定位是不容否定、不容挑战的客观事实。而远东国际军事法庭的审判，不仅具有历史定位的客观性，而更具有国际法律定位的权威性。向历史挑战、向国际法律挑战，必然严重破坏中日关系的基础，这是中日关系的不祥之兆。

东京审判是对日本侵略者的正义制裁，是中国抗日战争和第二次世界反法西斯战争胜利的历史记录，是维护世界和亚洲地区和平与稳定的基础，更是发展中日关系的历史基础。但是在20世纪50年代末，尤其是80年代中期后，在日本国内出现了否定东京审判的严重思潮。这种思潮随着日本经济的发展，经济大国地位的确立而日趋严重。它从一些当年参加侵略中国及东南亚各国的老兵、政客开始，至今天的日本内阁大臣、国会议员等，公开散布要"彻底消除东京审判史观"，要"彻底批判自虐史观"，要"全部删除""影响日本国家和民族声誉，影响下一代对上辈人看法"。正如日本进步的历史学家粟屋宪太郎所说："近年来在日本讨论东京审判时，仍旧严重存在着……主张全盘否定审判"，"要把东京审判这个处于战后日本起点的'耻辱'洗清，这种情感与日俱增"。

日本国内出现的否定东京审判思潮和右翼势力的发展，主要集中的表现为两个否定、一个参拜、一个篡改方面。第一，否定日本对中国和东南亚各国的侵略战争性质，而把它歪曲为“进入”和美化为“将这些国家和人民从欧美殖民主义者手中解放出来的解放战争”，其目的是“在日本领导下建设大东亚共荣圈”；第二，否定南京大屠杀的真实性。日本右翼胡说什么南京大屠杀是“中国人编造的”，不是“屠杀”，而只是“有不少伤亡”的“一个事件”。对东京审判判定日本在南京大屠杀中“总数达二十万人以上”的罪状，胡说什么“这个事件的资料实际上疑点很多，对此还有各种各样的见解，到今天还在争论不休”。这是恶意的歪曲历史。为达到上述两个否定，近几年来日本右翼势力积极组织参拜靖国神社。日本靖国神社供奉着有东京审判被判处绞刑的土肥原贤二、板垣征四郎、东条英机、松井石根等七名甲级战犯。这些甲级战犯都是侵略中国、屠杀中国人民的元凶。而日本的一些国会议员、内阁大臣，以至首相不听中国和东南亚各国劝告和反对，不听日本爱好和平的人民反对，多次的，年复一年的参拜靖国神社。尤其不能容忍的是2004年8月15日中国抗日战争胜利纪念日，日本投降这个特殊日子，日本4名内阁大臣和58名国会议员集体参拜靖国神社，而小泉首相也自2001年以来4次参拜靖国神社。更为严重的是日本执政党自民党在“政策纲领”的宣示中，明目张胆地规定支持首相参拜靖国神社。胡说什么“今天的繁荣幸福生活证明，我们应继续参拜靖国神社，以表达对为国捐躯者的衷心感激，他们是国家的基石”。把侵略者，制造南京大屠杀的主犯歌颂为“国家的基石”，“要衷心感激”，这是对中国人民的民族感情的严重伤害，是对中国人民的抗日战争正义事业的严重挑衅。

篡改历史是日本右翼势力否定东京审判的又一突出表现。日本的中小学历史教科书在20世纪50年代以前，都是以东京审判为基调进行编写的，较客观的体现了历史的真实性，对日本青少年教育起到了积极作用。但是后来，尤其是自20世纪80年代以来，日本右翼势力不断否定自己的侵略罪行，不断地篡改历史，一些国会议员还组织了“教科书议员联盟”，扬言要彻底修改历史。1979年日本一些右翼势力又成立了“新历史教科书编纂会”，全面推进对历史教科书的篡改。2005年4月5日，日本文部省竟对有124处篡改的历史教科书宣布为“合格，准予使用”。这就把对历史教科书的篡改由“民间”性转变为“国家”性。事态的发展到了极为严重的地步。新的历史教科书把对中国的侵略修改为“进入”，把南京大屠杀说成是“事件”，把屠杀南京30多万人修改为“许多”。并在课文中特别说明，“没有一个国家在战争中完全没有杀害或者虐待非武装人员的行为，日本也不例外”。言外之意是日本杀害中国人民是战争的“正当行为”，无可指责；这真是侵略者杀人有理的典型表白。

1979年中日正式建立外交关系，中日关系开始正常化。在中日建交联合公报中日本表示：“日本方面痛感日本国过去由于战争给中国人民造成的重大损害的责任，表示深刻的反省”。时至今日，不仅没有“深刻的反省”，反而更加严重的倒退，使中日关系走上危机的时刻。我们不能不发问，日本右翼势力破坏中日关系的历史基础何日能停止，要把中日关系引向何方？这些问题不能不使人忧心忡忡。

历史就是历史，中国人民不想与日本纠缠历史旧账，只想向前看，着眼现在与未来。但历史又是现在与未来的基础，不承认历史，甚至歪曲历史，否定历史，妄图推翻历史结论，这就动摇、破坏了中日关系的重要基础。这是中国人民必须认真思考的现实问题，正如胡乔木同志指出的：“日本投降前后在日本发生的种种事件，都早已过去，我们很不愿意重提。只是事与愿违，现在日本确有一些人正在故意装作忘却和妄图改变这些不可忘却，不可改变的历史事实。有些人歌颂这次侵略战争和发动侵略战争的罪犯，有些人正在制造否定东京审判的舆论。这些动向，理所当然地引起日本爱好和平的广大人民的不安，也理所当然引起曾经遭受日本侵略的中国和亚洲其他国家和地区的不安”。所以不安，就是他们破坏了历史基础。邓小平同志早就指出，要“警惕日本极少数人复活军国主义”，说：“如果中日关系有点问题，那就是中国人民担心日本有很少一部分人，其中可能有的是有政治影响的人，存在复活军国主义的倾向。我们只担心这么一点”。“这一点”，就是日本右翼势力和对造成中国军民伤亡2000多万人的罪行，至今毫无反省忏悔之意，而且还加倍去破坏早已结论的历史事实。正如温家宝总理指出的，中日关系，“其根本问题是日本方面如何正确对待历史问题”。胡锦涛总书记严肃指出，中日关系发展必须“以史为鉴，面向未来”。在纪念中国抗日战争胜利60周年之际，温总理“希望日本方面也要把握这个机遇，促进中日的友好”。中日两国人民世代友好，永不再战；日本必须尊重历史，忏悔罪行，永不翻案。这是历史与现实的必然结论。